내 사랑 대통령

My Dear President

내
사
랑
대
통
령

W미디어

미국은 현재까지 43명이 대통령을 지냈는데, 그들은 모두 남성이다. 그 가운데 42명이 결혼을 했고, 배우자의 협력이 대통령의 능력을 발휘하는데 큰 힘이 되었다.

우리는 대통령 부부가 주고받은 편지에서 그들의 개인적인 생활은 물론 정치적인 삶까지도 알 수 있다. 또한 대통령의 성공과 실패, 승리감과 상실감, 즐거움과 슬픔, 일상적인 하루와 이색적인 경험을 엿볼 수도 있다.

여기에 실린 편지들은 대중매체가 평가하는 왜곡된 프리즘을 거치지 않았다. 단지 특권층에 있는 개개인을 유심히 눈여겨보고, 이해하고, 즐거워할 수 있는 창문을 마련해주고 있다. 우리는 이 편지들을 읽으면서 대통령의 생각이 보통 사람들의 말과 행동과는 다르다는 것을 주의해서 살펴볼 필요가 있다.

사람들은 영부인이 대통령 때문에 충격을 받은 적이 있지 않을까 궁금해 한다. 대통령이 배우자를 매우 신뢰하고 있다고 믿는 사람도 있고, 배우자에게 좌지우지 당할지도 모른다고 생각하는 사람들도 있다(많은 사람들이 '영부인'이라는 말 대신에 '배우자'라고 쓰기를 바라고 있다).

이 책에는 의회도서관에 보관된 수많은 편지와 비망록, 전보, 카드, 대화 기록, 전화 메시지들이 들어있다. 또한 독자들이 대통령과 특별한 관계를 느끼고 대통령 본연의 모습을 더 잘 이해할 수 있도록 전국에 있는 출판사의 출판물은 물론 개인이 소장하고 있는 수집품과 출판물도 담았다. 여기에는 서로의 사고와 관심사가 적나라하게 드러나 있으므로, 글쓴이의 성격을 파악하는데 중요한 자료가 된다. 대통령은 하루가 온통 국가에 대한 책임감으로 가득 차 있으므로 가정생활은 어쩔 수 없이 멀어진다. 이 편지들은 국가의 중대한 사건에서부터 호기심이 생기는 가정사까지 모두 역사에 뿌리를 두고 있으므로 독자들에게 그만큼 가치가 높다.

미국에서 역사적으로 가장 오래되고 중요한 의사 전달 방법은 손으로 직접 쓴 편지다. 사실, 메리 링컨을 비롯해 많은 사람들이 편지 쓰기를 예술의 한 부분으로 여겼기 때문에 편지 쓰기에 열중했다. 건국 초기에는 대통령 가운데 몇 사람이 비서에게 대신 편지를 쓰게 했는데, 설혹 받아쓰기를 하도록 했다 하더라도 다른 사람이 대신 쓴 편지는 유감스럽다.

그러다가 19세기 말부터 전보와 전화가 편지를 대신하면서 매킨리 대통령과 루스벨트 대통령은 이 방법을 더 잘 이용했다. 20세기에 들어와서는 전자통신이 점점 늘어났다. 마미 아이젠하워는 남편이 전보나 텔레타이프로 메시지를 보내는 것을 싫어했지만, 이후의 영부인들은 오히려 편지를 이용하지 않았다.

전자통신의 놀라운 발전으로 이 책에서 말하는 '편지'는 범위를 확장시켜서 정의를 내려야 한다. 아이젠하워 대통령이 보낸 국제전화와 전자 메시지에서부터 닉슨과 포드, 클린턴 대통령의 사적인 전화 대화에 이르기까지, 전자통신이나 대화를 완벽하게 기록하고 다시 재구성하려 할 때는 어려움이 따랐다. 그러므로 현존하는 문서만으로 사실을 입증할 수 없을 때는, 불가피하게 개인이 갖고 있는 기억에 의존해서 이 많은 대화가 정확한지 알아볼 수밖에 없었다.

편지와 자필 메시지는 자료가 많아서 찾아볼 만했다. 하지만 대통령 일가는 언제나 자신들의 사생활이 밝혀지는 것을 우려하고 있으며, 영부인의 생활에 대해서도 마찬가지이다. 재키 케네디는 남편에게 보낸 자신의 편지가 출판되는 것을 원하지 않았으므로, 여기서는 그 요구를 존중하기로 했다. 마사 워싱턴같이 배우자가 생전에 남편의 사적인 편지를 없애기도 했다. 또, 제퍼슨 대통령은 부인의 행적을 지워버려서 임종 시에 함께 보관했던 단 몇 줄만의 편지만이 남아있을 뿐이다.

대통령의 가족들은 종종 대통령이 소장한 글을 수집가나 출판사에 팔거나 기증해서 엉뚱한 사람에게 넘어가기도 하고, 심지어 대중이 전혀 접할 수 없게 되는 경우도 있다. 돌리 매디슨의 아들인 존 페인 토드는 어머니의 편지를 판매하려고 했으나, 돌리의 직무 대행인 조카딸이 영부인의 특별한 부탁을 받고 편지의 대부분을 파기했다. 돌리의 편지가 파기된 것은 유감이나 메리 링컨, 줄리아 그랜트, 엘리너 루스벨트의 편지는 다행히 접할 수 있다. 반면에 엘리자베스 먼로, 엘리자 존슨, 플로렌스 하딩, 그레이스 쿨리지, 엘리자베스 트루먼, 바버라 부시의 편지는 볼 수 없다.

그런가 하면 수백 통의 편지를 남겨 놓은 대통령 부부도 있다. 예를 들면 존 애덤스 대통령, 존 퀸시 애덤스 대통령, 제임스 가필드 대통령, 러더퍼스 헤이스 대통령, 윌리엄 태프트 대통령 부부가 그들이다.

많은 대통령 부부들은 자신들의 편지를 추려내어 간직하고 있지만, 또 그만큼 많은 편지들이 미래 세대에 중요하다는 점을 망각하고 폐기되었다.

『내 사랑 대통령』은 미국 국민의 우상이 만들어내는 감정, 이상, 희망, 미래, 단순한 일상을 다양하고 폭 넓게 표현하고 있다.

이 책은 36명의 대통령 부부가 쓴 많은 편지를 싣고 있다. 가능한 한 편지 전문을 보여주려고 했지만, 가족들 간의 가장 훌륭한 서신을 볼 목적으로 필요한 부분만 발췌한 경우도 있다. 힐러리와 클린턴, 베티와 제럴드 포드의 대화와 전화 메시지, 혹은 그랜트, 루스벨트, 아이젠하워의 전화 전보 메시지를 빠뜨리지 않아서 자랑스럽다.

여기에 있는 편지는 '철학적인 글'이 아니므로 글의 완성도 여부를 심사숙고하지는 않았으며, 가능한 한 많은 양의 편지를 싣기 위해 심혈을 기울였다. 또한 편지가 서로 정확하고 완벽하게 어울리도록 노력했다. 특히 서로 주고받은 편지나 메시지끼리 골라 짝을 맞추려 했고, 일반 독자들뿐만 아니라 학자들에게도 도움이 되는 정보를 철저히 찾아내었다. 또한 편지를 주제에 따라 분류해 독자들이 때로는 정적으로, 때로는 사생활과 공적인 생활의 관례를 살펴보도록 하고 있다.

다정하고 사랑이 넘치는 편지는 모두 청혼을 하고 결혼할 때 절정에 이르고 있는데, 그 중에서 많은 편지가 여기에 실려 있다. 단지 불장난처럼 장난스러운 편지도 있지만, 대개가 자신의 마음을 간절하게 드러내는 편지들이다. 어떤 편지는 딱딱하게 형식적으로 쓰인 반면 어떤 편지는 즉흥적이다. 어떤 편지는 마음을 움직이는 감동이 있는가 하면 어떤 편지는 솔직히 우습기도 하다. 어떤 편지를 읽으면 용기가 솟아나는가 하면 어떤 편지는 슬픔이 북받쳐 오른다.

교묘하게 말을 만들어 언어의 이중 의미를 즐기는 존 애덤스 대통령 부부에서부터 지극히 헌신적인 윌슨과 레이건 대통령 부부에 이르기까지, 이 책에서는 자연스럽게 사랑을 하고, 그 사랑이 지속되어 결혼에 이르는 이야기를 담고 있다. 존 타일러 대통령처럼 미래의 아내가 될 레티샤에게 허락도 없이 편지하기가 두려워 주저하는 시대도 있었지만 지금은 세상이 달라졌다. 20세기의 윌슨, 태프트, 존슨, 레이건 대통령은 그렇게 자주 편지를 쓴 것처럼 보이지 않는다.

대통령들이 모두 오점이 없는 결혼생활을 했던 것은 아니다. 가필드 대통령과 루크레시아 부인은 사랑을 나누기보다는 화해하는 데 더 많은 시간을 보냈다. 애비게일 애덤스는 대통령에게 "만일 당신이 향유를 더 원한다면, 내가 주겠다."라고 경박하고 유혹이 느껴지는 편지를 썼다. 린든 존슨은 버드 테일러에게 "나는 당신과 사랑에 빠져 미칠 지경"이라고 정열적으로 고백하고 있음을 독자는 놓칠 수 없다.

전쟁은 대통령 부부의 삶에서 중요한 부분을 차지한다. 조지 워싱턴 대통령이 보스턴까지 당당하게 행진을 했고, 제임스 매디슨은 불타는 워싱턴 D.C.를 피해 도망갔으며, 율리시스 그랜트, 러더퍼드 헤이스, 체스터 아서, 벤저민 해리슨, 제임스 가필드 대통령은 전쟁을 승리로 이끌었고, 시어도어 루스벨트 대통령은 최고의 기병대 군인이었다. 해리 트루먼은 제1차 세계대전을, 드와이트 아이젠하워, 존 F. 케네디, 린든 존슨, 제럴드 포드, 리처드 닉슨, 로널드 레이건, 조지 부시 대통령은 제2차 세계대전을 치렀다.

부인들은 용감한 남편을 전쟁터로 떠나보내는 아픔을 겪어야 했다. 유일하게 정당 기반이 없는 대통령으로 지낸 존 타일러는 '부인들은 암흑시대의 연인'이라고 썼다. 에이브러햄 링컨은 전쟁에서 승리를 했음에도 불구하고 비난 받은 유일한 대통령으로, 영부인 메리에게 '싸움 장군'이라는 말을 들었다. 물론 링컨은 위험을 무릅쓰고 전방에 나서 앞으로 행진하면서 '눈앞에서 처절하게 벌어지고 있는 전쟁'을 알려주었다. 전쟁에 나간 대통령 때문에 부인들은 가정을 꾸려나가느라 또 다른 전쟁을 겪었다. 부인들은 남편과 국가에 충고와 지원을 아끼지 않았고, 러더퍼드 헤이스가 말한 것처럼 '모두가 다시 함께 행복하게' 보낼 시간을 기다렸다.

전쟁이 없을 때도 대통령은 멀리 떠나 있기 일쑤였다. 야심에 찬 여성과 결혼한, 역시 야심만만한 남성은 부인을 떠나 멀리 여행을 해야 했다. 그래서 부인은 농장이나 농원, 라디오 방송국을 경영하거나 단순히 가족들이 투자하는 사업을 벌여야 했다. 이때 보낸 편지는 부인과 가족들에게서 힘을 얻고, 더 많은 지식과 높은 지위를 추구하는 남편들이 겪는 이별의 고통과 상봉의 기쁨을 보여주고 있다. 부인이 보고 싶어 서둘러 귀환하기를 간절히 열망하는 마음도 담겨 있다. 제임스 매디슨은 돌리에게 "내 마음과 주변에 있는 모든 것이 당신이 없다는 것을 상기하게 만든다"고 편지를 썼다. 로널드 레이건은 낸시에게 "나는 지금 여기 6층에 불도 없는 벽난로 옆에 앉아서 회색빛 젖은 하늘을 쳐다보며, 혼자 있는 사람이나 들을 법한 음악을 듣고 있소"라고 애처롭게 말했다.

그리고는 정치 이야기다! 항상 정치가 빠질 수 없다! 정치는 대통령 부부에게 있어 삶의 중심이었으므로 편지에 많은 부분을 차지하고 있는 것은 불가피하다. 몇몇 대통령이, 예를 들면 율리시스 그랜트나 드와이트 아이젠하워 대통령은 국가 최고 수반에 오르려고 군사적 승리에 급급했다. 그러나 조지 워싱턴을 비롯하여 많은 대통령들이 깎아지른 듯한 바위투성이 절벽을 오르는 난관을 극복하고, 서로 밀고 당기면서 하나하나 문제를 해결해 나갔다. 이때 쓴 편지는 전쟁과 근심, 승리의 와중에 자리하고 있는 부부의 모습을 보여준다.

대통령은 심지어 선거에서 승리할 때조차 부인에게 비난을 들어야 했다. 애비게일 애덤스는 독립선언서에 대해 토론하던 존 애덤스 대통령에게 "나는 당신이 부인들에게 관대했다고 생각하지 않아요"라는 편지를 썼다. 루스벨트 대통령 부부는 서로 도와가며 열심히 선거 운동을 했다. 엘리너 루스벨트는 남편 프랭클린에게 "선거 운동에 빨리 속도를 내야 한다"고 편지를 썼다. 많지는 않지만 어떤 영부인은 오히려 남편보다 더 강한 정치적 담력을 보여주기도 했다. 예를 들어 버드 존슨은 1964년에 민주당 전당대회 전날 린든 존슨에게 "지금 사직하는 것은 나라를 위해 적절하지 않아요. 나는 〈타임〉지의 기사나 거짓말도 두렵지 않고, 돈을 잃거나 패배를 해도 두렵지 않습니다"고 말하기도 했다. 하지만 정치적인 생활은 한 마디로, 해리 트루먼의 솔직한 표현대로 어쩌면 '대단하지 않을 수도' 있다.

역대 대통령은 모두 암살의 두려움에 시달려야 했으며, 그 중 많은 사람이 실제 위험한 공격에 직면하기도 했다. 존 타일러는 잭슨 대통령이 암살 위기에 처했을 때 "즉시 지팡이를 들어 그를 막았다"고 말했으며, 반면에 시어도어 루스벨트는 가슴에 총을 맞고도 상처를 치료한 뒤 한 시간의 연설을 끝내고 병원 응급실에서 부인에게 전보를 보내 "아이들은 끊임없이 다치고 상처도 생기는데 나는 그보다 더 심각하지는 않다"고 자신의 상처에 대해 말했다. 그러나 항상 암살 위협은 대통령 주변을 맴돌고 있다.

대통령의 편지를 보관하는 일은 그 자체가 어려운 일이다. 대통령 전용 피라미드라고 불리는 대통령도서관이 있기 전부터 정부는 대통령의 편지를 중요하게 생각했다. 조지 워싱턴 대통령의 편지는 건국의 이념에 가치를 두기보다는 오히려 독립의 희망에 부풀어서 진실을 주장하는 선구자의 정신을 보여준다. 의회는 2세기 동안 이 편지들이 귀중하다는 점을 인식하고 보존하고 있다.

의회는 1834년부터 대통령의 편지를 확보하기 시작했는데, 처음에는 워싱턴의 편지를 2만 5,000달러에 구입했다. 의회도서관이 생기기 전에도 워싱턴 대통령부터 쿨리지 대통령에 이르기까지 계속해서 일반인들에게는 쓸모없는 하찮은 수집품을 비롯해 23명의 대통령 서신을 모았다. 도서관에서는 대통령에 관한 책을 출판하고 마이크로필름으로 만들어서 읽을 수 있도록 했고, 현재는 인터넷에서도 접속할 수 있도록 했다.

이런 종류의 출판물은 대부분 대통령 한 사람이나 부부 한 쌍에 초점을 맞추지만, 이 책은 미국의 역사적인 자료를 보여주기 위해 18세기의 초대 대통령부터 20세기의 클린턴 대통령까지 전 시대를 망라하고 있다.

200년 이상의 역사가 흐르면서 미국은 표면적으로 많은 변화를 겪어왔다. 미국은 겨우 북아메리카 동부의 3분의 1밖에 미치지 못하는 공화국으로 시작해 마침내 대륙을 횡단하는 거대하고 강력한 민주국가로 뻗어나갔다. 그러나 여전히 규정에 정해진 대로 선출된 대통령이 나라를 이끌고 있고, 영부인이 훌륭하게 내조하고 있다.

 이 책은 한 나라의 대통령 부부가 정치와 권력의 정점에 도달할 수 있도록 해주었던 가정의 문화를 이해시키고자 한다. 한때 영부인이란 단순히 남편을 돕는 대통령의 부속기관 정도로 쉽게 생각된 적도 있었다. 그러나 현재는 절대 그렇게 생각할 수 없다. 이 편지는 영부인의 역할이 얼마나 어려우며, 얼마나 지대한 공헌을 하는 자리인지 구체적으로 볼 수 있는 증거가 된다.

제라드 가월트Gerard W. Gawalt

시간이 쌓여서 역사가 됩니다. 시간은 처음부터 형체가 있지 않았을 겁니다. 시간은 누구에게나 똑같은 길이로, 똑같은 모양으로 주어졌을 것입니다. 그러나 역사가 되면 누가 그 시간을 갖고 있었던가에 따라 시간은 빛이 되기도 하고, 어둠이 되기도, 흐르는 물이 되기도 합니다. 그때는 오히려 그냥 물처럼 흘러버린 시간인 줄 알았는데 기름진 땅을 만들어준 시간이 되었음을 뒤늦게 깨닫습니다. 사랑이 되기도 하고, 연민이 되기도 합니다.

당당하게 눈썹을 치켜세운 액자 속의 위인들은 빛나는 역사 때문에 도저히 다가갈 수 없는 듯하지만, 그들은 다만 나머지를 숨기고 있을 뿐일지도 모릅니다.

이 책은 그 나머지를 보여 주고 싶어서 만들어졌습니다. 그 나머지는 쓸데없어서 남겨진 것이 아니라 미처 우리가 볼 수 없도록 숨어 있는 것들입니다.

여기 있는 편지들은 미국의 대통령 부부가 썼습니다. 그것도 근 200년에 걸친 역대 대통령들의 이야기이므로 긴 역사가 담겨 있습니다. 그래서 조금 부담스럽게 책장을 들추기 시작합니다. 그러다가 책장을 넘기는 손가락에 들어갔던 긴장감이 사그라지면서 점점 마음이 부드럽고 편안해집니다. 슬며시 입 꼬리가 올라가며 미소가 지어집니다. 객관적으로 보이는 대통령은 오직 나라의 독립을 위하여, 노예 해방을 위하여, 경제 공황을 극복하기 위하여, 2차 세계대전 소용돌이 속에서 살아남기 위하여, 이란 인질 사건의 숨 막히는 시간을 해결하기 위하여 고군분투합니다. 절체절명의 순간이 닥칠 때마다 대통령은 외롭고 중대한 결정을 내려 역사에서 한 획을 그어야 했으며, 후에 그 결정은 업적이 되기도 하고 과오가 되기도 했습니다. 대통령은 자신이 이루어놓은 역사 속으로 사라졌으며, 후세는 위대하고 훌륭한 그들을 흠모하고 그림자라도 밟고 싶어 합니다.

그러나 숨겨진 대통령의 모습은 다릅니다. 총알이 머리 위를 날아오르는 전쟁터에 나섰지만, 한편으로는 목숨이 위태로운 긴박한 순간에 다른 사람이 아닌 아내에게 편지를 씁니다. 국익을 위하여 나선 해외 순방 길에서 만면에 미소를 지으며 신문에 실린 사진 뒤에는 애타게 아내와 아이들을 보고 싶어 하는 대통령의 마음이 숨어 있습니다. 프랭클린 루스벨트 대통령은 엘리너 부인에게 결혼 기념일 선물로 무엇을 주어야 할지 고민고민 하다가 마침내 두 손을 들고 기권해야겠다고 소리칩니다. 항간에는 링컨 대통령 부인이 악처였다고 하나, 남편에게는 지혜롭고 아이에게는 사랑이 넘쳐나는 편지를 남겼습니다.

때로는 사랑과 질투와 비애로 길을 잃은 적도 있습니다. 루크레시아 루돌프 부인은 제임스 가필드 대통령에게 변하지 않는 사랑을 애원합니다. 우아하고 기품이 넘치는 재클린 여사는 케네디 대통령이 자신에게 무관심하다고 불평합니다. 아무리 대통령이라도 자식을 잃은 슬픔은 여느 부모와 다를 바 없습니다. 존 퀸시 애덤스 대통령은 이 때문에 대통령직을 사임할까 생각해 보기도 했습니다.

이런 사람들이 미국 역사를 끌고 왔습니다. 이 책을 번역하면서 동부 한 쪽에서 시작한 미국의 역사가 한 대륙을 아우르고 마침내 세계의 중심에 이르게 되는 시간의 여정을 생각해 보았습니다. 국사와 가정, 어느 하나도 소홀히 할 수 없는 대통령 부부의 따뜻한 마음과 고뇌와 결단을 제가 반만큼이라도 흉내 낼 수 있다면, 이 시대를 살아가는 지혜를 얻게 되지 않을까 하는 마음으로 다시 한 번 책장을 넘깁니다. 더불어서 이 책을 읽는 분들의 지혜도 같이 나누고 싶습니다.

황세정

chapter 01

사랑과 결혼

1945년 1월 6일, 뉴욕주 라이의 교회에서 결혼식을 올린 후 행복에 넘치는
조지와 바버라 부시

"사랑받지 못하는 아내가 된다면, 오 하느님!"
—루크레시아 루돌프가 제임스 가필드에게,
1857년 9월 1일

"나의 가장 순결한 여왕,
그대의 사랑에 어울릴 만한 남자는 세상에 아무도 없소."
—시어도어 루스벨트가 엘리스 리에게,
1880년 10월 17일

"당신의 손을 꼭 잡을 수 있는 아침을 맞는다면
어떤 댓가인들 못 치르겠소!
—우드로 윌슨이 에디스 골트에게,
1915년 5월 6일

"내 얼굴에 주름이 져서 우스워 보일 때도
사랑할 수 있을까요?"
—패트리샤 닉슨이 리처드 닉슨에게,
1944년 6월

대통령 부부는 사랑을 고백하고 결혼에 이르는 동안, 지나치다 싶을 정도로 사랑과
애정을 표현하면서 서로에 대한 관심으로 편지를 채우고 있다. 미국의 남녀들은 열
정적인 젊은이부터 무뚝뚝한 어른들까지 대개 이런 식으로 2세기에 걸쳐서 사랑과
애정을 수놓았다. 극히 개인적인 이 편지들을 읽어보면 사랑 앞에서 명예와 성공은
별로 관계가 없어 보인다.

존 퀸시 애덤스가
루이자 캐서린 존슨에게

존 퀸시 애덤스는 1797년 네덜란드 대사로 있을 때 루이자 캐서린 존슨과 '연서'를 주고받다가 런던에서 결혼했다. 루이자는 런던 출신으로, 미국 최초로 외국에서 출생한 영부인이다.

1797년 5월 19일, 헤이그에서

지난번에 마지막으로 편지를 보낸 이후, 존경하는 친구인 당신에게서 아무런 답장도 받지 못했습니다. 그러니 이번에는 당신을 사랑한다고, 또 당신의 안부가 걱정된다고 말하지 않겠어요. 지금 당연히 편지를 보내야 할 사람이 있는 데도 무시하고 아무 것도 쓰지 않았더니 끊임없이 고통스럽다고 말하지도 않겠어요.

지난번 당신 아버님께 보낸 편지에서 우리가 유럽에서 만날 수 있는 유일한 방법을 말씀드렸습니다. 나는 오직 실낱같은 희망에 매달려 앞으로 얼마나 많은 시련을 겪고 체념을 해야 할까 생각하고 있습니다.

당신이 내게 여기서 홀Hall 씨를 만난다고 썼기 때문에 홀의 지난 편지에 답장을 하지 않고 결과를 기다리고 있습니다. 저는 여전히 똑같은 기대를 하며 대답을 미루고 있습니다.

남동생이 곧 파리에서 올 겁니다. 그 후에 내가 출발할지 신중하게 생각해야 합니다. 그러나 지난번 편지에 대한 답을 받을 시간은 충분하도록 이곳에 있겠습니다. 당신도 들었다시피, 나는 우리가 열흘 전에 갔었던 네덜란드 박람회에 가기로 했습니다. 당신 말대로 정말 즐거운 축제입니다. 나도 그렇게 생각해요. 그러나 마침내 막을 내릴 때가 되었더군요.

안녕, 친절한 나의 벗이여! 온 가족에게 애정 어린 마음으로 나를 기억하게 해주세요. 그리고 영원히 믿으세요, 당신의 A를.

루이자 캐서린 존슨이 존 퀸시 애덤스에게

1797년 5월 26일, 런던에서

당신의 12번째 편지를 받고 제 딴에는 우리의 이런저런 고난이 끝났다고 얼마나 우쭐했는지요.

사랑하는 나의 친구여, 왜 당신은 내가 조금도 주저 없이 결정할 수 있다고 생각하는지요? 아네요, 애덤스! 나는 오랫동안 당신이 돌아오기를 절실히 바라고 있지만, 특별히 일신상의 불편이 없으면 되도록 당신에게 편지 쓰기를 삼가고 있다고 수없이 말했습니다. 그런데 이제 당신을 안심시키려면 말해야겠네요. 당신이 돌아오면 기쁘겠다고, 그리고 정말 기쁜 마음으로 당신을 기다린다고. 나는 단지 당신이 '나'를 조금은 성가신 반려자로 생각하지 않을까 두

려울 뿐입니다.

　당신이 화가 났다면 나는 이렇게 말할 수밖에 없습니다. 당신을 알면 알수록 더 존경하게 되고, 더 귀중하게 되고, 더 사랑하게 된다고, 그리고 가장 중요한 당신의 행복과 안녕을 위해 나의 모든 능력을 모두 바치겠다고.

　엄마와 동생의 사랑을 전하며, 당신을 빨리 보고 싶어 한다는 말을 해주고 싶습니다. 나를 위해서도, 나의 가장 사랑하는 벗이여. 나의 마음을 속속들이 전할 방법만 있다면 그렇게 하련만. 단지 당신의 영원한 루이자 C. 존슨이라고 말할 수밖에 없습니다.

존 타일러가 레티샤 크리스티안에게

존 타일러는 버지니아 가문의 부잣집 아들로 주 의회에서 두드러진 인물이었다. 그러나 당시에 중요하게 여기던 관습을 타파하고 허락도 없이 레티샤 크리스티안에게 매력적이면서도 파격적인 연서를 보내서 사랑을 고백하고 3개월 만에 결혼했다.

1812년 12월 5일, 리치먼드에서

　당신에게 편지를 써도 된다는 허락을 흔쾌히 받아내지는 못했지만, 우리 관계가 너무 소중해서 내가 특권을 부려도 불쾌하지 않으리라 생각합니다. 당신을 생각하며 편지를 쓰는 일은 내가 여기 있는 동안 진실한 즐거움을 느낄 수 있는 유일한 원천입니다. 우리가 사랑하고 헤어지는 것은 태어날 때부터 정해진 운명인 것 같습니다. 그러니 우리 마음대로 할 수 없지요. 사람들이 소란을 부리고 갈등을 일으키고, 혹은 우리가 무거운 짐을 진 것도 모두 우리 뜻이 아닙니다.

나를 믿어주세요, 나의 L, 당신을 본 이후로, 분명히 내가 옳다고 확신합니다. 하지만 나에게 쏟아지는 소문과 관심은 막는다 해도 당신은… 당신은 나의 진지한 명상과 간절한 기도의 주인공입니다. 당신을 처음 본 순간부터 진실한 애정을 느꼈습니다. 미덕과 동정의 제물이 되면서까지, 정직하고 청렴한 영혼과 순수한 사랑 외에는 아무 것도 자랑할 것이 없는 나에게 손을 내밀어준 당신에게 지극한 애정을 더해 감사드립니다. 사실 나는 당신을 알고 있다는 사실 하나만으로도 이 세상에서 제일가는 부자입니다. 열렬히 사모하는 여인을 바라보기만 하고 말도 못하는 치사하고 비열한 놈이라면 세상에 대고 온갖 허풍이나 떨면서 섣불리 얻은 재산을 자랑하고 보물을 과시할 겁니다. 그렇다고 누가 그런 병에 걸린 자에게 은혜를 베풀겠습니까? 아무리 고통스러워한들 어떤 천사가 그를 고문하는 악마를 웃으며 쫓아주겠습니까? 그런 자는 연인을 가슴 속에 묻어둘 뿐 존경하지도 존중하지도 않았습니다. 또 상처받기 쉬운 사랑을 치유할 진통제도 알지 못합니다. 하지만 자연은 본연에 충실하기 마련이며, 당신이 좋아하는 톰슨의 말처럼 '오직 사

랑만이 사랑에 답할 수 있으며, 행복하게 할 수 있습니다.'

나의 L, 이전에 '당신에게 사랑을 고백하면서 나는 내가 원해서 부자가 되지는 않았다' 고 했을 때 조금 놀란 듯 했습니다. 그 말을 다시 하기가 괴롭습니다. 내가 부자였다면, 당신이 나의 청을 받아들이는데 얼마나 신중하였을까 하는 생각으로 영원히 괴로웠을 것입니다. 그러나 나는 아주 솔직하고 부끄럽지 않게 나의 희망과 두려움, 우리의 장래와 가정에 대하여 당신에게 밝혔습니다. 그런데 당신은 두 말없이 이것을 무시했습니다. 지금은 당신의 행복을 지켜주는 것이 나의 유일한 목표입니다. 나의 운명이 흐르는 강에 둥둥 떠다니든 바닥으로 가라앉든, 당신에게 이것만은 약속하겠습니다. 당신에 대한 나의 사랑이 절대 멈출 수 없다는 것을. 어쩔 수 없이 상황을 이 지경까지 만들어가면서 이런 말을 하는 나를 용서하십시오.

크리스티안 대령이 이 편지를 당신에게 전해줄 겁니다. 『몬태블라노의 숲』 전집 두 권과 함께. 대령이 불편할까봐 전집의 마지막 두 권은 그 편에 보내지 않겠습니다. 의회 일이 그리 중요하지 않다면 수요일 저녁에 당신 아버님을 뵙겠어요. 당신은 『몬대블라노의 숲』의 주인공 안젤리나가 겪는 불행을 많이 동정할 겁니다. 또 안젤리나를 도와주는 패트릭 목사의 인격을 존경하게 될 겁니다. 페드는…당신이 이 책을 읽을 때까지 더 설명하지 않겠어요…

나의 부단한 존경심과 사랑이 당신을 안심시키기 바라며, 당신의 가장 사랑하는 사람, 존 타일러가.

율리시스 S. 그랜트가
줄리아 덴트에게

율리시스 그랜트는 약혼한 지 4년이 되었을 때 줄리아 덴트에게 아름답고 긴 편지를 썼다. 부모님이 결혼을 찬성하지는 않았지만, 이들은 마침내 1848년 8월 22일 결혼식을 올렸다.

1845년 가을에

사랑하는 줄리아,

나에게 한층 중요한 일이 있습니다. 전에도 여러 번 이런 뜻을 비쳤는데 다시 한 번 말할 수 있는 이 절호의 기회를 놓칠 수 없어서 이렇게 편지를 씁니다. 할 말이 남은 것은 중요한 일에 대해 너무 많은 말을 했기 때문이 아니라 이유를 말할 수 없었기 때문입니다.

당신에게서 편지가 오리라는 희망에 부풀어 차마 사무실을 떠나지 못하고, 이렇게 긴 편지를 쓰면서 또 답장이 오리라 기대했습니다. 그러나 사랑하는 줄리아, 왜 편지가 안 오는지 나는 잘 알고 있어요. 이렇게 멀리 떨어져 있으니 편지가 오려면 시간이 한참 걸릴 수밖에 없어요. 그런데도 여자들은 편지를 받고 한 달 안에만 답장하면 된다고 생각하지요. 그렇다고 이것 때문에 당신을 비난하지는 않겠습니다. 오히려 텍사스에서 온 네 번째 편지를 받고 고마웠으니까요. 그러나 앞으로는 지금보다 더 자주 편지를 써야 될 겁니다. 당신은 내가 당신 편지를 받을 때마다 얼마나 기뻐하는지 알 테니까요. 더구나 지금 당신은 너무 멀리 떨어져 있어서 더욱 더 소식을 듣고 싶습니다. 멀리 떨어져 옆에 없어도 사랑으로 극복한다는 말은 사실이 아닌가 봅니다.

내게 가장 중요한 일은 소중한 '나의 사랑' 줄리아와 결혼하여 순결한 사랑을 이루는 것입니다. 내가 줄리아, 당신에게 사랑을 고백한 지 이제 일 년 반이 되었지요. 그러나 약혼을 하고 나서 언제 결혼할지 의논한 적이 없습니다. 항상 당신 아버님께서 우리 앞의 장애물을 거두어 주기만 바라고 있습니다. 나는 아버님의 승낙만 있다면 완벽하게 우리의 장애물이 제거된다고 생각하고 있습니다.

아버님께서는 결혼을 허락한다면 당신에게 먼저 말해야겠다고 하셨습니다. 내 생각으로는 아버님께서 당신이 원하는 대로 결정하실 것 같으니, 어떻게 될 지는 잘 알고 있습니다. 그러나 '사랑하고 사랑하는 줄리아', 당신 아버님께서 정말 승낙을 해주실지 모르겠습니다. 설혹 여전히 거절하신다 해도 나는 우리 약혼이 결실을 맺도록 무슨 일이든 다 할 것입니다. 그런데 당신은 우리가 어떻게 해야 할지 생각해 보았나요? 나는 항상 이런 문제가 닥칠 때마다 C. F. O 양의 말이 떠오릅니다. 당신이 전해준 말에 전적으로 찬성하기 때문이지요. 우리 마음을 바꿀 만한 합당한 이유가 없다면, 모든 희망을 걸고 우리와 관련된 사람들의 찬성을 전부 얻어야 합니다. 나와 생각이 같겠지요? 군대가 장애가 되는 것처럼 보이지만 그보다 더 행복하게 살 만한 곳은 없습니다. 그렇지만 지난번 편지에 말했듯이 이번에는 단호하게 사임을 생각하고 있습니다. 그러나 제대를 하고 나오면 군인으로 있을 때의 반만큼 만이라도 만족할 수 있을 거라는 생각이 들지 않습니다.

사랑하는 줄리아, 믿을 수 없지만 이런 난관들은 언젠가는 우리가 겪게 될 것들입니다. 나는 우리 연대가 장기간 주둔하는 곳에서는 장교들이 가족들과 같이 있게 될 날이 올 것이라고 생각해 왔습니다. 그러면 당신도 그 곳에 가는 것을 받아들일 것이고, 그렇게 심한 반대가 일어나지도 않을 것입니다. 우리의 사랑은 변함이 없는 데도 너무 시간이 오래되었기 때문에, 당신의 부모님께서는 우리가 결혼 후에 불행해질지도 모른다는 생각을 틀림없이 하고 계신 것 같습니다. 결혼 후에까지 그럴 것이라고 생각한다면 부모님은 우리를 파혼시킬 것입니다. 나의 사랑 줄리아! 당신의 사랑을 믿고, 나는 우리라고 말합니다. 이것이 헛수고에 그칠지 모르겠으나 그렇게 생각하고 싶지 않습니다.

지금은 아침 8시인데 오늘은 아침에 보초를 서는 날이라 단 몇 분만이라도 더 편지를 쓰고 나가겠습니다.

요즘 『방랑하는 유대인 Wandering Jew』을 읽고 있는 중인데 겨우 15호까지 읽었습니다. 당신이 다음 권을 가지고 있다면 좀 보내주시겠어요? 그 책을 얻으려면 친구한테 편지 쓰는 방법 밖에 없는데, 줄리아에게 부탁하는 것보다 더 좋은 방법이 있겠어요?

엘렌에게 안부 전해주십시오. 얼마나 많은 남자들이 나타났는지 한번 물어보세요. 그리고 답장은 빨리, 자주 해주세요. 그럼 나도 그렇게 하렵니다. 안녕! 당신의 큰 사랑 율리시스

체스터 A. 아서가
엘렌 루이스 헌든에게

체스터 아서는 공화당의 정치적 사건을 사실 확인하는 임무를 띠고 미주리 주의 세인트 요셉에 있었다. 그때 뉴욕 주 동쪽 23번가에 살고 있는 엘렌에게 보낸 편지가 유일하게 남아 있다.

1857년 8월 30일 일요일, 세인트 요셉에서

나의 사랑 넬.

우리는 강을 따라 다시 세인트 요셉으로 돌아왔어요. 금요일 아

▲체스터 아서 대통령이 1883년에 새로 완성된 브루클린 다리를 건너는 일행 앞에 서 있다.

침 일찍 오마하를 떠나 오늘 정오쯤 여기에 도착했습니다.

강을 타고 오는데 많은 시간을 보냈습니다. 배가 너무 느려서 속도를 못 냈지만, 그래도 낯선 곳에 머물고 있는 것보다 오히려 낫습니다. 다른 배가 오는 대로, 여기에서 12㎞ 정도 아래에 있는 리븐워스로 출발할 예정입니다. 나는 캔자스의 업무와 주변 상황에 대해 될 수 있는 한 많이 배우고 싶은데, 우리 일

▲ 엘렌 루이스 헌든은 1880년, 남편이 제임스 가필드의 부통령 후보로 지명되기 몇 달 전인 42살의 나이에 폐렴으로 사망했다.

행은 아마도 리븐워스와 로렌스, 레콤턴에 며칠 동안 머물러야 할 것입니다.

넬, 오마하를 떠날 때까지 당신 편지는 전혀 받지 못했어요. 당신에게 그 곳으로 편지를 쓰도록 하지 말았어야 했습니다. 그러나 내가 밀워키에서 편지를 썼을 때는 오마하에서 더 오래 있을 거라고 예상했었지요. 그런데 일주일도 채 못 있었습니다. 자칫하면 출발일자를 더 오래 기다려야 할지도 모르기 때문에, 이미 떠나기로 작정한 후에는 바로 첫 배를 탔습니다.

하루, 이틀 더 편지를 기다려야 된다고 생각하니 간절한 마음을 떨쳐버릴 수가 없습니다. 이 세상 무엇보다 귀중한 나의 사랑이 전

하는 안부 한마디를 너무 오랫동안 못 듣는 것이 나에게는 커다란 시련입니다.

당신이 제 때에 편지를 받으면, 받은 편지는 하나도 잊지 않기 바랍니다. 당신이 이 편지를 받자마자 세인트루이스로 즉시 답장을 보내면, 집으로 돌아가는 길에 당신의 편지를 받아 볼 수 있습니다. 나의 사랑, 당신이 잘 있을 거라는 생각이 들면서도, 한편으로는 마음 졸이며 걱정하고 있습니다.

오늘은 당신의 생일, 소중한 당신, 나의 넬. 아침 일찍 깨어나 제일 먼저 이 생각이 떠올랐습니다. 항상 당신이 무슨 일을 할까 생각하고, 사랑스런 당신의 모습에 입맞춤하며, 귀여운 당신, 나의 심장은 사랑이 넘쳐흐르고 당신을 위해 기도했습니다! 그리고나서 창밖을 바라보니, 아침은 찬란하게 빛나고 만물이 생기에 넘쳐 아름다웠어요. 나는 이것이 좋은 징조라고 생각했지요! 세상이 얼마나 행복하고 즐거워 보이던지, 바로 당신, '나의 사랑' 넬 때문에 — '당신이 나를 사랑하기' 때문이었어요! 나는 '만족' 하였습니다. 정말 행복했고, 그런 축복을 주신 신께 감사드렸습니다.

이 날은 좋은 일만 일어날 것 같은 마음뿐이었고, 얼마나 즐겁고 아름다운 날이었는지 미처 사라지지 못한 일몰의 마지막 빛조차 매혹적이었습니다.

누가 있겠어요, 귀엽고, 사랑스러운 넬, 체스터가 아니면 누가 오늘 이렇게 가슴조이며 애정을 가지고, 이 세상 모든 행복을 당신에게 빌어줄 수 있을까요. 해가 거듭할수록 더 많은 축복을, 신의 은

총과 보호를, 지금도, 앞으로도. 이 모든 축복은 당신 것이 아닐까요? 오, 만일 이 세상 행복을 조금이라도 내가 가지고 있다면 나의 사랑, 나의 소중한 당신, 그것은 말할 것도 없이 생명 그 자체보다 더 소중하지 않을까요?

2년 전에는 생일을 당신과 같이 보냈는데, 지금은 같이 할 수 없군요. 지금 나는 알 수 없습니다. 우리들 중 누구도 다른 사람들이 부르는 소리를 듣지 못했습니다. 일 년 전에 나는 당신을 멀리 떠났지만, 나의 마음은 당신과 함께 있었습니다. '그런데' 지금은 더욱 더 멀리 떨어져 있습니다. 하지만 나의 사랑이여, 오히려 우리는 전보다 훨씬 '더' 가깝게 되었지요. 나는 바로 옆에 '당신과 함께' 있다고 생각하고 내가 원하는 모든 것을 말할 것입니다. 지금 나의 마음이 당신 생각으로 가득해 편지로는 못다 하겠습니다. 진심으로 나의 마음은 하루 종일 당신 생각뿐입니다.

편지를 쓰려고 두 시간 전부터 앉아 있었지만, 더 쓸 수가 없어요.

해가 넘어가도 나는 여전히 아련한 달빛이 비치는 6월의 밤에 포근한 안식일 저녁을 꿈꾸며 앉아 있습니다. 바로 일 년 전에 낯익은 창가에 앉아 있던 시간, 사라토가에서 행복하고 또 행복했던 시간, 레이크 조지에서 소중하지만 덧없이 흘러갔던 시간, 일 년 전 오늘 당신과 함께 했던 소중한 시간에 당신이 행복하기를 기원하였습니다.

올해는 인생에서 가장 행복한 해입니다. 값으로 따질 수 없는 당신의 사랑이 나에게는 축복입니다. 그리고 당신에게도 행복한 해입니다. 나의 사랑, 당신이 행복하다고 말하면 믿겠습니다. 내가 무조건, 진심으로, 온 몸을 바쳐 사랑한다는 것을 당신은 알고 있으니까, 당신은 나의 사랑하는 넬이니까!

당신이 지금 나를 생각하고 있다는 것을 압니다. 당신이 보낸 답장에서 고동치는 사랑을 느낍니다. 지금 당신이 함께 있다면, 나를 위해 노래를 불러주련만, 그런 다음 내 옆에 앉아서, 내 목에 팔을 두르고 나의 두 눈에 당신의 달콤한 입술을 지그시 올려놓을 텐데, 지금 나는 그걸 느낄 수 있어요.

그래요, 나의 사랑, 오늘 밤 나의 마음은 당신을 향한 사랑으로 가득 차고, 당신 덕분에 행복하고 감사할 뿐입니다. 이 모든 추억과 기억들로 가슴이 벅차오르니, 신의 축복으로 다시 당신을 마음에 품지요! 하루가 여삼추 같습니다.

잘 자요. 신의 축복을, 그리고 나의 사랑, 항상 당신에게 신의 가호가 있기를! 당신의 체스터가.

루크레시아(크리트) 루돌프가 제임스 가필드에게

제임스 가필드는 루크레시아 루돌프와 긴 약혼 기간을 보내면서, 다른 여성을 희롱하다가 파경에 이르게 되었다. 루크레시아 루돌프는 제임스 가필드에게 배반당한 슬픈 마음을 편지로 썼다.

사랑하는 제임스에게,

그래요, 나의 사랑은 영원하지요, 해가 서쪽에서 뜨지 않는 한, 잔인한 운명이 가차 없이 우리를 갈라놓을지라도. 세상 사람들이 우리를 보고 무엇이라고 하든지, 우리는 하나로 맺어져 있고, 그러므로 내 생각을 당신에게 들켜도 더 이상 무서워하지 않겠어요. 어쨌거나 제가 하는 말이 저의 본심이라고 생각해주세요. 제가 너무 오랫동안 입을 굳게 다물고 있어서 제임스가 저의 본심과 기분을 이기적이라고 생각할지도 모른다는 걱정 때문에 더 이상 마음 아프지 않게 해주기 바랍니다. 지금 당신은 나를 믿고 있다고 생각합니다. 또 제 마음도 2년 전에 누렸던 달콤한 평화를 되살아나게 할 자신도 있습니다. 그러나 제임스, 당신은 날카로운 비수에 찔린 아픔을 달랠 자신감마저 빼앗아 갔다는 것을 알고 있나요! 당신이 나를 사랑한다면 당장이라도 나에게 달려와 무슨 말이든지 해야 하고, 그러면 최악의 경우가 닥쳐도 나는 참을 수 있으리라 수도 없이 생각했습니다. 그러나 마치 당신이 나를 견딜 수 없다는 듯이 피하고, 진실을 은폐하려고 하기 때문에 나의 인내는 한계를 넘어섰습니다. 상처를 받아 고통스럽게 살고 있는 저에게 자비를 베풀어 주시길 하느님께 빌겠습니다. 이렇게 말하는 나를 용서해 주십시오. 이번이 마지막입니다. 사람들은 자신들이 배운 대로 나를 가르치려 합니다. 그들은 사명감으로 가득 차 있습니다. 그러거나 말거나 불문에 부치십시오. 나는 차라리 달빛어린 이리Erie 호수 옆에서 당신 곁에 편안히 앉아, 당신 때문에 심장이 두근거리는 것이 더 낫겠습니다. 오늘밤 이야기나 하면서. 그러나 당신이 직접 입을 열어 말을 해주기 전에는 하느님의 축복이 있을 거라고 기다릴 수가 없습니다.

제임스, 우리의 앞날을 지탱해주는 삶과 사랑에 대한 이상은 참으로 현명하고 훌륭했습니다. 그러나 그 이상은 진실하였을까요? 사람의 마음을 굴복시킬 수도 있는 시련이 있다는 것을 아시나요? 나는 알 수 있기를 바랐습니다. 사실, 나는 거의, 네, 전적으로 믿었습니다. 우리의 사랑은 나의 믿음만큼이나 순수하고 깊어서 어느 것도 그 흐름을 바꾸어 놓을 수 없고 티끌만한 방해도 있을 수 없다고. 어머니께는 이렇게 말씀드렸지만 이것이 잘못인지도 모르겠습니다. 어머니는 그럴 일이 일어날 위험이 없다면, 그리고 두 사람이 오직 서로에 대해 만족스럽게 모두 잘 알고 있으면, 결혼 서약은 필요 없었을 것이라고 대답하셨습니다.

어쩌면 그럴지도 모르지요. 다른 사람의 유혹에 넘어가지도 않고 한눈을 팔 위험도 없다면, 굳이 하늘에 대고 사랑이 영원하기를 맹세할 필요가 있겠습니까? 당신을 탓하지는 않겠습니다. 당신이 무슨 일을 하든지 나는 당신의 진심을 믿으니까요. 당신은 원래 따뜻한 마음을 가진 사람이에요. 순간적인 충동으로 자신의 전부를 걸고 맹세했던 사람을 버리고 다른 사람과 사랑에 빠져 있다 해도 넓은 마음으로 받아들이겠습니다. 이번 일이 모두 결백하게 끝났기 때문에 나는 당신을 탓할 수 없습니다. 은밀한 사랑을 키워온 우리의 지난날이 당신에게서 지워졌다면, 나는 당신에게 말했을 겁니다. 나를 떠나서 레베카와 결혼하라고. 그리고 이제부터 당신의 마음을 믿지 않겠다고. 레베카는 아름답고 우아한 여자입니다. 여러 가지 면에서 나보다 훌륭하면서도 나만큼 당신을 사랑하고 있습니다. 그러나 당신이 나보다 레베카를 더 사랑하고, 그 여자가 당신의 단점까지 좋아한다면, 무엇보다도 당신이 과거의 모든 잘못에도 불구하고 훌륭하고 당당한 남자가 된다면 이 크리트는 당신을 포기할 수 있습니다. 그리고 당신의 사랑을 누이로서 축복하겠습니다. 당신은 사람들이 비난하니까 다른 길로 들어섰다고 말했습니다. 그러나 당신이 명예롭고 고결한 남자가 되기 위해서는 오직 나만을 진심으로 받아들여야 합니다. 무엇이든 당신이 느껴 보세요. 당신 마음속에 들어 있는 생각을 모두 동원해 이치에 맞는 결정을 내리지 않는 한, 내가 당신의 아내가 될 수 없다는 생각은 절대 받아들일 수 없습니다. 오, 제임스, 아마 내가 너무 많은 요구를 했기 때문에 아내로서 사랑받지 못한다면, 그 점은 참을 수 있습니다. 나의 남편이 수많은 여자들을 사모하고 심지어 사랑까지 나눈다고 해도, 그리고 그 여자들이 나보다 훨씬 더 아름답다하더라도 절대 흥분하거나 질투하지 않겠습니다. 그러나 단 한마디, 이것만은 확실하게 말하고 싶습니다. 나는 한 남자가 선택하였습니다. 그 남자는 아무리 다른 사람들의 흠모를 받는다 할지라도 나를 떠나 그들에게 돌아서지 않을 것입니다. 오히려 나의 잘못을 찾아 고쳐주어서 그들과 같은 사람이 되도록 할 것입니다. 나의 남편은 사랑에 그런 힘이 있다는 것을 알기 바랍니다. 그 사랑이 우리 사이에 끼어들지도 모를 모든 유혹을 뿌리치고, 뜨거운 욕망이 불러오는 충동에도 불구하고 나를 마음 가장 가까운 곳에 붙잡아 주기 바랍니다. 제임스, 당신이 인간적인 마음까지 무시하는 잘못을 저지른다 할지라도 기꺼이 용서하겠습니다. 그러나 나는 진심으로 바랍니다. 당신이 어떤 일을 겪었든 간에 앞으로 더 이상 아무 일도 일어나지 않는다면, 지금부터 당신은 자신의 행복을 더 잘 지킬 수 있습니다. 때때로 그렇게 가련한 당신을 보는 것이 고통입니다. 그런데도 나는 감히 당신을 위해 아무 것도 할 수 없으며, 심지어 당신을 다시 기쁘게 해줄 수 있는 희망조차 없습니다. 그래도 내가 당신의 아내가 될 수만 있다면, 그럴 수만 있다면. 그런데 그런 희망조차 사라진다면! 오, 아니, 아니, 아니에요. 희망이 있다면, 신이 알려줄 거예요. 신이 주신 어떤 시련도 달게 받겠습니다. 제임스, 빨리 답장해주세요. 당신 마음에 아무것도 감추지 마세요.

이제 우리 계획에 관해 한 마디 하고 마치겠어요. 나는 90명 정도 되는 어린 아이들을 돌보고 있는데 매우 행복합니다. 며칠 후에 학교를 떠나면 멋진 시간을 가질 겁니다. 나는 희망을 버리지 않을 겁니다. 당신은 두려워할 필요가 없지요. 내가 어떤 의도가 있어서 이렇게 말하는 것은 아녜요. 그리고 당신, 당신은 앞으로 일어날 일이 걱정되어서 용기가 사라지나요? 학교의 이사진들이 선거를 치르기 전에 해산되기를 원한다면 그렇게 해도 상관없기는 합니다. 그러나 제임스, 당신은 그렇게 하지 마세요. 당신의 '힘'을 보여주세요. 그러면 당신에게 감사하게 될 것이고, 당신이 겪은 어려움에 대한 대가를 거두어들일 것입니다. 너무 열심히 '일만 하지' 말고 건강도 돌보세요. 다른 결심이 서지 않는다면 좋은 선행을 해도 좋습니다. 내가 베드포드 회의에 참석해야 한다고 생각하지는 않아요. 찰스에게 내가 있는 곳을 이야기해주고 찾아와도 좋다고 이야기하세요. 다음 토요일부터 2주일 기다리면 될까요? 헤론 라이트에게 안부 전해주세요.

　당신의 가장 사랑스러운, 크리트

줄리아 그랜트가 율리시스 S. 그랜트에게

이 편지는 줄리아 그랜트가 남편에게 보낸 편지 가운데 유일하게 남아있는 것이다. 줄리아는 사랑스러운 기념일 쪽지를 보냈고, 남편은 정감어린 답장을 했다.

1875년 5월 22일

사랑하는 율리시스
우리가 약혼한 지가 몇 년이나 되었나요?
바로 오늘이 아닌가요?
줄리아

31년 전이군요. 그때는 너무 두려워서 날이 따뜻했는지 눈이 왔는지 기억이 나지 않소.

　율리시스

시어도어 루스벨트가 앨리스 리에게

시어도어 루스벨트는 결혼하기 바로 5일 전에 열아홉 살 신부에게 정열적인 편지를 썼다.

1880년 10월 17일, 오이스터 베이에서

나의 소중한 사랑,

할 일이 많을 텐데 이렇게 자주 편지를 쓰다니 참으로 너그러우시군요. 그러다가 지치지 않도록 하세요. 어쨌든 오이스터 베이에서 2주일 동안 푹 쉬기 바랍니다. 그리고 당신이 원하는 것만 해야 합니다. 오, 나의 진실한 사랑, 내가 당신을 기쁘게 해줄 수 있기를 간절히 희망합니다. 나도 당신과 같이 욕심 부리지 않고 명랑하게 살도록 노력하겠습니다. 또 모든 근심으로부터 당신을 구하겠습니다. 나의 진실한 사랑, 당신은 내가 한없이 행복하도록 해주었습니다. 그런데도 당신에게 그 보답을 하지 못하고 있습니다. 당신을 숭배하는 나머지 신성모독이라도 될까봐 당신을 만질 수조차 없습니다. 그러나 이제 당신이 옆에 같이 있으면 나의 팔을 벗어나지 않도록 할 수 있습니다. 나의 순수한 여왕, 어떤 남자도 당신의 사랑을 받을 가치가 없습니다. 그러나 나만은 온 마음을 다해 당신의 사랑을 받도록 하겠습니다. 다만 얼마만이라도. 안녕, 내 마음의 사랑. 당신의 사랑하는 그대가.

윌리엄 하워드 태프트가 헬렌 헤론에게

윌리엄 태프트와 헬렌 헤론은 1885년에 약혼을 하고, 수백 통의 편지를 교환하다가 사귄 지 5년이 넘은 1886년 6월 19일에 결혼했다. 이 편지는 그들의 약혼과 앞으로 있을 신혼여행에 관한 이야기를 담고 있다.

1885년 7월 1일

나의 사랑 넬리,

나는 오늘 아침 거리를 걸으면서 당신을 보게 되리라는 희망과 함께 한편으로는 변명을 좀 해야겠다는 생각을 했습니다. 오늘 아침 편지를 한 통 받았는데 당신이 이 편지에 관심이 있기 바라며, 또 어느 정도는 관심을 받을 자격이 있다고 생각합니다. 나는 한낱 우편배달부일 뿐입니다. 사랑하는 넬리, 당신도 나처럼 편지를 읽고 기쁨이 샘솟아나기 바랍니다. 어머니가 나에게 처음 보내신 편지를 당신에게 보여주겠다고 하자, 당신이 그랬던 것처럼 어머니는 버럭 화를 내셨습니다. 그러고 보니 나같이 감정이 무딘 남자가 당신이나 어머니의 감정을 이해하기가 무척 까다롭더군요. 당신이 이 점을 용서해준다면 어머니께서도 용서하시리라 믿겠습니다. 어머니는 간혹 가다 아들이 바보 같은 짓을 해도 기뻐하십니다. 아들에게 용서를 베푸시는 게 기쁘신 거지요. 어머니께서 내 말을 아무에게도 안 하실 거라고 믿고 있지만 당신은 내가 잘못 알고 있다고 생각하지요? 어머니의 외로운 입장과 처지를 고려한다면 너무 바라지 말아야지요. 그렇다고 언짢게 여기지는 마세요. 사람들이 10월까지 집에 없을 텐데, 설령 있다 할지라도 그 전에 비밀이 새나가지는 않을 거예요. 나는 오늘 아침 호라스에게서 시간을 끄는 지구전으로 나가면 안 된다는 편지를 한 통 받았습니다. 지구전을 써서 상대가 자멸하기를 기다리는 전술은 유약한 군대에게만 통할 뿐, 힘이 강한 상대를 만나게 되면 오히려 당하게 된다고요. 내 성격이 적어도 온정을 베푼 파비우스 막시무스보다는 공격적인 스키피오를 닮았으니까, 언젠가는 호라스의 주장이 맞기를 바랍니다. 당신이 떠나기 전에 이 편지를 받을 수 있어서 천만다행이네요. 내가 생각한 대로예요. 가족들은 당신을 기쁜 마음으로 환영할 것이고, 당신을 알게 될수록 더 사랑하고 존경하게 될 것입니다. 당신도 마찬가지고요. 사실 우리 가족들은 어쩌면 당신이 한 가족이라고 느끼도록 꼼짝 못하게 밀고 나갈지도 모르지요. 루퍼스가 오늘밤 만나자고 하더군요. 나는 당신이 드라이빙 파티를 이야기한 적이 있었는데, 오늘 갈 수 있을지 모르겠다고 하였습니다. 루퍼스는 그런 계획이 있다면 불러내지 않겠다고 하더군요. 나는 당신이 오늘밤 같이 저녁 식사를 하고 싶어 하는지 아닌지 확실히 모르겠습니다. 내가 편지를 쓰고 있다는 것만 알고 있습니다. 아니, 사실은 할 말이 있어서 편지를 썼습니다. 지난밤에 감기에 걸렸습니다. 당신도 감기에 걸릴까봐 걱정입니다. 오늘 아침에 일어나는 시간을 바꿨었더라면 당신도 건강에 좋고, 나의 일도 잘 되었을 텐데. 마리아는 우리 집 말이 한 쪽 다리를 절룩거려서 다닐 수는 있지만 느리다고 생각했을 거예요. 전화로든 편지로든 당신이 오늘 온다는 기쁜 소식을 들을 수 있게 해주세요. 그럼 그때까지. 당신의 사랑, 월.

우드로 윌슨이 엘렌 루이스 액슨에게

우드로 윌슨은 존스 홉킨스 대학을 졸업했으며, 이제 막 예술가로서 꽃이 피기 시작하는 엘렌 루이스 액슨에게 이 장문의 편지를 썼다. 우드로는 약혼한 지 며칠 후에 엘렌의 아버지에게 결혼 허락을 받으려고 하였다.

1883년 9월 21일, 메릴랜드 주의 볼티모어에서

나의 사랑,

편지 쓰는 날짜를 20일로 적으려 했었는데, 지금은 자정이 넘었으니 당연히 바뀐 날짜를 정확하게 적어야겠지요. 12시 15분은 편지 쓰기에 적당한 시간은 아니지만, 당신에게 변변하게 줄 만한 것이 아무 것도 없기 때문에 이 시간을 오랫동안 가질 것입니다. 나는 지금 주인이 아닙니다. 친구 집에 손님으로 왔기 때문이지요. 여기 도착했을 때, 대학 친구가 나를 자기 집으로 끌고 와서는 입맛에 맞는 거처를 찾을 때까지 있으라고 합니다. 나이는 나보다 어리지만 오랫동안 사귄 친구예요. 그래서 결국 오늘까지 있게 되었는데, 앞으로 며칠 더 있어야 될 것 같습니다. 오늘 아침 내내 집 부근을 여기저기 둘러보면서 시간을 보냈습니다. 여기는 독신 남자가 머물 하숙집이나 거처할 곳을 찾을 수 있겠어요. 그리고 만찬용 야회복을 차려 입는 성수기 전에는 소화가 다 되기 전에 저녁 식사를 끝내는 적이 거의 없습니다. 오늘 저녁에 우드 양이 같이 온 친구와 차를 마시자고 해서 나는 생전 알지도 못하는 젊은 여성과 예의 바르고 젊은 신사에게 끌려 다녀야 했습니다. 정말 이상하더군요. 내 딴에는 임무를 제대로 끝냈다고 생각했지만 길고 지루한 시간이었습니다. 당신에게 편지를 쓰는 시간은 언제나 기다려지면서도 나를 '정말' 즐겁게 해줍니다. 당장 근사하게 무엇이라도 할 수 있을 것 같은 기분으로 당신에게 편지를 써야 하기 때문이지요! 당신이 근심 걱정 없이 행복하게 편지를 읽는다면 틀림없이 바로 이 때문입니다. 우리 둘은 이 순간에 같이 있어요. 당신도 역시 그렇게 생각하지요?

▲엘렌 액슨 윌슨은 뉴욕에 있는 미술 학생 연합에서 미술을 공부하고, 가르 쳤다. 이것은 결혼 전인 1885년에 우드로 윌슨을 스케치한 그림이다.

다음 주 수요일까지는 대학에 나가지 않을 작정입니다. 기억나 요? 내가 말했지요, 개강 후 1주일까지는 강의가 없다고. 급하면 돌 아가라는 말도 있으니, 천천히 거처를 정할 생각입니다. 할 일도 없 는데 여기 눌러 앉겠다는 것은 터무니없는 농담이에요. 사람들에 게 앞으로 당신과 같이 있을 거라고 알렸어야 했는데, 하도 환대를 받는 바람에 정신이 없었어요. 내일 오후에는 오늘 여기에 왔던 아 가씨와 테니스를 치러 숲이 우거진 교외로 나가기로 했습니다. 그 다음에는 무엇을 할지 잘 모르겠어요.

어제 당신 아버님께 편지를 썼습니다. 그런데 이렇게 힘든 적이 없었어요. 나는 가능한 한 가장 진지하면서도 겸손하게 말했어야 했지요. 그런데 어찌된 일인지 평상시답지 않게 어색하고 뻣뻣하 게 굳어졌습니다. 그러나 아버님께서는 내가 쓴 편지가 분위기나 내용으로 볼 때 참으로 어려운 이야기라는 점을 충분히 참작하시면서 넓은 아량으로 읽으셨을 것이라고 믿습니다.

　나는 아직 당신에게서 아무런 소식도 듣지 못했습니다. 로마에 가고 나서 나에게 편지 쓸 시간이 거의 없었을 것입니다. 그러나 한편으로는 내가 거처를 정하고 주소를 알려주면 당신이 주저하지 않고 편지를 쓰지 않을까 하는 생각도 해보았습니다. 내가 거처할 거리 이름과 전화번호를 알 때까지는 우체국으로 가야 되겠지요. 나는 당신이 보내는 사랑의 글을 갈망하고 있습니다. 나의 사랑이여, 모르겠어요. 내가 이렇게 열렬히 사랑하는 마음을 당신이 알아나 주는지. 어떤 말 한 마디, 어떤 몸짓 하나라도 당신을 향한 나의 사랑을 반도 채우지 못한다고 전해줄 테니까요. 잘 자요. 이제 잠이 들어 당신에게 전할 수 없는 입맞춤을 꿈속에서나 나누도록 하지요.

　나의 마음을 가득 담아서, 우드로

**그로버 클리블랜드가
프랜시스 폴솜 클리블랜드에게**

　그로버 클리블랜드는 두 번째 대통령 취임식을 기다리고 있을 때, 부인에게 꿈같이 달콤한 편지를 썼다.

▲프랜시스 폴솜 클리블랜드는 강력한 여성 교육 옹호론자로, 웰즈 대학 이사
회에서 50년 이상 일했다.

여보.

오늘 편지를 받았는데 당신이 일을 잘 처리하기 바랍니다. 당신은 아마 내가 춤을 잘 추지 않는다고 알고 있는 것 같소.

페어차일드는 오늘밤 같이 저녁을 먹었소. 그 사람은 가끔 저녁 식사 전에 와서 잠시 머물다 갑니다. 그가 오면 나는 무척 즐거워져 30번가까지 함께 산책을 해요. 지난밤 사령관에게 들른 것을 빼고는 이틀 만에 처음으로 바깥으로 나갔습니다.

오늘은 방문객이 아주 많아서 열심히, 그러나 매우 공정하게 일을 처리하려고 했습니다.

오늘밤에는 어쩐지 초라한 기분이 드는 데다 12시도 넘었으니 자야겠습니다. 늦게까지 꿈을 잘 꾸는데, 매일 밤 당신 꿈입니다.

당신을 지극히 사랑하며, 정말 많이 보고 싶습니다. 우리 사랑스런 아이들에게 키스를 보내며, 당신 어머니에게도 안부 전해주세요.

당신을 사랑하는 그로버 클리블랜드

프랜시스 폴솜 클리블랜드가 그로버 클리블랜드에게

이 편지는 프랜시스(프랭크) 클리블랜드가 남편에게 보낸 편지 중 유일하게 남아있는 간단한 쪽지로 1894년 크리스마스에 보냈다.

당신, '깜짝 놀랐죠?' — 프랭크가

우드로 윌슨이 에디스 볼링 골트에게

우드로 윌슨 대통령이 58세 때, 43세의 미망인 에디스 골트에게 청혼했다. 두 사람은 1915년 12월 18일, 결혼할 때까지 매일 만나면서도 여기 있는 편지를 비롯해 수십 통의 편지를 재미있게 주고받았다.

1915년 5월 6일

오, 마음이 오고가는 나의 사랑, 비교할 수 없이 다정한 친구여, 당신의 손을 꼭 잡을 수 있는 아침을 맞는다면, 얼굴을 마주하고 스쳐가는 인사라도 할 수 있다면, 당신의 목소리라도 한 마디 들을 수 있다면 어떤 대가인들 못 치르겠소!! 이제 잠을 좀 자고나니 어젯밤보다는 똑똑히 말할 수 있어요. 그러나 어젯밤은 끝을 헤아릴 수 없는 욕구가 내 안에서 울부짖고 있었소. 우선 나 자신을 생각해보고, 지금은 당신을 생각하고 있소, 그런데, 오, 당신을 생각하니 얼마나 감미로운지! 새벽이 오기 전에, 정말 '새벽이 오기도 전에' 당신이 쓴 편지가 내 앞에 놓여 있소, 나의 사랑스러운 자유의 헌장이! 나는 진심이 아니라면 답을 하지 않겠소. 눈물이 흘러 당신 편지를 더 볼 수 없어서 고개를 들었소. 기쁘고 달콤한 사모의 눈물 때문에. 나의 사랑하는 벗이여, "우리는 서로 돕고 격려 '할' 것입니다" 당신이 했던 말이 그대로 나의 진심이 됩니다. 오, 기쁨이 넘쳐요. "나는 당신을 정성껏 돕고, 받들고, 위로할 것을 맹세합니다." "우리가 잠시 떨어져 있는 사이에도 당신을 갈망하는 나의 영혼을 전합니다. 기꺼이 환대해 주십시오!" 나의 사랑, 당신의 영혼은 얼마나 반가운 손님인지! 신께서 나에게 어떤 이기심도 부리지 않고 당신을 볼 수 있는 영광을 주셨으면 좋겠소. 내가 그런 영광을 차지하면 얼마나 자랑스럽겠소! 천국에서나 받을 수 있는 환영을 해드리지요. 얼마나 뿌듯하고 행복하겠소! 당신보다 아름다운 영혼은 없기에 더욱 사랑스럽소. 나는 그 영혼의 기사가 되겠소. 나 자신을 버리고 당신의 영혼을 섬기기 위하여 더욱 훌륭하고 더욱 순수한 남자가 되겠소!

"나는 당신에게 공언했었고 또 공언합니다. 완전한 사랑을 할 준비가 되어 있으며, 아무도 그 사랑을 파멸시키지 못할 것이오."

어제 나의 인생과 일에 대해 깊이 생각해보니, 마음이 흡족한 때는 무한한 능력을 발휘해 완벽하게 일을 할 때뿐이었소. 그러나 이제 당신의 달콤한 맹세를 알고 나서 내 자신이 정말 더 훌륭하게 되고 싶소. 손을 내밀어 당신을 만나는 것이 시작이오. '당신을 사랑합니다.' 내가 아니라 당신을, '당신'을 돕기 위해 살겠소. 당신을 '돕고, 받들고, 위로하고' … 기쁘게 해주고, 짐이 되거나 걱정거리가 되지 않도록, 오직 당신에게 도움이 되도록. 할 수만 있다면, 당신이 가지고 있으면서도 스스로 보지 못한 사랑을 깨닫도록 하겠소. 지금까지 당신은 불행하게 살았다는 생각이, 재능 있는 당신의 가슴 속에 가득 채워진 찬란한 빛에 구름의 그림자가 드리웠다는 생각이 나를 비탄에 젖게 하고 있소. 온 세상으로부터 당신을 보호할 수 있는 특권을 도저히 가질 수 없다면, 더 욕심 부리지 않고 적어도 나의 하늘 밑에서는 어떤 어두운 그림자도 당신을 가리지 않도록 하겠소. 당신이 나를 만나서 '기쁘도록' 해주는 것이 나의 할 일이고 즐거움이오. 당신은 너무 재미없게 살아왔소. 당신에게서 기쁨이 떠나지 않게 할 뿐만 아니라 오히려 보태주겠소! 항상 사랑스러운 모습으로 나의 마음속에 있는, 진정 나의 사람으로 하고 싶은 아름다운 여인을 위해 가난을 모르는 부자가 되겠소. 당신이 나에게 아무 것도 요구하지 않기 때문에 막상 무언가 원하고 필요할 때조차 아낌없이 베풀기가 어렵소. 비록 그 마음이 희생적이기는 하지만, 베풀도록 해주는 것이 나에게는 더 큰 기쁨이오. 나는 빛나는 당신 눈을 보고 싶소. 그 무엇보다 즐겁게 행복으로 가득 찬 눈빛을.

나는 당신을 갖기 위해서가 아니라 섬기기 위해 살겠소. 힘이 닿는 데까지 당신을 섬길 것이며, 아무런 대가도 바라지 않겠소. 내 자신이 얼마나 훌륭한 남자인지 스스로 보여주겠소. 이렇게 당신에게 모든 것을 바칠 수 있는 사람이 바로 우드로 윌슨이오.

"내 그대의 노예가 된다면, 그대가 원할 때
시중들지 않고 무얼 하리오?
할 일도 없어라, 그대가 원하지 않으면.
나의 군주여, 그대를 위해 시계를 보면서
시간의 끝이 없는 세상을 감히 나무라지 못하고,
당신이 하인에게 이별을 고한다면
서로 보지 못하여도 괴로워하지 않으리.
당신이 어디 계실까, 무얼 하고 계실까
감히 질투하며 물어보지도 않으리.
단지, 슬픈 노예인 양, 여전히 무심한 채로.
당신이 있으면 얼마나 행복해지는지!
사랑은 진실하다 못해 어리석으니, 당신 뜻을 따르리,
당신이 무엇을 하든지, 그르다 생각하지 않으리."

에디스 볼링 골트가
우드로 윌슨에게

1915년 5월 6일
아침 일찍 자신감에 넘쳐 의기양양한 당신의 편지를 읽고 또 읽

▲에디스 골트가 우드로 윌슨 대통령과 결혼하기 거의 30년 전 사진으로,
1887년 버지니아에서 현관에 앉아있는 모습이다.

었습니다. 애정과 열정이 넘쳐 '마음이 타들어가면서도' 힘이 넘
치고 행복한 마음을 당신은 아시나요?

　이래서 나는 당신이 자랑스러워요. 분명 세상 모든 일이 다 잘 되
겠지요. 그렇다고 꼭 당신이 말한 대로 될 수 없으며, 그렇게 느낄
수도 없을 겁니다. 그러나 당신이 자신을 잊으면서까지 나를 돕겠
다는 말이 소중하게 느껴집니다. 하도 뜻밖이라 당신이 하신 말씀
에 깜짝 놀라서 노래라도 부를 지경입니다.

　지금은 차 속에서 어머니를 기다리면서 편지를 쓰는 중이기 때문
에 잉크가 아니라 연필로 쓰고 있으니 용서하세요. 나의 마음에는
황금 장미가 피어 있고, 순금으로 된 보물이 깊이 들어 있습니다. 제
발 이 순수한 믿음이 녹슬지 않도록 나의 목숨을 바쳐 지킬 수 있게
해주시고, 그 나머지는 신에게 맡기도록 해주세요. E. B. G.

프랭클린 D. 루스벨트가 엘리너 루스벨트에게

　루스벨트 대통령은 결혼 28주년 기념일에 부인에게 줄 만한 선물을
찾지 못하자 변명을 늘어놓았다.

1933년 3월 17일, 백악관에서

사랑하는 밥스Babs.

속옷, 정장, 모자, 신발, 시트, 수건, 러그, 수프 접시, 사탕, 꽃, 램프, 변비약, 위스키, 맥주, 판화, 상어 알, 당신에게 이런 것들이 필요한지, 아니면 갖고 싶은지 생각하느라고 잠도 안자고 꼬박 일주일을 지새웠건만 결국, 기권했소!

하지만 생활필수품이 좀 부족한 것 같아서 사랑하는 마음으로 보내오. 행복하게 지내시오! F. D. R.

레이디 버드 테일러가 린든 B. 존슨에게

레이디 버드는 존슨과 서로 알고 지낸 지 딱 1개월 후에 미래의 남편에게 이렇게 장난스럽게 편지를 썼다.

1934년 10월 5일 금요일

가장 소중한 사람에게!

오늘은 편지가 없군요! '정말' 실망했어요. 왜 편지를 쓰지 않는지 궁금하군요. 너무 바쁘신가요, 아니면 벌써 텍사스를 떠나셨나요, 그것도 아니면 왜? 당신에게 편지가 없는 날은 왜 유독 '공허한지' 모르겠어요. 나처럼 당신도 내 편지를 기다릴 거라는 생각이 들면, 나는 매일 꼬박꼬박 편지를 썼을 걸요.

나는 절대 매일 편지를 쓰지 않겠다고 별렀던 생각이 나니까 우습네요. 분명 그럴 거라고 생각했거든요. 누구에게 매일매일 편지를 써본 적도 없었고, 또 그런 일은 '정말' 바보 같다고 생각했지요. 그런데 지금은 언제쯤 편지를 쓸까 궁리하고 있어요. 당신의 편지를 찾으러 내려가는 11시쯤이 하루 중 가장 기다려지는 시간이지요. 당신 편지는 언제나 그 기차 시간에 맞춰 오거든요.

오늘 나는 이자벨과 니그, 팬키, 윌리 플로이드를 데리고 전시회에 갔죠. 그들은 내가 브로드웨이에 있을 때처럼 즐거워했어요! 그들이 전시회를 둘러보는 동안 나는 서머셋 몸의 『인간의 굴레 Of Human Bondage』를 보러 갔어요. 훌륭하기도 했지만 아주 무서웠어요. 나의 사랑, 시간이 있으면 『세계가 움직인다 The World Moves On』를 보시라고 권하고 싶어요. 당신이 이런 것을 좋아하지 않는다는 것은 알지만 그래도 이 작품은 괜찮을 거예요. 사랑을 애원하는 장면이 이때까지 본 영화중에서 가장 완벽하고 훌륭하고 멋이 있었어요. 그 영화를 보고 있으면 사람들이 매우 활기에 넘치는 것처럼 보여요.

드디어 책이 왔군요! 오늘 밤에 한 권을 읽기 시작했어요. 그 책들은 도서관에 있는 거죠, 아닌가요? 기한이 2주일이지요? 서둘러 읽을 게요! 사랑하는 당신, 고마워요.

그런데, 린든, 기사 오려낸 것이 없어요. 아마 내일 내가 갈 때까지 기다리고 있겠지요. 기대하고 있겠어요.

나는 요즈음 『초가을 Early Autumn』을 읽는데 마음을 빼앗겼어요. 우리가 같이 있다면, 당신에게 이 글을 읽어줄 수 있을 텐데.

아름답고 포근한 집에서 재미있고 훌륭한 작품, 혹은 내가 좋아하는 사람에 관해 재미있게 읽는 것보다 더 편안한 일이 어디 있겠어요. 좋은 것은 모두 같이 나누는 것이 더 좋아요, 그렇죠?

일전에 나의 저널리즘 학사 학위가 왔는데 그만 잃어버렸어요! 생각해 보세요! 베네딕트 총장의 축복을 담은 사인이 얼마나 좋았겠어요. 그런데 잃어버리다니 속상해요. 졸업장은 동부에서 제일 훌륭한 곳에서 만든 소중한 기념품이었어요. 어쨌든 어떻게 생겼는지는 보았으니 되었어요.

나의 사랑, 오늘이 무슨 날인지 아시나요? 우리의 기념일이랍니다! 바로 한 달 전에 우리가 만났어요.

린든 B. 존슨이 레이디 버드 테일러에게

린든은 미래에 아내가 될 레이디 버드와 만난 지 단 몇 주 만에 첫사랑에 빠져, 고통과 열정이 넘치는 편지를 보냈다.

1934년 10월 24일 화요일 정오, 워싱턴 의회에서

내 사랑 버드,

오늘 아침 당신을 사랑하는 마음으로 의욕이 생기고 당당해지며 활기가 돕니다. 사람들이 보고 싶습니다. 떼를 지어 많은 사람들과 걷고 싶습니다. 힘차게 일하고 싶습니다. 지금 고해성사실에 있다

면 모두 고백해버리겠어요. 미래에 대한 계획, 생각, 희망, 이런 것들로 한창 부풀어 있습니다. 내가 너무 자신에 차 있다고 생각할까봐 두려워서 더 말은 안 하겠지만 펜이 마음을 앞질러 나갑니다. 지난주에 이런 시간들이 걱정스러웠지요. 당신은 내 마음이 어떤지 관심이 없을 테니까, 지난주에 얼마나 의기소침했는지 말하면 나는 정말 비참해질 겁니다.

오늘 아침 나는 아주 편안하게 편지를 씁니다. 금방 앨리스 와이트에게도 편지를 썼습니다. 앨리스는 아마도 내가 다시 열여덟 살로 돌아갔다고 생각할 지도 모르겠지만 난 아무렇지도 않아요. 잠시 편지를 받아쓰게 하고 조 레일리의 비서와 커피를 마시고, 점심 식사 전에 하루 일을 끝냈습니다. 오후에 당신 편지를 받으면 오늘 하루가 아주 완벽하게 마무리 될 것입니다.

텍사스에 있는 친구가 편지를 보냈는데 재미있는 격려가 담긴 편지였습니다. 당신이 여기에 있었다면 의자에 걸터앉아 어깨너머로 나와 같이 읽었을 텐데. 사람들은 나를 매우 잘 대해줍니다. 내가 편지를 얼마나 고마워하는지 알기 때문에, 워싱턴에 있는 절친한 친구는 호텔에서 아침 식사도 하기 전에 속달 편지를 보내고 투덜거립니다. 거의 1주일 동안 나는 일도 많고 걱정거리도 있어서 눈코 뜰 새 없이 바쁘게 보냈습니다. 그랬더니 그 친구는 편지에 이렇게 썼습니다. "몹시 보고 싶고 그래서 정말 특별한 사람, 특별히 말하고 싶은, 매력이 넘치면서 성실한 친구여. 그러나 내가 필요할 때 그 친구는 분명히 은행가, 변호사와 같이 자신의 미래를 맡길 만한 인사들과 함께 떠날 거야. 토요일에는 딕 씨네 은행 사람과 차를 타고 가던 걸. 나는 정말 위로를 받고 싶었는데 주말을 그렇게 보냈지. 내가 길을 잃고 못된 길로 빠져 든다면, 사람들에게 그 친구가 어떻게 했는지 말하겠네. 그 친구가 쉰 살쯤 되어 경험이 쌓이고 철이 들면, 그제야 내가 하는 일에 관심을 갖게 될 거라고." 오늘 일이 모두 끝나면 그 친구를 만나서 위스키를 마시면서 당신 이야기와 친구의 작품 이야기나 해야겠습니다. 쉰 살이 아직 안 되었어도 말입니다. 그리고 학교에서 나를 도와주었던 벤 클라이더라가 긴 편지를 썼습니다. 벤은 연방 토지은행에서 일하게 되었다고 기뻐하면서 자기의 결혼, 일, 나의 가족과 친구들에 대해 많은 이야기를 했습니다. 최근에 텍사스 남부에서 구릉지 쪽으로 옮겨왔다고 합니다. 당신이 코퍼스에 왔었을 때 만났던 기억이 날지도 모르겠습니다.

아름다움을 모두 가진 나의 사랑, 나는 토요일 이후부터 당신 편지를 받지 못했습니다. 당신은 목요일에 쓰고 말았지요. 공연히 우리나라의 우편배달이 잘 돌아가고 있는지 조사하는 수선은 떨지 않겠습니다.

다음 편지에서는 오스틴과 그곳의 학교생활이 어떤지 말해주세요. 무슨 일을 하는지, 언제 공부하는지, 사회생활은 어떻게 하는지, 그리고 법률 학교에 얼마나 '젊은 녀석'들이 많이 있는지. 나를 사랑한다고 말하고 싶으면 하세요. 물론 그렇게 말하지 않는다 하더라도 사랑하리라 믿으며, 나도 언제나 당신을 사랑하겠습니다. 이렇게 말하면 사랑하는 연인이 어려움을 참지 못할 때 '완벽하게' 생각나도록 하게 해줄지도 모릅니다.

두 팔을 벌려 포옹과 키스를 해줄게요. 당신의 영원한 사랑, 린든 배인스가.

드와이트 D. 아이젠하워가 마미 아이젠하워에게

드와이트 아이젠하워 장군은 아일랜드 여성인 케이 서머스비 부관과 아주 막역하게 개인적인 친분을 가졌다. 그러나 공공연한 소문이 돌자 부인을 안심시키는 편지를 보냈다.

1943년 6월 25일

나의 사랑에게,

얼마 있으면 1주일 정도의 여행에 올라야 하니 그때까지 매일 편지를 써야겠습니다. 그러면 내가 편지 쓰기를 잠시 중단하더라도 당신은 예고도 없이 자주 편지를 받겠지요.

고향과 연인을 간절하게 그리워하는 마음이 때가 되면 사라질 법도 한데 시간이 갈수록 오히려 더 높아만 가니 참 이상하기도 합니다. 내 생각에는, 새로운 임무를 맡게 되면 그 일을 계획하고 시작하느라고 흥분하고 할 일도 많아서 다른 일들은 모두 잊어버릴 것 같은데요. 그러나 시간이 흐르고 그 일도 매일 반복되면, 어느덧 다시 그리움이 쌓여 마침내 진짜 향수병이 생기게 됩니다. 그것은 또한 계속 어려운 일에 정신을 쏟았던 결과이기도 합니다. 마지막 목표에 조금이라도 도달하고자 모든 정신을 쏟아서 일하고 또 일해도 절대 끝나지 않을 때 향수병이 생깁니다. 어쨌든 나는 요즈음 당신이 무척 그립습니다. 어떻게 하면 아무 때나 당신을 만나러 갈 수 있을까요. 단 며칠 동안만이라도. 앞으로 일정표를 살펴보면 전혀 그럴 기회가 없습니다. 혹시 만나러 올 수도 있지 않겠느냐는 말은 꺼내지 마세요. 전쟁터에서는 언제 어떻게 예기치 않은 일이 일어날지 모르니까요.

에버렛이 중요한 업무 이야기를 하고 지금 막 사무실을 나갔습니다. 에버렛이 좋은 사람 같아서 우리는 잠시 당신과 케이트 이야기를 했습니다. 그 사람은 나처럼 향수병에 걸리지는 않은 듯한데, 아마 두 번 정도 고향에 다녀왔기 때문일 겁니다. 나는 그런 적이 없지요.

사랑스러운 당신, 제발 몸조심하세요. 당신의 심박계 기록이 1년 전보다 더 좋아졌다니 얼마나 다행입니까. 검사하기를 잘했어요. 당신은 나에게 정말 소중합니다! 사랑합니다, 언제나. 당신의 연인이.

1943년 6월 29일, 알제에서

나의 사랑,

지금 비서 세 명이 긴 전보문을 만들고 있고, 나는 단숨에 편지를 쓰려니 숨이 가빠옵니다. 제리 마틱스가 내일 고향으로 돌아가는데 그 편에 당신에게 쓴 편지를 전하려니 더 마음이 조급해지기 때문입니다.

모레는 우리 결혼기념일이죠. 당신에게 장미 한 다발을 사주려고 워싱턴에 전보를 쳤습니다. 지금 여기서 '셸더링 팜즈'의 야자를 보낼 수는 없겠지만 거의 모든 종류의 야자가 있습니다. 달력으로 보는 27년은 참으로 긴 시간이지만 우리 결혼 생활에서 있었던 많은 일들은 하나하나가 마치 오늘 아침에 일어난 일인 듯합니다. 나의 흰색 바지에 주름을 없애려고 무던히 애를 썼지요!

어제 나는 하루 종일 다른 곳에 가 있었습니다! 바쁘게 돌아다니다 보니 마지막 날 저녁에는 아주 지쳐버렸습니다. 내일 다시 가기로 되어 있지만 연기할 생각입니다. 여행은 하루가 걸리기도 하고, 어떤 때는 1주일 이상 걸리기도 합니다. 다음 여행은 더 오래 걸릴 겁니다.

밀턴이 나에 관한 이야기가 나왔다면서 〈워싱턴 포스트〉지에 실린 장문의 기사를 보내주었습니다. 내가 하는 일을 설명하는 기사였는데 다른 기사보다 훨씬 정확하더군요. 한 가지 부족한 점이 있다면 내가 여행을 어느 정도 하는지 잘 모르고 기사를 쓴 것 같습니다. 정말 크리스마스 전에 하루 정도라도 고향에 가서 당신을 만날 기회가 있기 바랍니다.

나의 사랑, 7월 1일에는 꼭 당신을 생각하고 있을 테니 믿어주세요. 언제나 당신을 진심으로 사랑합니다. 당신의 아이크Ike가.

리처드 닉슨이
패트리샤 닉슨에게

리처드는 제2차 세계대전 중에 해군 장교로 근무하느라 패트리샤와 오랫동안 떨어져 지냈다. 1944년에 리처드가 태평양 전장에 있을 때 사랑이 담긴 애절한 편지를 많이 주고받았다.

1944년 4월 29일

사랑하는 당신에게,

　오늘 드디어 사진이 도착해서 제일 행복한 날을 보냈습니다. 가슴 벅찬 사진이에요. 다른 사람들에게 사진을 보여주면서 말한 것

▲1971년 6월 12일, 닉슨 대통령과 영부인이 딸 페트리샤와 에드워드 콕스의 결혼식이 열리던 날 백악관에서 춤을 추고 있다.

처럼, 내 마음에 딱 들어맞는 사진은 아니더라도. 당신은 모를 겁니다. 내가 이 사진을 친구들에게 보여주면서 얼마나 자랑스러워했는지. 사람들이 전부 놀라서 소리를 질렀지요. 내가 그 정도였거든요. 나도 역시 그렇게 생각했지만. 지미 스튜워트는 여배우 그리어 가슨보다 더 젊고 아름다워 보인다고 하던데 역시 제대로 보았습니다. 어떤 사람은 당신에게 혹시 여동생이 있냐고 물어보더군요. 나의 사랑, 다시 사진을 보아도 역시 아름답습니다. 이 사진이 당신을 바로 내 곁에 데려다준 것 같습니다.

패트리샤 닉슨이
리처드 닉슨에게

1944년 6월

이 세상에서 멋진 당신과 함께 있는 것이 얼마나 소중한데 어떻게 바보같이 당신 없이 살겠다는 생각을 하겠어요. 당신을 사랑하지 않았다면 나는 혼자 자립을 해서 결과가 아주 달라져 있을 거예요. 사실 당신이 멀리 떠나 있는 몇 달 동안은 그리운 마음을 지워버리고, 재미있는 일도 많이 하고 내 마음대로 가고 싶은 곳도 가보고 했더라면 더할 나위 없이 행복했었을지도 모르잖아요. 그러니까, 나의 사랑, 당신은 언제나 끝없이 나를 사랑해야 돼요. 그러면 나는 변함없이 당신이 대단히 멋진 사람이라고 생각하고 있을 겁니다. 셜록 홈스 이야기가 마음에 들어 당신에게도 한 권 사주고 싶습니다. 간략하게 요약한 페이지를 보내겠어요. 그 책에는 지난 80년을 살아온 재미있고 감탄할 만한 이야기들이 들어있습니다. 그들이 살아온 훌륭한 삶이 바로 우리가 생각하는 삶의 방식이라고 생각하고 있어요. 내 얼굴에 주름이 져서 우스워 보일 때도 당신은 여전히 날 사랑하겠어요?

해리 S. 트루먼이 베스 트루먼에게

1957년 6월 28일, 해리 트루먼은 부인 베스와 함께 한 결혼 38주년을 맞이하여 해마다 있었던 일을 목록으로 만들었다. 베스는 남편이 사망한 후 영부인으로서 가장 긴 생을 마친 1982년까지 이 편지를 매일 읽었다고 한다.

[1957년 6월 28일] 미주리주 캔자스시티에서

1920년 6월 28일, 행복한 한 해

1921년 6월 28일, 만사형통

1922년 6월 28일, 불경기로 파산

1923년 6월 28일, 동부 재판관 선출

1924년 6월 28일, 딸이 4개월 됨

1925년 6월 28일, 실직

1926년 6월 28일, 여전히 실직

1927년 6월 28일, 재판관 재임

1928년 6월 28일, 대만족. 피아노. 민주당 대통령 후보 앨 스미스

1929년 6월 28일, 10월에 경제 공황

1930년 6월 28일, 경기 침체 계속

1931년 6월 28일, 딸이 여섯 살 됨

1932년 6월 28일, 도로 완성

1933년 6월 28일, 연방 고용 담당 장관

1934년 6월 28일, 지방법원 완성. 상원의원 후보

1935년 6월 28일, 상원의원

1936년 6월 28일, 필라델피아 결정. 루스벨트 재선

1937년 6월 28일, 워싱턴에서 즐거운 시간

1938년 6월 28일, 아주 행복한 시간, 딸 마지Margie가 14살

1939년 6월 28일, 법률 제정

1940년 6월 28일, 상원의원 경쟁

1941년 6월 28일, 상원 특별위원회. 마지가 노래하기 원함

1942년 6월 28일, 올해도 행복한 시간

1943년 6월 28일, 일이 많음

1944년 6월 28일, 부통령직 상의. 곤란한 일

1945년 6월 28일, 부통령이 되자마자 대통령 됨. 전쟁 종식

1946년 6월 28일, 마지가 졸업하고 가수가 됨. 80회 의회

1947년 6월 28일, 마셜 플랜과 그리스와 터키. 애너와 28번째 멋
진 시간

1948년 6월 28일, 끔찍한 선거 운동. 행복한 날

1949년 6월 28일, 대통령 재선. 또 한 번 행복한 날

1950년 6월 28일, 한국전쟁 - 비극적인 시간

1951년 6월 28일, 키웨스트에서 보낸 매우 행복한 시간

1952년 6월 28일, 모두 행복함. 1953년 1월 20일에 임기 종료

1953년 6월 28일, 귀향. '장미' 꽃다발

1954년 6월 28일, 행복한 35번째 기념일

1955년 6월 28일, 모두 단절되었지만 여전히 행복함

1956년 6월 28일, 중요한 날, 보궐 선거

1957년 6월 28일, 해리 조엘스가 말한 대로 우리는 다시 잘 지내
고 있음. 결혼 37주년은 단지 60주년을 향한 출
발일 뿐! H. S. T.

로널드 레이건이
낸시 레이건에게

로널드 레이건은 1960년 발렌타인데이 때 부인에게 이 사랑의 편지를
썼다.

사랑하는 푸Poo 엄마,

사람들은 2월 14일을 발렌타인데이라고 알고, 또 그렇게 부르면서 일상적인 행운을 바라고 있소.

하지만 어쩌면 나에게는 1952년 3월 4일부터 '발렌타인 인생' 이 시작되었다고 할 수 있소. 그리고 당신이 함께 하는 한 발렌타인데이는 계속될 것이오.

당신은 '발렌타인 인생' 이 나에게 얼마나 중요한지 잘 알고 있지요? 그러니 지금도 그리고 앞으로도 영원히 나의 발렌타인이 되어 주세요. 나는 당신을 너무너무 사랑하기 때문에 선택할 여지가 없어요. 발렌타인 인생을 보내든지, 죽든지 둘 중에 하나뿐이라오. 푸 아빠가.

로널드 레이건이 낸시 레이건에게

레이건 캘리포니아 주지사와 낸시는 15번째 결혼기념일에 이 편지를 주고받았다.

1967년 3월 4일

나의 사랑 영부인,

오늘이 결혼 15주년이오. 내 옆에 누워있는 당신을 바라보면서 왜 사람들은 당신이 영부인First Lady이라는 것을 이제 겨우 알았는지 생각하고 있소. 사실 15년 내내 당신은 나에게 영원한 부인the First이라오.

15년이란 세월이 단 몇 분처럼 느껴지다니 기분이 묘하지요. 세월이 눈 깜짝할 사이에 지나갔구려! 그동안 후회한 때가 있었다면, 서로 떨어져서 당신을 보지 못한다는 것을 깨달아야 했던 때였소. 언젠가는 당신이 반드시 설명해야 할 일이 있소. 당신의 잠든 모습은 어떻게 15년이 지나도 여전히 다섯 살 어린 아이처럼 보이는지요. 15년을 같이 지낸 시간은 정말 소중하였소. 당신을 바라보기 전까지 나는 살아있다고 느끼지 못했소.

이 세상에서 가질 수 있는 것은 모두 누리고 있는 나의 생명과 삶에 너무 행복해서 감사하고 있소.

매일매일 당신을 사랑하오. 당신의 남편이.

낸시 레이건이 로널드 레이건에게

사랑하는 남편에게,

오늘 아침 당신에게 편지를 쓰려고 했는데 당신이 한 발 빨랐네요. 머리가 혼란스러워서 나의 마음이 진짜 어떤지 말할 수 없어요. 그런데다 당신은 항상 만사를 굉장히 좋게 이야기하지요. 그래도 15년이라니, 나 역시 믿을 수 없네요. 다른 한편으로 생각하면 이 시간이 영원할 것 같아요. 지금은 당신을 만나기 전에 어떻게 살았는지 기억조차 할 수 없어요. 내 인생의 모든 것이 당신과 함께 시작되었지요. 당신이 없는 세상은 아무 것도 아닐 것이고, 나 또한 보잘 것 없었을 거예요. 더 건강하도록 몸조심 하세요.

당신을 무척 사랑합니다. 결혼할 때는 몰랐는데 그때보다 더욱 당신을 사랑하고 있어요. 당신이 무척 자랑스러워요. 당신을 사랑하는 마음이 시간이 갈수록 점점 더 커지니, 이러다가 펑 터져 버리겠어요. 다른 엄마들이 불쌍해요. 그 사람들은 당신 같은 사람이 없잖아요. 그렇지만 나는 당신이 있어요. 항상 나와 함께 있어줘요. XXX로부터.

조지 H. W. 부시가
바버라 부시에게

2통의 편지 가운데 첫 번째 편지는 조지 H. W. 부시가 한창 때인 55세에 부인의 생일을 맞아 쓴 편지이다. 두 번째 편지는 퇴임 후 첫 해에 결혼 49주년을 맞아 썼다.

[1979년 6월 8일]

▲바버라 피어스 부시는 아들인 조지 W. 부시가 2001년에 대통령이 되어 영
부인이자 대통령의 어머니가 되었다.

행복하고 또 행복한 54번째 생일!

사랑하오, 당신을 정말 사랑하오. 아무 것도, 선거가 분열이 되든,
사람들이 어떻게 되든, 정말 아무 것도 우리를 변하게 할 수 없소.

내가 당신을 얼마나 사랑하는지 말할 수조차 없소.

당신의 55살 남편. 아빠가.

1994년 1월 6일, GHWB가 바버라 피어스에게

그대 나와 결혼해 주겠소? 아차, 깜빡했네, 당신은 49년 전 바로
오늘 결혼했잖아! 1945년 그 날은 정말 행복했는데, 오늘은 그보다
더 행복하구려. 당신은 다른 남자들이 모르는 기쁨을 나에게 주고

있소. 아이들에게는 큰 소리로 야단을 치다가도 바로 사랑으로 감싸면서 사내답게 만들었소. 도로Doro가 이 넓은 세상에서 상냥하고 훌륭한 딸로 성장하도록 했소. 나는 어쩌면 세상에서 가장 높은 산을 오른 듯하지만, 바버라의 남편이 되기 위해 빛을 밝히지는 못하였소. 어머니는 내게 이렇게 말씀하셨다오. "조지, 이제는 앞에 나서지 마라." 어머니는 내가 겨우 체면만 유지하고 있었다는 것을 잘 모르셨을 거요. 뉴욕 레이의 오논다가 스트리트 출신인 바버라 피어스에게 뒤지지 않으려고 했다는 것을. 당신을 사랑해요!

chapter 0 2

전쟁과 이별

1865년 3월 4일, 에이브러햄 링컨 대통령과 메리 토드 링컨 영부인이 두 번째 취임식 행사인 백악관 공식 만찬에서 손님들을 맞고 있다.

"명령이 떨어졌으니 즉시 보스턴으로 가서
지휘해야 되겠소."
—조지 워싱턴이 마사 워싱턴에게,
1775년 6월 18일

"지금은 깜깜한 시간이오, 나의 사랑."
—존 타일러가 줄리아 타일러에게,
1861년 4월 16일

"우리가 새로운 출발을 할 시간이 더 가까워지고 있소."
—조지 H. W. 부시가 바버라 피어스에게,
1943년 12월 12일

미국 사람들에게는 200년 넘게 전쟁이 삶의 중요한 요소가 되었다. 역대 대통령은
때로 전쟁 위기 속에서도 시대를 이끌어가는 지도력을 보여주었다. 조지 워싱턴부
터 조지 H. W. 부시까지 미국 대통령들은 홀륭한 지휘관으로서 의욕적으로 군 생
활을 마치고 장군으로 퇴역했다. 전시가 되면 대통령의 배우자들은 뒤에 남아 있
었으나, 간혹 마사 워싱턴처럼 남편과 같이 주둔지에 합류한 경우도 있었다. 줄리
아 그랜트나 마미 아이젠하워 같은 배우자는 남편과 함께 있기를 원했다. 또 루시
헤이스와 같은 영부인들은 부상당한 남편을 돌보느라 바빴다. 이 장에 있는 편지
는 대통령 부부가 전쟁을 겪으면서 보여준 희생과 용기를 느끼게 해준다.

조지 워싱턴이
마사 워싱턴에게

조지 워싱턴이 펠라델피아 대륙회의에서 대륙군 총사령관으로 지명된 후 바로 마사에게 쓴 2통의 편지는 걸작이다.

1775년 6월 18일, 필라델피아에서

나의 사랑,

나는 지금 이루 표현할 수 없는 걱정거리를 가득 안고 당신에게 편지를 쓰고 있소. 그리고 이 걱정은 점점 더 심해지면서 커지고 있소. 내가 불안해하면 당신 또한 그렇겠지요. 군대는 나라의 명분을 위해 일어섰고, 의회는 군의 지휘를 나에게 맡겼소. 그래서 나는 임무를 수행하기 위해 즉시 보스턴으로 가야 하오. 사랑하는 팻시 Patcy, 당신은 믿을 거요, 내가 진심으로 당신을 안심시킨다면 말이오. 지금까지 당신과의 약속을 지키기 위하여 임무를 맡지 않으려고 갖은 애를 써왔소. 이번 일로 나는 내 뜻과 상관없이 당신과 가족 곁을 떠나야 할 뿐만 아니라, 맡은 책임이 나의 능력에 비해 너무 크다오. 내가 7년 동안 해마다 당신에게 올 수 있다 하더라도, 멀리 떨어져 있어야 하는 해외 주둔보다는 당신과 한 달 동안 같이 있는 시간이 더 행복할 거요. 그러나 이런 임무가 내게 떨어진 것은 운명이오. 그래서 이번 임무가 훌륭한 목적을 이룰 수 있도록 주어졌기 바라오. 이번에 받은 임명은 피할 수 없소. 당신도 마찬가지지만, 나도 내가 언제 돌아와야 하는지조차 알 수 없어요. 내가 명예

▲마사 워싱턴 영부인이 새 연방 수도를 위하여 공식적으로 사회적인 분위기를 조성하는데 일조한 환영회 초대 손님들에게 인사하고 있다.

롭지 못하게 된다거나 우리 군에 해를 끼쳤다면 모를까, 그 외에 비난받을 일이 없다면 이번 임명은 내 의지를 벗어났고 거절할 수도 없는 결정이오. 이번 일을 당신이 반가워 할 수도 없고 할 리도 없으므로, 나는 스스로 신중하게 감정을 다스리도록 하겠소. 마음속으로 신의 뜻이라고 확신하고, 가을에는 당신에게 무사히 돌아가리라는 것을 의심하지 않고 편안하게 생각하기로 했소. 전투나 일이 힘들어도 고생이라고 생각하지 않소. 단 한 가지, 당신이 외롭게 혼자 남았다는 마음이 들면 나는 비참해서 주체를 못할 거요. 당신이 단단히 결심하고 모든 역경을 꿋꿋이 이겨내서, 앞으로 즐거운 시간을 보내기 바랄 뿐이오. 당신이 직접 편지를 써서 이런 소식을 전해주면 바랄게 없겠소.

예전에 말한 대로 당신이 알렉산드리아로 옮기는 것이 소원이라면 기꺼이 실행에 옮기지요. 룬드 워싱턴에게 손님을 맞이하기에 적당한 주방과 필요한 건물을 지으라고 하세요. 아래층에서 친구들과 재미있는 시간을 보내고 싶다면 원하는 대로 하구려. 간단히 말하면, 당신이 하고 싶은 일이 있으면 계획을 세워 실천하도록 하라는 말이에요. 당신이 불만에 차서 정말 부임하는 것을 피할 수 없겠냐고 불평을 하면, 나도 마음이 못내 아플 거요. 그러니 넓은 마음으로 이해하고 참아 주기를 간절하게 바라오.

인생이란 언제나 불확실하지요. 또 남자들은 자기 혼자 힘으로 인생의 중대사를 결정해야 할 때가 흔히 있다오. 그래서 떠나기 전에 차분하게 방해거리가 없을 때 그동안 시간이 없어서 못했던 일을 처리했소. 펜들턴 대령에게 동봉한 유서를 주고 내 지시에 따르도록 했소. 그 유언장은 내가 죽을 경우를 대비해 당신에게 주려고 만든 것이니 받아들이기 바라오. 유언장에는 남은 부채는 물론이고, 당신이 가지고 있는 금액에다 머서 선생에게 판 토지대금이 들어 있소. 캐리의 부채를 빼고 나면 내가 진 빚은 얼마 되지 않소. 그가 은행 주식을 양도해서 별 어려움 없이 부채를 충당했었다면 빚이 그리 많지는 않을 것이오.

편지를 몇 장 더 써야 하기 때문에 지금 더 덧붙이지 않겠지만, 밀리나 친구들을 보면서 나를 기억하기 바라오. 당신을 가장 진실하게 존경하고 있다는 것을 믿어주오.

나의 사랑 팻시에게, 당신의 마음 조지 워싱턴이.

| 추신 | 이 편지를 쓰고 나서 당신의 15번째 편지를 받고 지금까지 보지 못한 아름다운 옥양목 정장 두 벌을 얻게 되었소. 당신이 좋아하기 바라오. 1야드에 2파운드 해서 한 벌에 5파운드 나간다오.

            1775년 6월 23일, 필라델피아에서

나의 사랑,

금방 필라델피아를 떠나야 하기 때문에 당신에게 편지 한 줄 쓰지 못할 것 같았소. 특히 보스턴 진영으로 갈 때까지는 다시 당신에게 편지를 쓸 수 있을지조차 모르겠소. 나는 절대적으로 하느님을 믿고 있으며 하느님께서 나에게 과분할 정도로 자비를 베풀어 주신다고 생각하오. 가을이 오면 당신을 만나 행복한 시간을 보내게 될 거라고 굳게 믿고 있소. 지금 중대가 작별 인사를 하려고 집합해 있기 때문에 더 이상 편지를 쓸 수가 없겠소. 당신을 향한 변함없는 사랑은 시간이 흘러도, 멀리 떨어져 있어도 여전할 거요. 잭과 넬리에게 듬뿍 사랑을 전하며 다른 가족들에게도 안부 전해주시오. 가장 믿음직하고 충실한 당신의 조지 워싱턴이.

레이첼 잭슨이 앤드루 잭슨에게

레이첼 잭슨은 1812년 남편이 크리크 인디언 족과 대치해 미국 군을 이끌고 있을 때 집에서 이 편지를 썼다.

나의 생명과 같이 소중한 이에게,

어제 속달 편지를 받았어요. 절대 당신의 편지를 잊지 않겠어요.
하루 밤을 꼬박 새웠어요. 얼마나 두려웠던지 말로 할 수 없어요.
나는 큰 소리로 울면서 하느님께 매달려 당신이 무사하게만 해주
시면 정말 감사하겠다고 기도했어요. 아, 삼촌은 불행하게도 돌아
가셨지 뭐예요. 갑자기 요절하셔서 얼마나 애통한지 몰라요. 언제
나 사랑하는 마음으로 당신을 생각할 게요. 나의 사랑, 기도해주세
요. 당신이 다시 떠나기 전에 볼 수 있게 해달라고. 나는 영원히 당
신과 함께 있다는 생각으로 지금까지 견뎌왔어요. 기분이 좋지 않
네요. 이런 기분을 좀 바꿀 수는 없을까요. 끔찍한 모습이 자꾸 생
각나는데 오, 얼마나 무서운지. 오, 하느님, 자비와 은총을 베푸시
길! 당신은 빠져나오기 힘든 위험에 처했어요. 끊임없이 기도드리
고 있어요. 오, 하느님, 얼마나 오랫동안 이렇게 비참하게 있어야
하나요? 너무 불안해서 마음이 안 놓여요. 잠도 잘 수 없어요. 당신
만 빼고는 다들 집으로 돌아올 수 있네요. 이렇게 당신을 보고 싶어
한 적이 없었어요. 스톨레켈 헤이스가 아니었다면 헌츠빌로 출발
했어야 했어요. 내가 가장 순결한 사랑의 날개를 타고 당신에게 날
아갈 수 있는지 말씀해 주세요. 틀림없이 당신이 기도하는 모습을
볼 수 있을 거예요. 당신은 어떻게 해서든 나를 불행하게 만들지 않
겠지요. 전쟁이 빨리 끝나기 바래요. 지금 군대는 크리크 족과 벌이
고 있는 전쟁이 끝나기만 바라고 있을 거예요. 당신은 그 누구보다

많은 일을 하고 있어요. 당신 말고 누가 그 많은 세월을 나라에 헌신하겠어요. 당신은 수많은 월계관을 쓰고, 당신이 바라던 이상으로 영광을 얻었어요. 당신의 위치는 분명히 달라졌어요. 적군이 의도하는 대로 당신이 부상을 당하면 오히려 잘 되었지요. 그러면 온갖 시련과 고난이 따르던 6개월의 시간이 끝나니까요. 오, 하느님, 참을 수 없어요. 콜로 헤이스가 기다리고 있어요. 당신이 만나보았으면 좋겠어요. 그 사람이 가진 신의 통찰력으로 어버이 같이 당신을 보호할 거예요. 나는 눈물어린 기도를 올리며 밤낮으로 당신이 무사하기만 바라고 있어요. 이제 작별인사를 해야겠어요. 우리 귀여운 아들은 잘 지내고 있어요. 멋진 아빠한테 할 말이 많아요. 시간이 없으니 다음에 말할 게요. 하느님의 축복이 함께 하길 바라며 소원 성취하시길. 우리 만날 때까지 건강하고 행복하게 지내세요. 당신의 사랑스러운 친구이자 충직한 아내가 너무 오래 기다리지 않게 해 주세요. 죽도록 사랑하는 레이첼 잭슨이.

존 타일러가 줄리아 타일러에게

대통령 중에서 유일하게 남부군에서 복무한 경력이 있는 존 타일러는 흥분해서 부인과 편지를 주고받았다. 당시에는 버지니아를 비롯한 남부의 11개 주가 연합군을 탈퇴하여 동맹을 맺었고, 북부 연합군과 남부 동맹군의 관계는 안개 속처럼 불투명했다.

사랑하는 줄리아, 오늘 아침 당신의 편지를 받고 아이들 걱정은 한시름 놓았소. 당신은 한시라도 아이들에게서 눈을 떼지 못하고 궂은 날씨에 밖에 나가지 못하게 하느라 고생이오. 소중한 우리 아이들 마음에는 숭고한 정신이 담겨 있어서 신의 보살핌을 받아 우리 이름을 명예롭게 할 것이오. 내 생각으로는 전쟁이 일어날 것 같고, 그 전쟁은 고통스러울 것이오. 찰스턴에서 발발한 전쟁은 북부 전역으로 번져갔소. 북부군은 더 이상 분열이 일어나지 않을 것 같은데 대군을 이끌고 남부군을 물리치지 않을까 생각하고 있소. 버지니아 주는 대단히 용감하고 충성스럽소. 사실 이렇게 잘 훈련된 군대가 아니었다면, 격렬하게 치고받는 혼전 속에서 일찌감치 포기하고 노예제도를 인정하고 따랐을 것이오. 그러나 북부군이 너무 급격하게 밀고 들어와서 대안이 없을 것 같소. 항복이든 저항이든 어느 한 쪽만이 남아 있소. 아직 남북 중 어느 한 편을 택할지 망설이고 있는 경계 주는 우리를 따를 것 같소. 그렇게 된다면 모두 무사할 것이오. 전당대회는 열리지 않지만 내일이면 우리 길을 결정하게 될 것이오. 내일 밤에는 거대하게 횃불 행렬을 하도록 하고 찰스턴 전투를 위한 조명을 밝혀야 할 것이오. 여기에다 남부의 11개 주가 탈퇴를 결정하면 대폭발이 일어날 것 같으니 마음 같아서는 아이들이 여기에 있었으면 하오. 그러나 탈퇴가 말처럼 될지는 모르겠소. 반대로 선거 때까지 탈퇴하지 않을 수도 있소. 스콧 장군은 사임했소. 내 생각대로 장군은 결국 자기 칼을 버지니아 주로 넘겼소. 나는 합당한 결론을 내려달라고 했소. 그래서 정부가 포츠머스 항에 있는 해군 공작창으로 군사 500명을 보냈소.

　사랑하는 당신, 날이 저물었소. 나는 오직 당신과 우리 꼬마들 생각뿐이오. 우리 조상을 대대로 보호해준 전지전능한 신을 믿소. 힘 있는 놈들은 대책 없이 우리를 내버려둘 것이오. 나는 우리가 연합군에서 탈퇴하는데 찬성하며 버지니아를 수치스럽게 하는 일이 있다면 어떤 위험도 무릅쓰고 반대할 것이오. 남부군의 탈퇴는 국민의 뜻에 따른 것이오. 모두에게 언제나 사랑과 키스를 보내며. 당신의 헌신적인 남편. J. 타일러

　|추신| 8시 30분이 막 지났는데 의제는 다루지도 않고 휴회했소.

줄리아 타일러가
존 타일러에게

1861년 4월 27일, 셔우드 포리스트에서
　결국 우리가 새로운 독립을 이루었군요. 그리고 버지니아가 그 길을 앞장섰군요! 적어도 남북의 경계 주에서는 말이죠, 우리는 못

하지만 다들 곧 군에 자원해서 그들이 선택한 대로 분열되고 갈라진 나라를 위해 싸울 거예요. 그렇게 되면 북부는 시끄럽게 되겠지요. 남부는 참고 또 참고, 수없이 용서해 마침내 결정했습니다. 북부에서는 정의를 사랑하는 많은 사람들이 공개적으로, 그렇게 할 수 없다면 은밀하게라도 우물쭈물 지체하지 않고 남부를 격려할 것입니다.

당신의 편지에서 예전에 로버트가 썼던 편지 몇 줄을 보니 무척 기쁘군요. 로버트가 지금 상태로서는 도울 수가 없다는 것을 보여주기 위해 남부와 소식을 일절 끊으라고 하였는데, 그가 지지하는 주의 입장에서는 그 말이 모두 옳아요. 그렇지만 브룩스Brooks 회사의 악명 높은 계획을 들어보았나요? 그 회사에서 만든 증기 기관차는 제임스 강에 약탈과 파괴를 부를 겁니다! 당신은 분노한 군중들의 계속되는 위협을 받아 극도로 흥분한 사람들에게 좌지우지 될지 몰라요. 어쩔 수 없이 그런 오명에 휩싸일 수도 있습니다. 랜돌프 양이 '메이오'와 결혼해서 지금 리치먼드에 살고 있는지 알아보세요. 알렌이 그 사람들을 잘 대접해왔기 때문에 브룩스는 틀림없이 특별한 적대감이 있을 겁니다.

어제 신문에서는 어느 정도 평화의 조짐이 보이는 듯합니다. 도마에 오른 버지니아 주지사 렉처의 선언으로 함대를 몰수했는데 좀 더 좋은 변화가 있을 기미가 보입니다. 오늘 당신에게서 편지가 왔으면 좋겠어요. 7연대는 혹평을 받아 마땅한 데도 그렇지 않아 보여요. 피켄스 요새를 접수해야 하는데 뉴저지의 7연대가 격퇴 당한 소식을 접하고 실망스러워 신문을 읽다가 정이 뚝 떨어졌습니다.

그릴 씨는 어제 배심원으로 출석했습니다. 어부처럼 보이는 남자의 시체가 데노맷 씨가 사는 해변에 나타났어요.

어머니는 편지가 없으셔요. 줄리아에게 비누와 치약, 초록색 면사포를 구해주셨나요. 아이들은 모두 잘 있어요. 나의 사랑, 안녕히 계세요. 당신에게 정성을 다하는 아내가.

메리 링컨이
에이브러햄 링컨에게

메리 링컨은 뉴욕에서 남편에게 매클리언 장군 대신 '전투적인 장군'으로 바꾸라고 요구하는 편지를 썼다.

1862년 11월 2일

사랑하는 당신,

당신에게서 소식이 오기를 기다리지만 여전히 허탕입니다. 당신이 편지를 보내지 않더라도 충분히 그럴 만한 이유가 있으려니 생각하고 이해하려 합니다. 잘 모르는 사람까지도 워싱턴에 다녀오면 당신이 잘 지낸다고 전해주었습니다. 그 말만 들어도 아주 마음이 놓입니다. 당신의 이름은 모든 사람들 입에 오르내리고 많은 사람들이 당신이 무사하기를 항상 기원합니다. 매클리언 장군이 태

▲메리 앤 토드 링컨은 남북전쟁 동안 남편에게 서슴없이 정치적, 군사적 조
언을 했다.

만하다고 격렬하게 논쟁이 벌어지고 있군요. 이렇게 화창한 날씨
를 그냥 가도록 내버려두는 것에 북부가 실망하고 있어요.

　귀염둥이 태디는 혼자서도 잘 놀고 있어요. 앤더슨 장군과 부인,
그리고 나는 어제 스콧 장군을 뵈러 갔어요. 장군은 건강해보였지

만 류머티즘이 있다고 하소연하셨어요. 하루 이틀, 심한 공격이 있었는데, 리지 헥클레이가 아니었다면 어떻게 했을지 지금도 모르겠어요. '언젠가는' 이런 일들이 사라지겠지요. 여기에 온 후로는 지방 유지들이 나를 얼마나 정중하고 따뜻하게 대해주시는지 모르겠어요. 당신이 숭배를 받으려면 매클리언 장군 대신 좀 더 전투적인 장군을 임명해야 된다고 사람들이 말하더군요. 교전을 치르는 동안 날씨는 청명할 것 같아요. 태디에게는 양복 두 벌을 맞추어 주었어요. 한 26달러 정도 들 겁니다. 마차 장식물을 싸놓을 털이 좀 있어야겠어요. 리지 헥클레이가 30달러를 빌려주겠다고 하니까 100달러 수표만 있으면 돼요. 이것저것 사려면 돈이 필요하게 될 걸요. 태디가 이빨이 빠졌는데 보내드릴 게요. 목요일에는 보스턴으로 출발하니까 화요일까지 수표를 보내세요. 그러면 정말 고맙겠어요.

당신이 우리를 자주 생각한다니 그 말 한마디가 정말 고맙게 느껴져요. 당신을 믿고 있는 M. L.

|추신| 스튜어트 씨가 보낸 편지를 동봉할 게요. 그 분은 어릴 적 친구를 보고 싶어 하는 마음이 간절했어요. 아주 강직한 연방 사람으로 어떤 호의도 바라지 않지요. 당신이 가는 길에 편지가 도착한다면 다행이에요.

앤드루 존슨이
엘리자 존슨에게

앤드루 존슨은 테네시 주지사를 지내고 주의 군사령관이 되었다. 그는
켄터키 주의 루이빌에 살고 있던 부인에게 전쟁의 어려움을 알리기 위
하여 단 한번 편지를 썼다.

1863년 3월 27일, 워싱턴에서

사랑하는 엘리자,

내가 편지를 쓰기란 정말 어렵구려. 공격 명령을 내렸는데 곤란
하게도 위기에 처했소. 당신이 건강한지, 가족이 어떻게 지내는지
항상 궁금하고 걱정이 되오. 스토버 장군이 당신의 건강은 여전하
지만 메리가 잘 지내지 못하고 있다고 전보를 보냈소. 내슈빌을 떠
난 후에는 로버트와 찰스 소식을 듣지 못했구려. 모두 잘 있다고 믿
고 있소. 마사와 다른 아이들을 다시 보지 못할까 걱정이 되오. 가
끔씩 모두 내팽개치고 포기하고 싶다는 생각도 들 때가 있소! 그러
나 우리는 마지막까지 견뎌야 하오. 이 반란은 잘못되었으므로 우
리의 소중한 생명이 희생 되더라도 반드시 진압시켜야 하오. 나는
동부 테네시를 고향으로 생각하고 남은 여생을 바치려고 하오. 그
때문에 당신과 메리가 마음 상하지 않기 바라오. 이렇게 되는 것이
우리의 운명이라면 기꺼이 참고 받아들여야 하오. 안달하고 불평
한다고 해서 고통스러운 상황이 더 좋아지거나 그 시간이 줄어드
는 것도 아니지 않소. 언젠가는 다시 돌아갈 수 있으리라고 기대하

고 있지만, 지금 당장은 나라에 매어있는 몸이 아니오. 로즈크랜즈 장군과 번사이드 장군이 올 봄이나 여름에 동부 테네시 탈환을 실패하면 나는 이번 가을에 그곳에 군사를 배치할 거요. 지금 하는 일이 거의 정리되면 하루 정도 있다가 루이빌로 떠날 거요. 이번에는 적을 살피고 싶어서 테네시를 들여다보려는 게 아니오. 적군이 있을 때 점령하려고 하오. 당신과 메리가 내슈빌로 떠나기 전에 남군이 후퇴하는 것을 보고 싶소. 내가 루이빌에 가면 같이 좀 더 알아

▲앤드루 존슨은 1865년 링컨 대통령이 암살당한 후 대통령직을 승계했으며, 1868년에는 탄핵 재판에서 간신히 위기를 모면했다.

봅시다. 켄터키에 파병된 군대가 훨씬 많지만 반란군에게 당하지만 않으면 결국은 거기에서 테네시로 가게 되어 있소. 반란군에게 당하지는 않을 테지만 그래도 결과가 어떨지는 기다려 봐야 하오. 워싱턴은 내가 생각한 대로 무척 지루하고 단조로워요. 여기 온 이후로 궂은 날씨가 계속되고 있소. 북쪽에 오니까 맑은 날이 거의 없고, 지긋지긋한 추위 때문에 감기에 걸려 목이 아파 말도 못했소. 이제야 말도 하고, 어느 정도는 환경에 익숙해져서 버티고 있소. 당신이 원기를 회복하여 살도 좀 찌고 메리와 힘들지 않게 잘 지냈으면 좋겠소. 메리가 다시 좋아져야 할 텐데. 메리에게는 아이들을 교육시키는데 모든 시간과 관심을 쏟으라고 전해주시오. 그리고 손자 녀석들에게는 할아버지가 매일 생각하고 있고, 행복을 빌고 있다고 말해 주어요. 앤드루에게는 아버지가 믿고 있다고 전해주고. 앤드루가 뜻이 있다면 남자답게 사는 법을 배워야 하오. 자기 자신을 훈련시키면 결코 평범하게 살지는 않을 거요. 루이빌에 가면 앤드루가 책 읽기는 물론이거니와 글쓰기에서도 놀라운 재주가 있는지 보고 싶어요. 어릴 때 모두 잘 배워서 훌륭하게 자라면 그밖에 내가 해주어야 할 일은 없을 것이오. 스토버 장군에게 전보 잘 받았으며, 그렇게 하도록 노력하겠다고 전해주시오. 장군이 연대를 충원할 수 있기 바란다고도 전해주시오.

　나의 사랑하는 마음을 모두에게 전해주고, 헌신적인 남편이 되기 원하는 마음 받아주시오. 앤드루 존슨이

에이브러햄 링컨이 메리 링컨에게

링컨 대통령은 남북 전쟁이 절정에 달하자 흥분해서 이 편지를 부인에게 보냈다. 영부인은 전쟁이 벌어지는 동안 거리낌 없이 군사작전에 대하여 조언하였다.

1865년 4월 2일 7시 45분, 워싱턴 D.C.에서

A. 링컨 부인에게,

어젯밤에 그랜트 장군이 전보를 쳤는데 셰리든과 그의 기병대, 그리고 제 5군단이 보병 세 여단과 마차, 포대, 수천 명의 포로를 포획했다고 하오. 그랜트 장군은 오늘 아침, 다음과 같이 긴 전보에 따라 공격을 명령했소.

"라이트와 파케 모두 적진까지 진격했다. 지금 전쟁은 격렬하게 극단으로 치닫고 있다. 셰리든과 그의 기병대, 제 5군단과 마일즈 디비전의 제 2군단이 있는데 2군단은 1일이 지나서 마일즈에게 파병되었다. 오늘 아침은 서부에서 휩쓸고 내려오고 있다. 지금은 전군이 아주 유리해 보인다. 오드가 교전 중이지만 전방에 대한 결과는 아직 들은 바 없다."

로버트는 어제 펜로즈 대위에게 조금이나마 용기를 줄 편지를 썼다는데, 로버트에 관해서는 이것 밖에 들은 것이 없소. 전쟁 장관에게 그대로 말하세요. A. 링컨

프랭클린 D. 루스벨트가
엘리너 루스벨트에게

루스벨트 대통령은 아이오와 함을 타고 알제리의 오랑Oran을 거쳐 튀니스, 카이로로 가서 윈스턴 처칠과 장개석 총통을 만나 미얀마 전선과 제2전선에 관한 문제를 토론할 작정이었다. 그리고 아프리카에서 싸우고 있는 아들과 사위를 만날 생각이었다.

1943년 11월 21일, 튀니스에서

사랑하는 밥스Babs,

우리는 안전하게 튀니스에 도착했소. 카르타고에서 불편하게 지냈지만, 튀니스에서는 바다가 내려다보이는 아주 멋진 저택에서 편안하게 쉬고 있소. 엘리엇과 프랭클린 Jr, 두 아들은 배에서 하선할 때 만났는데 잘 지내고 있소. 그렇지만 프랭클린 Jr.은 스스로 편지에서 이야기한 대로 어려움에 처해 있소. 결국은 배를 타고 다시돌아가는 것이 최선책이라고 결론을 내렸고, 찰스턴으로 안전하게가서 그 여자를 만나는 것이 옳다고 생각하고 있소. 그러면 아마 나와 거의 같은 시점에 돌아갈 것 같소.

오늘 아침에는 엘리엇의 장비를 모두 다시 검토했소. 이제 우리아들은 미국과 영국, 남아프리카, 뉴질랜드의 정찰대 5,000명과 비행기 250대를 통솔하는 가장 유능한 사령관이 되었소. 엘리엇은 내일 이탈리아로 간 다음 카이로에서 나와 다시 합류할 것이오. 그런데 이것은 비밀입니다. 신문에서는 이 일이 끝난 후 5, 6일이 지나도 아무 말도 없을 거요.

카이로에서는 11월 26일에 첫 회의가 활발하게 진행될 거요. 장개석 총통 부부가 여기에 와 있소. 만사가 '아주' 순조롭게 잘 되어가고 있소. 우리는 모두 도시에서 1/4마일 떨어진 외곽에 있는 별장에 묵고 있소. 피라미드에 가보니 스핑크스가 든든히 지키고 있었소. 상원이나 하원 의원들이 스핑크스를 보러 간다면 내가 교통편을 무료로 제공해야겠소.

어젯밤에는 멋진 추수감사절 저녁식사를 했소. 아침에 엘리엇과 존 B.가 왔는데 존은 별일 없더군요. 이제부터는 두 사람이 나와 함께 있기로 하였소. 또한 윈스턴과 그의 딸 사라, 그리고 A. 에덴과 리더스 경 부부, 토미 톰슨, 나의 참모 19명도 같이 지내게 되었소.

내일이 되면 다음 항해를 향해 출발하오. 그래서 모두 준비하느라고 무척 분주하오. 해리는 잘 견디고 있소.

언제나 사랑으로 충만하고 헌신적인 F.가

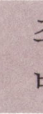

조지 H. 부시가
바버라 피어스에게

조지 부시는 2차 세계대전 때 해군의 폭격기 조종사로 출전을 기다리면서 '공개적인 약혼자'에게 편지를 썼는데, 전시에 쓴 편지로는 유일하게 남아있다.

사랑하는 바Bar,

이번에는 편지가 아주 잘 써지네요. 막히지도 않고 말이 술술 잘 나와요. 우리 약혼을 신문에 공개해도 된다고 말을 해버리고 나니까 얼마나 행복한지 몰라요. 하지만 어찌된 일인지 내가 하고 싶은 말을 편지에서 다 말할 수는 없어요.

온 마음을 바쳐서 당신을 사랑해요. 당신이 내게 주는 사랑이 나의 생명이라는 것을 아나요. 언젠가는 우리에게도 한없이 즐거운 날이 오리라고 생각해요. 당신을 엄마로 둔 우리 아이들은 얼마나 행복할까요.

시간이 지나면서 우리 출전 시각이 다가오고 있어요. 나는 바다로 향할 날을 오랫동안 학수고대하고 있었어요. 머지않아 내가 바라던 대로 목표가 이루어질 것 같아요. 하지만 바Bar, 당신은 변하고 있어요. 내가 가고 싶지 않다는 말은 못하겠어요. 뻔한 거짓말이니까. 우리는 오랫동안 오직 한 가지 목적만 염두에 두고 있어요. 적군을 만나면 격퇴할 수 있는 준비태세가 되도록. 당신을 보러 가도 된다면 꼭 가고 싶어요. 그러나 지금 그대로 여기에 남아있는 이유는 특별한 일이 있어서가 아니라 오래지 않아 이 일이 끝나기를 바라기 때문이에요. 지금같이 바다와 별 탈 없이 잘 지낼 때도 집에 돌아갈 생각만 하지요. 신파조같이 감상적으로 들렸다면 단지 내 마음을 잘 전하지 못했기 때문이에요. 바, 당신은 나의 생활을 예전부터 내가 갖고 있던 꿈으로 가득 채워주고 있어요. 내가 부족함 없이 행복한 이유는 바로 이런 당신을 사랑하기 때문이에요.

수요일은 임관식이 있으니 당신이 꼭 왔으면 좋겠어요. 내일 어머니께 전화해서 나의 계획을 밝힐 게요. 많은 동료들이 부모님이나 부인의 이름을 적어 넣으니까, 당신 이름을 적으면 부인으로 생각할 수 있어요. 그러니까 초청장을 잃어버렸다고 하고 이름만 말하세요. 그러면 녀석들이 명단에서 당신 이름을 보고 들여보내줄 거예요. 당신이 올 수만 있다면 내가 얼마나 자랑스럽겠어요.

나중에 당신에게 비행할 때 있었던 이야기를 모두 들려줄 게요. 할 일은 너무 많은데 시간이 없어요. 항상 긴장하고 있지요. 일을 할 때는 고향을 떠올리지 않도록 해야 돼요. 나는 포격에서 보조병사이기 때문에 호울Houle 장교가 나가면 내가 포격 병사가 될 거예요. 포술과 사격에 대해 별로 아는 바가 없어서 조금 걱정이 되지만 그 일을 맡게 된다니 흥분이 돼요. 나중에 이 이야기도 같이 할 게요.

바람이 뒤늦게 미친 듯이 불어와 우리 비행이 최소한으로 단축되었어요. 내가 탄 2번 비행기는 항공기지 위에 떠 있는데 카메라가 설치되었어요. 아틀란티스 함대에서 비행기 이름을 정해주지 않으니까 이 비행기를 마음속으로는 바Bar 2호기라고 부르고 있지요.

아름다운 그대, 잘 자요. 내가 아름답다고 할 때마다 당신은 나를 죽일 듯이 덤벼들겠지만 그래도 받아들여야 할 걸요.

목요일에는 출격하면 좋겠는데. 아직은 그럴 수 있을 것 같아요. 나의 모든 사랑. 세상이 다 아는 약혼자. 43/12/12

드와이트 D. 아이젠하워가
마미 아이젠하워에게

연합군의 노르망디 상륙 직후, 드와이트 아이젠하워 장군은 부인에게 낙관적인 편지를 썼다.

1944년 6월 9일, 포츠머스에서

사랑하는 당신에게,

이제 막 당신에게 전보를 쳤소. 이렇게 고통스럽고 힘든 날이 계속될 때마다 당신이 여기에 있었으면 하는 생각으로 편지를 쓰고 있소. 하지만 혹시라도 몇 자 적은 편지조차 두서없을까 걱정이 되오!

▲아이젠하워 대통령 부부가 백악관에서 연설하기 전에 자세를 취하였다.

어쨌든 우리는 시작했소. 우리가 성공할지는 단지 시간이 말해 줄 뿐이오. 이 임무를 완수하려면 수천 명이 모두 각자가 혼신의 노력을 다하여 헌신적으로 용기 있게 행동해야 하오. 우리 군대는 해낼 거요. 육군, 해군, 공군은 모두 믿을 수 없을 만큼 놀라운 열정과 용기, 결단력, 불굴의 정신으로 뭉쳐 있소. 군사들은 나에게 자극이 되고 있소.

조니Johnny를 볼 날만 기다리고 있소. 군인이 된 아들 모습을 보면 낯설지나 않을까! 오히려 가슴이 터지도록 자랑스러울 걸!

이런, 움직여야겠네. 몸조심하기 바라오. 사랑을 듬뿍 보내오.

언제나 당신을 사랑하며, 아이크Ike

해리 트루먼이 베스 트루먼에게

트루먼은 25일에 북한이 남한을 침공하여 전쟁을 일으킨 사실을 보고받고 결혼기념일 이틀 전인 26일에 베스에게 편지를 썼다.

1950년 6월 26일

사랑하는 베스,

우리는 인상적인 여행을 마치고 비행기로 돌아왔소. 윌리엄즈 장군은 랜드리가 나타나기를 기다리면서 참 바보같이 굴더군요.

랜드리는 장군의 허락을 받고 일요일 오후에 골프를 치러 갔소. 그런데 호텔에다 골프를 치기로 한 클럽 이름을 남겨놓지 않고 가버렸어요. 랜드리는 분명히 우리가 도착한 다음 바로 공항에 왔을 거요. 세인트루이스를 떠날 때쯤 우리보다 15분 늦었다고 연락이 왔더군요. 나는 연락병에게 켄자스시티로 돌아가 본Vaughan 장군과 테드 마크스를 만난 다음 내일 그들과 함께 오겠다고 전하라고 했소.

워싱턴 공항은 주 장관들과 국방장관, 육·해·공군 장군들로 북적거렸소.

8시에 모두 함께 저녁식사를 했는데, 식사는 훌륭하게 잘 차렸소. 프레드와 루퍼스는 리Lee 의원의 객실이 있는 2층에서 식사를 했소. 2층에 있는 방 두 개가 모두 냉방 설치가 되어 있어서 그들은 거기에 있기로 하고, 다른 이들은 블래어 의원 집으로 갔는데, 그 집은 정말 더웠소.

회의는 대단히 성공적이어서 군사를 동원하지 않고도 일이 잘 될 것 같소. 그리스와 터키가 우리 뜻대로 된 후로는 상황이 그리 나쁘지는 않소. 최선이 되기만 희망하고 있어요.

장모님께서 건강이 좋아지기 바라오. 일요일 오후에 뵈니 전보다 더 좋아진 것 같던데.

나는 항해 일정을 취소했소. 너무 멀리 가고 싶지 않소. 랜드리 장군이 마지에게 전화를 걸도록 한 이유는 철도파업이 걱정되었기 때문이오.

당신이 나와 함께 어려운 시간을 같이 한 지 서른한 해가 되었는

▲해리 S. 트루먼이 프랭클린 루스벨트의 죽음으로 대통령직을 승계한 후,
1945년 4월 16일 의사당에서 열린 양원 합동 회의에서 대통령으로서 첫
연설을 했다.

데 많은 사랑과 행복으로 보상이 되어 돌아올 거요. 나는 모든 것이 즐겁소. 해리가.

chapter 03

정치

1948년 재선된 해리 S. 트루먼 대통령이 자신이 패배했다고 오보를 한 〈시카고 데일리 트리뷴〉지를 들고 환하게 웃고 있다.

"당신이 정치가가 되었기 때문에 증오해요."

─클라우디아 앨타 (레이디 버드) 테일러가 린든 존슨에게,

1934년 10월 22일

"당신은 선거 운동을 시작해야 돼요,

그것도 빨리 서둘러서."

─엘리너 루스벨트가 프랭클린 D. 루스벨트에게,

1936년 7월 16일

" 당신이 3번째 임기를 맡기 원하지만

어리석은 생각입니다."

─엘리너 루스벨트가 프랭클린 D. 루스벨트에게,

1938년 8월

정치는 대통령 부부의 생활과 편지에서 가장 중요하게 다루어지고 있다. 영부인들
이 쓴 편지와 메시지가 보여 주듯이 평화로운 시기에도 대통령의 정치생활은 고통
과 고난, 전략, 승리감으로 채워져 있다.

애비게일 애덤스가
존 애덤스에게

대륙회의에서 미국의 독립과 정부 설립에 대한 토론을 벌이는 동안 애비게일 애덤스는 남편에게 연속해서 주목할 만한 편지를 몇 통 보냈다. 애비게일은 편지에서 '여성들을 기억하라'고 남편에게 요구하면서 노예제도가 있는 주들을 비난하고 '완벽한 능력을 갖추고 있는 여성들에게' 자유를 선언하라고 질책했다.

1776년 3월 31일, 브레인트리에서

내가 편지를 보내면 그 반만이라도 당신이 답장을 해주었으면 좋겠어요. 당신의 함대가 어디에 있는지 말씀해 주세요. 버지니아 수비대는 적을 어느 정도 방어할 수 있나요? 방어를 할 만한 입장인지요? 귀족이든 서민이든 양쪽이 모두 우리를 대표하는 것 아닌가요? 그들은 미개한 영국인들과 같지 않을까요? 지금까지 야만적이고 심지어 피에 굶주린 모습을 보여준 소총 병사들이 보통 사람들의 표본이 아니었으면 좋겠어요.

동부 13개 주가 던모어 총독에게 속는 치욕을 당하기는 했지만 워싱턴이라는 인물을 찾아낸 것은 최대의 공로라고 기꺼이 인정하지요.

자유에 대한 열정이 아무리 강하다 해도 자신들의 경쟁자를 제거하는데 익숙한 사람들만큼 강하지는 않을 거예요. 이런 것을 보면 다른 사람들이 했어야 할 일을 우리가 했다고 해서 그 행동이 고결하고 점잖은 인물을 따랐다고 생각하지 않습니다.

보스턴에는 오려고 하지 마세요. 천연두가 돌고 있어서 걱정이 되오. 그렇지 않았으면 이전에 내가 벌써 갔었을 텐데. 그랜 씨가 우리 집에 가서 상태가 어떤지 알아보기로 했어요. 군의관 한 사람이 관리하고 있는데, 불결하기는 하지만 피해는 없다고 하는군요. 거기에 남아 있는 것은 거의 없어요. 크랜치가 열쇠를 갖고 있는데 절대 건네주지 않는군요. 크랜치에게 편지해서 가능한 한 빨리 청소를 하고 폐쇄하라고 했어요. 나는 그 집을 다시 생각하게 되었어요. 한 달 전에 1실링도 안 되는 집이었는데 불로 태워버리면 좋았을 것이라고요.

주민들을 생각해 주어서가 아니라 급하게 도망가는 사람들이 줄어든 덕분에 도시는 대체로 우리 생각보다는 양호한 상태이고, 명예와 정의를 존중하는 주민들은 집 주인과 가구가 손해를 입지 않았으면 임대료를 그대로 내버려두고 있어요. 아니면 손해가 있더라도 원만하게 해결하고 만족해하고 있어요.

반면에 일부는 지긋지긋하게 약탈을 일삼고 있어요. 대통령의 저택은 안전하고 가구도 손상되지 않았지만 솔리시터 장군의 집과 가구는 폭도들이 무자비한 잔치를 벌이는 바람에 모두 파괴되어 버렸어요. 흥분한 사람들은 도덕적이고 애국적인 사람에 대해서는 경외심을 갖고 있지만, 살인자나 국가를 반역하는 자는 지독히 혐오하고 있어요.

한 달 전과는 다르게 봄이 다가오고 있는 것을 느끼겠어요. 그런데도 모르겠어요. 우리가 한가롭게 씨를 뿌리고 나무를 심을 수 있을지, 부지런히 밭을 갈면 과일을 딸 수 있는 때가 올 지, 오두막에 앉아서 편히 쉴 수나 있는지, 아니면 바다에서 쫓겨나 황무지에서 살 집을 찾지 않아도 되는지, 포도 덩굴 아래 앉아서 밭에서 나는 것들을 거두어 먹을 수 있을지.

이전에는 코어가 낯설었는데 이제는 재미있어요. 태양이 더 밝게 느껴지고, 새들은 더 아름답게 노래하고, 자연은 더 생기 있는 표정을 보여주고 있지요. 우리는 잠시나마 평화를 느끼지만 불쌍한 도망자들은 자신의 황량한 거처로 돌아가고 있어요.

▲애비게일 애덤스는 남편이 정치활동을 하는 동안 자신의 의견을 자유롭게 피력했다. 또한 가족농장을 경영하고 대가족을 부양하는데 전력했다.

우리는 자축하고 있지만, 보스턴은 자기네 것이 되어야 한다고 부들부들 떨고 있는 사람들을 보면 동정은 가요. 그러나 무기력한 겁쟁이들이 아니라면 계속 그런 상태로 있지는 않을 거예요. 그들은 악을 깨닫고 피해갈 시간이 있어요. 당신이 독립선언을 했다는 소식이 있기를 간절히 바라고 있습니다. 어찌되었든 새 법을 제정할 때 잊지 말고 반드시 옛날보다 더 여성들을 관대하게 배려하도록 하기 바랍니다. 남편들의 손에 그렇게 무한한 권력을 주지 마세요. 무한한 권력을 가지게 되면 남성들은 폭군이 됩니다. 여성들을 특별히 배려하고 그들에게 관심 갖지 않는다면 반드시 폭동이 일어날 거예요. 그런데도 우리 목소리나 의견이 반영되지 않고 그대로 법이 제정된다면 참을 수 없습니다.

남성들이 선천적으로 전제군주적인 성격이 있다는 사실은 두말 없이 인정하고 받아들여요. 하지만, 마지못해 그 사실을 받아들이는 사람은 더 자상하고 사랑받은 친구가 되기 위해 주인이라는 지나친 권리는 포기하지요. 그런데 왜 사악하고 불법적인 권력을 처벌도 하지 않고 잔인하고 무례하게 우리에게 휘두르도록 놓아두나요. 지각이 있는 남자라면 우리를 남성의 노예로만 대하는 관습을 거부할 거예요. 여자를 신의 가호 아래 은총을 받은 인간이라고 생각하고, 훌륭한 인간으로서 행복하게 살도록 노력해 주세요.

제가 얼마나 많은 시간을 외롭게 보내는지 아세요. 지나간 일을 회상하며 묵상에 잠기기도 하고, 미래는 어떻게 될까 그려보기도 하지요. 당신은 온통 연방국가에 대한 걱정에 싸여 개인적으로 한 사람에게 신경 쓸 시간은 없겠죠. 당신은 은혜를 입고 있는 조국에 대해 막대하고 중요한 의무가 있기 때문에 가정의 즐거움과 기쁨은 모두 빼앗겨 버렸지요. '조국은 제2의 신이고, 제일 중요한 부모와도 같다고 생각하고 있기 때문이에요. 조국은 부모보다, 부인보다, 아이들보다, 친구보다, 신을 제외한 그 어떤 것보다 우선입니다. 만일 조국이 멸망하면 누구도 살아남을 수 없고, 굴욕적인 지배자의 손가락 하나에 의지하게 됩니다.' 그래서 나는 소원을 접고 불평 한 마디 없이 침묵하면서, 소꿉친구이자 진실한 친구와 이별하는 고통을 감수하렵니다.

내가 당신에게 편지를 쓴 지가 한 열흘이 지났는데요. 당신을 즐겁게 해주려고 장난할 기분이 아니네요. 일단 내가 펜을 집어 들면 어떤 비난을 퍼부을지 몰라요. 정부는 계속 눈을 감은 채 무감각한 혼수상태로 사람들을 방치하고 있어요. 그렇게 방심하다가 치명적으로 재산 피해가 있을까봐 걱정이 돼요. 건물이 불타고 있는데 그들은 불 끄는데 들어가는 물값이 비싸다고 겁먹고 있어요. 보스턴을 소개疏開시킨 지 두 달이 흘렀는데 안전 조치는 거의 없다시피 하고 있어요. 앞으로 시민들이 모두 불길에 휩싸일 때쯤 드디어 항구를 공격하겠지요. 우리들 중 누구도 희생하겠다고 하는 사람이 없어요. 어디를 가나 손을 놓고 있어서 놀라워요. 많은 사람들이 노들즈 아일랜드에서 자원봉사자로 일하고 있는데, 일단 시작만 된다면 더 많은 사람들이 나스타스킷을 따를 겁니다. '국가의 좌우명인 권력과 자유는 마치 물과 불의 관계 같습니다. 권력과 자유는 국

가가 번영하도록 적당히 균형을 갖추어야 합니다. 어느 하나가 독단적이 되면 파멸하게 됩니다.'

우리 동부 식민지는 좀 더 안정된 정부를 원하고 있습니다. 의회에서는 정부를 넘겨받을 준비가 되어 있어야 하며 국가의 좌우명을 정하고 법을 제정해야 합니다. 국왕을 폐위하려고 하는 국민들도 있고, 아직 그대로 유지하려는 국민도 있습니다. 만일 왕이 국민을 나 몰라라 한다면 그는 더 이상 왕이 아닙니다. 그렇게 되면 우리에게는 더 없이 좋은 기회이니, 세상에 당신의 존재가 중요하다는 것을 단호하게 천명하는 게 어떻겠어요?

왜 그렇게 오랫동안 주저하기만 하고 당장 외세의 힘을 벗어나려 하지 않았을까요?

남성들에게는 평화를, 전국의 노예들에게는 노예해방을 선언했지만, 여전히 여성에게 모든 권리를 부여하는 것은 꺼려하고 있어요. 그래서 당신이 여성에게 관대하다고 생각하지는 않아요. 독단적인 권력은 가장 타파하기 어렵고 책임을 모면할 길이 없습니다. 여성에 대한 법과 규칙이 모두 있는데도 불구하고 여성은 여성의 힘으로 자신을 해방시켜야 할 뿐만 아니라 우리의 지배자를 거부해야 합니다. 그리고 남성들은 선천적으로 타고난 법적인 권위를 모두 순순히 우리 발 앞에 던져버려야 합니다.

'멋있게 변화를 받아들이고 따르세요.
그러나 마음이 내켜서 따르도록 하세요.'

지난번 쓴 편지에 답장해 주어서 고마워요. 그 편지가 따분했던 시간을 한 순간에 없애주었어요. 토요일 저녁은 반갑게도 몇 주일 만에 친구가 돌아온다고 해서 학수고대하고 있어요. 일 년이라는 시간이 나의 철학을 모두 사라지게 했어요.

당신은 자주 아이들을 보살피고 가르치라고 했지요. 아이들이 엄마가 가르친 대로 따르면 도덕적인 면이나 정직한 면에서 부족하지 않을 거예요. 그러나 아버지를 본받으라고 끊임없이 말한다면 두 배로 효과가 있을지도 모르죠. 그래서 나는 아이들에게 아버지의 모습을 환기시키고 있어요.

'타락한 나라를 책임지고
사악함과 파벌 싸움에 맞서고 있다' 고.

5월 9일[추신]

편지를 마치려다가 이 소식을 알려드려야겠다고 생각했어요. 5월 7일에 무장한 민간인 배가 해안에서 군함으로 보이는 배 2척을 전리품으로 획득했어요. 하나는 아일랜드에서 온 범선이고, 또 하나는 파이올 배인데 포도주와 고기가 실려 있었어요. 배들은 만조 때 바람이 동쪽으로 불어서 범선이 균형을 못 잡고 기울었는데 등대에서 신호를 보내도 방향을 잃고 말았죠. 모든 것이 여의치 않았지만, 성공적으로 그들을 붙잡아 린Lyn으로 데리고 갔어요.

조니와 찰스는 잘 삐죽거리고 정신없이 굴지만 아주 잘 지내고 있어요. 언제나 나를 생각해주시고, 당신의 포샤에게 가능한 한 자주 편지 써주세요.

▲이 판화는 존 애덤스가 애비게일 스미스 애덤스와 결혼한 지 50년이 지나
서 만들어졌다.

돌리 매디슨은 필라델피아에서 무릎 부상이 회복되기를 기다리면서 남편
과 국무장관에게 이 편지를 썼다. 돌리 매디슨은 정치에 대해 날카로운
통찰력을 보여주었는데, 특히 여성의 신중함을 정통으로 보여주고 있다.

사랑하는 당신에게 이 말을 전하게 되어서 정말 기뻐요. 방금 의
사가 와서 무릎 부상이 오늘 안에 회복되고, 이삼 일이 지나면 말을
타기 시작해도 된다고 말했어요. 그래서 당연히 필라델피아에서 2
주일 이상 머무르게 될 것 같아요. 도저히 당신에게 돌아갈 때까지
기다리기 힘들어요.

스페인과의 전쟁이 어떻게 돌아가는지, 영국과의 불협화음은 어
떻게 되어가고 있는지 당신이 좀 알려주시면 좋겠어요. 여기서는
다 뻔한 이야기뿐이어서 상황이 어떤지 짐작도 못하겠어요. 그렇
다고 내가 정치적 성향이 강하다고 생각하지는 마세요. 당신만 괜
찮다면 내각에서는 앞으로 어떻게 할 건지 꼭 듣고 싶을 뿐이에요.
이걸 보고 당신 아내를 이웃집 L부인처럼 유난스러운 파르티잔으
로 보지는 마세요. 당신 아내가 재능이 부족하다는 것을 잘 알고 있
는 한 조금도 위험하지 않을 뿐만 아니라, 여자이기 때문에 소심해
서 의견이 있다 하더라도 완벽하게 말할 수 없어요. 지난번에 당신
에게 재정 상태가 어떤지 말했죠. 편지를 가져오라고 사무실에 피
터를 보냈어요. 당신 소식과 애너가 보낸 계산서를 받으려고요. 애
너 소식은 매일 기다리고 있어요.

▲제임스 매디슨은 오랫동안 의원을 지내고 토머스 제퍼슨 대통령의 국무장관을 역임한 후 1809년에 대통령이 되었다. 그러나 무엇보다도 미국 헌법의 아버지로 유명하다.

저를 대신해 아이들에게 뽀뽀해주고, 친구들에게도 안부 전해주세요. 불쌍한 잭슨 부인이 부탁한 대로 디어본 장군에게 한 마디 해주실래요? 그 박사의 미망인은 병사들을 많이 도와주었어요. 안녕, 사랑하는 당신, 피터가 편지 한 통 없이 돌아왔네요. 나만 더 많이 편지를 쓰다니 정말 부당해요. 당신의 영원한 사랑 D.

존 타일러가 레티샤 타일러에게

존 타일러는 버지니아에서 상원의원이었을 때 처음으로 부인에게 앤드루 잭슨 대통령의 암살 시도 사건에 대해 자세한 편지를 썼다.

사랑하는 부인에게,

지난 금요일에 의사당에서 아주 놀라운 장면을 목격했소.

우리는 남부 캘리포니아의 워렌 데이비스가 이틀 전에 사망해서 하원에서 장례식을 치르고 있었소. 의사당 동쪽 현관에서 시신을 운반하는 행렬이 매장을 하려고 움직이고 있었소. 맨 앞에 하원의원들이, 다음에는 상원의원들이, 세 번째는 대통령과 관료들이 서 있었소. 나는 기둥이 나란히 늘어선 현관에 맨 나중에 도착했고, 기분도 찌뿌듯해서 묘지에는 가지 않기로 했다오. 그래서 곧바로 늘어선 행렬에서 빠져 나왔지요. 대통령은 나보다 예닐곱 발자국 뒤에 있었소.

내가 주위를 못마땅해 하며 서 있는데, 행렬 가운데서 폭죽이 터지는 듯한 날카로운 소리가 요란하게 들렸소. 나는 소리가 났던 행렬 쪽을 보려고 몸을 돌렸소. 단 몇 발자국 떨어진 곳에서, 대통령이 각료들과 함께 앞으로 나아가 현관에 들어서려고 하는 순간, 한 남자가 권총으로 대통령을 겨냥했소. 그 순간에 바로 내가 들었던 폭발 소리가 났던 것이오. 대통령은 즉시 지팡이를 들어서 그 남자에게 던졌소. 몰려 있던 사람들이 바로 그를 잡아서 쓰러뜨리고 무장 해제를 시킨 다음 보안관에게 넘겼지요. 보안관은 그를 군 당국으로 데리고 갔소. 그 남자는 즉시 수감되어 앞으로 열릴 재판을 기다리고 있소.

사실 그는 뇌관 장치가 있는 권총을 두 자루 갖고 있었소. 그 총은

뇌관 장치가 정교해서 평소에는 잘 폭발하지만, 어떤 경우에는, 예를 들면 습기가 있는 날 같은 경우에는 잘 발사되지 않는다고 하오. 만일 그 총이 제대로 작동되었다면 대통령은 틀림없이 사망했을 거요. 그 결과가 어떠했을지 생각하니 온 몸이 떨리는구려. 나중에 그 총을 조사해보니 장착은 제대로 되었던 것으로 알려졌소. 조사한 결과 그 남자는 미친 사람이고, 그림 중개상을 하며, 영국 태생인데 3년 전쯤 여기로 왔다고 하오. 얼마 전에는 자신의 누이를 죽이려고 했고, 결국은 자살까지 하려고 했다는구려. 나는 이 사건을 처음부터 끝까지 바로 옆에서 지켜보았다오. 한 노장군이 호랑이처럼 용감무쌍하게 그에게 달려 나갔는데 그 자리에 있었다면 누구라도 그렇게 했을 것이오. 장군은 극도로 화가 나서 쓸데없는 소리를 퍼부었지만 그 순간에 그 자리에서는 아주 침착했어야 했소.

만일 그 총에 대해 잘 아는 사람들이 총이 습기 찬 날에는 잘 작동하지 않는다는 말을 하지 않았다면, 나는 대통령이 무사한 것이 신의 도움이었다거나 정치적인 효과를 노리는 단순한 속임수라고 생각했을 거요. 분명히 대통령이 사망하면 덕을 보는 사람이 있소. 바로 부통령이오. 부통령은 대륙회의 법에 따라 그 자리를 승계하도록 되어 있소. 그 사건은 굉장한 물의를 일으켰소. 어제 나는 대통령을 만난 자리에서 그 순간에 화를 모면한 것을 축하해주었소. 대통령은 내가 웃음을 터뜨리며 하는 말에 무척 즐거워했소. 나는 이렇게 말했지요. "대통령 각하, 어제 대통령께서 그 놈에게 지팡이를 휘두르는 모습을 보았을 때는 각하가 마치 스물다섯 살 청년 같아 보였다니까요."

레이는 당선되고 다니엘은 떨어졌소. 피터즈버그의 브라운은 윌콕스의 사위인데 대단한 연설가로 알려졌소. 리치와 그의 동료들은 다시 일 년 동안 여론을 불러일으키려 하고 있소. 리브스는 사람들에게 자신이 그에 맞서야 한다고 호소하고 있소. 그는 입법부에도 호소하고 있지만, 입법부는 리브스를 반대하고 있소. 그래서 지금 리브스는 국민들에게 또 다른 호소를 하고 있지만 내 생각에는 그가 다시 선거에서 떨어질 것 같소. 벤턴과 나 사이는 걱정하지 마시오. 나는 가능한 한 말다툼을 피하기로 했소. 오히려 나와 마찬가지로 벤턴도 부족한 점이 없다고 생각하오. 그럴 가능성은 없겠지만 어떤 방식으로든 그가 나의 영역을 너무 많이 침범하도록 하지는 않겠소. 메리나 로버트는 한동안 편지를 보내지 않고 있소. 메리는 여기로 10일에 오겠다고 했고, 로버트에게는 아이가 원하는 대로 옷을 사도 좋다고 말했는데. 당신은 하워드나 다니엘에 가서 버웰과 윌리엄이 입을 윗옷을 사는 편이 좋겠소. 나는 정기적으로 편지를 쓰고 있지만 당신이 그 편지를 받지 못했다고 하니 우편으로 돈을 보내는 것은 안전하지 못하다고 생각하오. 완두콩은 맑고 쾌청한 날이 시작되자마자 씨를 뿌려주어야 하오. 버웰은 계속 수레를 끌게 놔두고, 피어맨 씨가 다른 사람 손을 빌려 땅에 거름을 주고 삽질을 하도록 하는 것이 더 좋겠소. 삽질이 끝나면 버웰이 며칠 동안 쉬면서 완두콩 씨를 뿌릴 수 있소.

자, 오늘이 2월의 첫 번째 날이지만, 4주는 빨리 지나갈 거요. 앨리스에게는 나에게 줄 손수건 가장자리를 감침질하고 공부 좀 하라고 해요. 아빠가 바로 집으로 간다고 말이오. 날씨가 계속 좋다고 하던데, 그래도 한 달은 습기에 찬 날씨가 되지 않을까 걱정이 되오. 내가 편지를 쓰고 한참 지나서 로버트가 보낸 편지를 받았소. 끝없이 파티 이야기를 하고 있더군요. 아마 메리 쿡 스미스 양이 지금 로버트의 연인인가 보오. 메리 양이 윌리엄버그를 떠나니까 작별인사를 해야 된다면서 챔버레인 박사 댁에 자기를 초대했기 때문에 언제든지 리치먼드를 방문할 수도 있다고 하더군요. 참 별난 녀석이오.

떠도는 소문을 이야기하지 않고 마칠 수는 없지요. 대통령은 금요일 피습 사건이 누군가 그 무법자를 부추겼기 때문이라며 고발을 했다고 하던데! 분명 전적으로 잘못되었소. 그 일에 대해 대통령께 편지를 써야겠소. 대통령이 올바른 정신이라면 고발을 취소하거나 고발한 일에 사과할 것입니다. 결말이 어떨지 알 수는 없지만 그 일이 아마 오늘 상원 회의에 회부될 거요.

당신의 사랑, J. 타일러가

사라 포크가
제임스 포크에게

사라 포크는 지속적으로 남편에게 정치에 대한 조언과 정보를 제공했다. 여기서는 윌리엄 헨리 해리슨 대통령이 서거한 후와 테네시 주지

사 선거운동이 실패하고 나서 보낸 조언이 있다.

사랑하는 당신에게,

오늘 아침 데이비드 도빈이 한 이야기를 워커 씨가 전해 주었는데, 그 대화 내용을 동봉할 게요. 워커 씨는 자기가 사본을 가지고 있으니 이것을 당신에게 보내라고 요청했습니다. 지난번 편지를 쓴 이후로 별 일이 없었는데 이번에 쓸 일이 생겼어요. 대통령 사후에 위그당Whigs 의원들의 관심이 대단해요. 타일러Tyler가 어떻게 할지는 모르겠지만, 내가 판단하기로는 위그당이 '클레이Clay' 의원 편을 장악할 거라는 생각이 들어요. 신문 표제는 당신의 두 가지 연설에 대해 같은 말을 되뇌고 있어요. 지금 기사는 전에는 전혀 없었던 말을 하고 있는데 당신이 재능이 있고 훌륭한 지도자이며 위그당이 또 다시 참패할 위험에 빠져 있다고 판단하더군요. 신문에서는 민주당이 의회를 장악할까봐 두려워하고 있어요. 또 당신을 '약삭빠르고 위험한 적'이라고 보도하고 있는데 내 생각에는 앞으로도 당신을 반대하려고 신문에서 모든 포격을 쏟아 부을 겁니다. 사람들은 이전보다 당신에게 더 정중하게 대합니다. 그들은 새로운 비난도 하지 않고 있는데, 내가 판단하기에는 그동안 말을 많이 했던 것도 아니에요.

'제스퍼'가 전달해준 편지에서 당신이 잘 지내지 못하고 있다는 소식을 들으니 마음이 조금 불안해요. 신문에서는 당신 기분이 별로 좋지 않기 때문에 무슨 일이 생겨도 말을 잘 하지 않는다고 하던데요. 내일이라도 당신이 잘 있다는 소식을 다시 들었으면 좋겠어요. 출세가 중요한 게 아니잖아요. 그 때문에 건강을 해치는 것도 문제이니 자신을 좀 돌보기 바래요.

▲사라 차일드리스 포크는 남편이 없는 동안 가족 농장과 사업을 운영했다. 또한 테네시 주에서, 나중에는 전국적으로 정치적인 성공을 거둔 남편에게 중요한 조언을 해주었다.

4월 15일, '화요일'이 되었는데도 아직까지 당신 소식을 듣지 못하니 많이 속상해요. 하루, 이틀 지나도 소식이 없으면 당신이 아프지나 않은지 심히 걱정되거든요. 4월 1일에 미시시피에 있는 농장 관리인에게서 편지 한 통을 받았는데 모두 잘 되었대요. 관리인은 그 날 옥수수와 목화 심기를 시작했다는데 지금은 그 이상 모르겠어요.

당신의 사랑하는 아내 사라 포크가

에이브러햄 링컨이
메리 링컨에게

이 편지를 쓸 당시 에이브러햄 링컨은 공화당 대통령 후보로 대규모 선거운동을 펼치던 중이었다. 정확히 대통령 선서를 하기 1년 전이다.

1860년 3월 4일, 뉴햄프셔의 엑시터에서

이 고통을 피할 길이 없소. 내가 이런 일을 예견했다면, 동쪽으로는 아예 오지도 않았소. 뉴욕 연설을 시작하기 전에 얼추 추정을 했는데 연설이 순조롭게 잘 끝나서 문제될 일이 전혀 없었소. 내 생각을 담은 인쇄물을 이미 본 청중들에게 말하기 전에, 아홉 개 주가 반대편에 서서 곤란했소.

율리시스 S. 그랜트가
줄리아 그랜트에게

에이브러햄 링컨 대통령이 암살당한 후 앤드루 존슨이 대통령직을 승계했을 때, 율리시스는 줄리아에게 워싱턴의 상황과 남군의 음모에 관한 편지를 썼다.

1865년 4월 16일, 워싱턴에서

사랑하는 줄리아,

어제 오후 1시경에 다시 돌아와서 즉시 새 대통령 앞으로 소환되었소. 대통령과 내각은 이미 자격을 갖추었소. 나는 볼티모어에서 당신에게 전보를 쳤고, 여기 와서도 베크위스에게 똑같이 하라고 일러두었소. 당신은 틀림없이 속달편지를 받을 겁니다. 겉으로는 모두 잠잠해 보여요. 하지만 대통령과 국무장관 이상으로 불신을

▲율리시스가 젊은 시절 미군 수비대에 근무하면서 뉴욕에서 캘리포니아까지 여기 저기 옮겨 다니는 동안에, 줄리아 덴트 그랜트는 몇 년을 참을성 있게 기다렸으며 1848년 마침내 결혼했다.

조장하는 음모가 있었어요. 그러나 음모 자체가 드러나서 거의 걱정할 일은 없다고 생각해요. 지금은 경호가 잘 되어 있는 사무실의 방 하나를 차지하고 있는데 보워스와 다른 두세 명이 더 들어오게 될 거예요. 나는 단지 하루에 두 번 호텔로 가서 식사를 하고 저녁에 들어와요. 나라 사정이 너무 갑작스럽게 변해서 아직 며칠 더 여기에 머물러야겠소. 홀렉 장군은 리치먼드를 통솔하러 가야 하고, 오드는 찰스턴에 가야 하오. 그 밖에도 여러 가지 변화가 일어날 거요. 새로운 통치자를 만났으니 외견상 모든 일이 순조롭게 돌아갈 때까지, 아마 다음 주 토요일 정도가 되지 않을까 생각하는데, 그때

까지는 여기에 있어야겠소. 만일 그보다 빨리 집으로 갈 수 있다면 그렇게 하리다. 내가 집에 갈 때, 당신은 아마 필라델피아의 당신 집에 있겠지요. 필라델피아 병참부에서 벌링턴으로 가는 여행은 말 그대로 불편할 거요.

당신과 아이들에게 사랑과 키스를 보내며, 율리스Ulys가.

율리시스 S. 그랜트가
줄리아 그랜트에게

율리시스 그랜트는 링컨의 후임자가 자신의 재건 정책을 선전하는 국내 여행에 마지못해서 참석했다. 이 편지에 그런 면이 보인다.

1866년 9월 9일, 미주리주 세인트루이스에서

사랑하는 줄리아.

내일 아침 동쪽 노정에 오르기 전에 파티를 하고, 토요일에는 워싱턴에 도착할 예정이오. 워싱턴으로 돌아가면 정말 좋겠소. 워싱턴에서 여기까지 오는 동안 존슨 대통령이 선거 연설을 할 때는 일찍이 그렇게 힘들어본 적이 없었소. 나는 연설문이 국가의 치욕이라고 생각했소. 물론 당신은 이 편지를 누구에게도 보여주지 않겠지요. 적어도 존슨이 대통령으로 있는 한 말이오. 내가 마땅히 그를 대통령으로서 존경해야 하고, 또한 그를 믿어야 나라에 이득이 되지요.

지금은 일요일 아침이고, 비가 엄청나게 많이 내려요. 비가 그친다면 정각 1시가 되기 전에 프레드와 나는 애너를 만나러 가기로 했소. 레위스 덴트는 남쪽으로 가버렸소.

당신과 아이들에게 사랑과 키스를 보내며, 율리스가

헬렌 태프트가 윌리엄 하워드 태프트에게

헬렌 태프트는 남편의 선거에 대통령의 도움을 받기 위해 루스벨트 대통령과 사적으로 만나고 나서 이 편지를 썼다. 한편, 대통령은 헬렌이 대통령 자리에 대한 욕심이 '지나치다'고 생각했다.

[1906년] 10월 27일, 1603 K.

사랑하는 윌Will에게,

저녁에 당신 생각이 여러 번 났는데, 연설은 잘 하셨는지 걱정이 되는군요. 당신이 떠날 때 했던 연설처럼 시작할 때도 늘 그렇게 하세요. 그러면 별 걱정 안하서도 돼요. 오늘 아침 백악관 점심식사에 초대하는 전보를 받고 만찬에 참석했어요. 전쟁 중인 멕시코 장관과 하버드 대학의 독일인 교수, 루트 국무장관과 부인, 메트칼프 부부가 있더군요. 독일인 교수 이름은 생각나지 않아요. 루스벨트 부인은 에델을 데리고 강에 가서서 없었어요. 내 생각대로 점심식사는 활기도 없고 어색했어요. 점심이 끝난 후 대통령께서 하실 말씀이 있다면서 저를 데리고 창가에 가서 앉았죠. 당신에 관한 일은 맞는데, 새로운 방침을 말씀하시더군요. 대통령은 제가 대통령 자리에 대한 욕심이 지나치다고 생각하시는 듯했어요. 그러면서 당신이 절대 그 자리에 갈 수 없을 거라고 계속 저에게 주의를 주었어요. 대통령은 당신을 최우선 순위로 생각하고 있지만, 만약 당신이 후보가 될 수 없다면 다른 사람을 지지할 수밖에 없다는 거예요. 예를 들면 휴이 같은 사람이지요. 휴이는 뉴욕 선거에 나가면 당선될 게 뻔해요. 난 이렇게 말하고 싶었어요. "내가 너무 관심을 가져서 각하가 다른 사람을 지지하시는 건가요?"라고. 하지만 그렇게 말한다고 마음이 풀리지는 않을 거예요. 켄터키 친구들이 대통령에게 와서 당신이 자기들 말을 듣지 않는다고 말했다는군요. 그 친구들은 단호하게 당신이 후보가 되지 말아야 한다고 했기 때문이지요. 대통령은 당신이 뜻을 굽히지 않으면 그들에게 앞장서라고 했어요. 하지만 대통령이 여러 가지 이유 때문에 무조건 그렇게 할 수는 없지요. 그러니 당신이 더 힘을 내야 돼요. 대통령은 스코티에게 샤우 편을 들어 일하라는 말도 했지요. 당신이 세금 문제를 그렇게 질질 끌고 가면 메인 주에서 연설을 한다 해도 당신에게 후보 자리를 내줄 것 같지 않아요. 식사를 할 때 대통령이 지지하고 있는 루트 장관이 옆에 앉았어요. 장관은 저에게 전혀 관심이 없어 보였고, 저 역시 한마디도 안 했지요. 메트칼프 씨는 예전보다 더 순진해보였어요.

찰스가 조 험프리의 파티에 가는 바람에 같이 따라 갔더니 사람들이 할로윈 장식을 한 테이블에 모여서 아주 즐거워하더군요. 험프리 부인은 중국 남자 분장을 하고 음식을 날랐어요. 사람들이 파이를 먹고 선물을 주고받았죠. 저는 아침에 축제 분위기를 내려고 미장원에 가기는 했는데, 당신이 없어서 쓸쓸했어요. 팀 베리는 당신이 일정 때문에 19일까지 집에 오지 못한다는 소식을 아무렇지도 않게 보내더군요. 그러면 다 접어두고 남은 가족들과 지내야겠어요. 카펜터가 잠깐 집에 들렀는데 새로운 소식은 없어요. 가장 소중한 사랑과 함께, 헬렌.

헬렌 태프트가
윌리엄 하워드 태프트에게

남편이 1908년 대통령 선거에서 승리하자, 헬렌 태프트는 의기충천해서 간략하게 편지를 썼다.

1908년 11월 3일, 신시내티에서

사랑하는 나만의 태프트에게,
진심으로 축하해요. 일생에 이렇게 행복한 적이 없었어요. 헬렌.

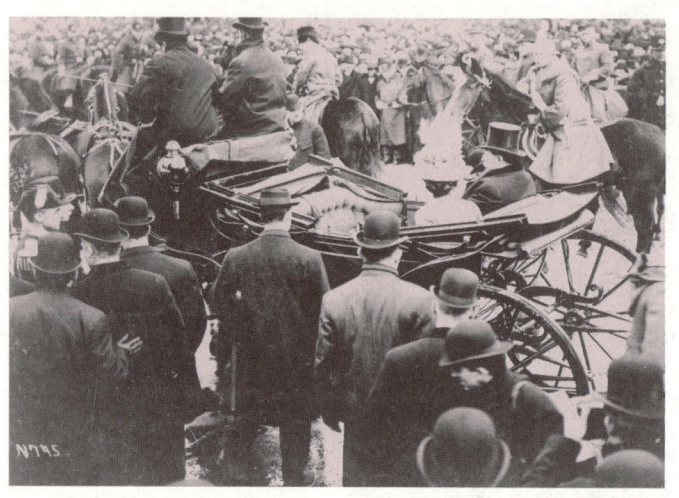

▲윌리엄 하워드 태프트 대통령과 부인 헬렌이 1909년 대통령 취임식이 끝난 후 마차를 타고 백악관으로 가고 있다.

우드로 윌슨이
엘렌 윌슨에게

우드로 윌슨이 뉴저지 주지사 시절인 1912년 대통령 후보 선거운동을 하면서 엘렌에게 짧은 편지를 썼다. 편지에서는 여행에서 알게 된 대중의 성격과, 후에 국무장관으로 임명한 윌리엄 제닝스 브라이언과의 짧은 만남에 관한 이야기를 하고 있다.

1911년 11월 19일, 조지아주 오거스타에서

소중한 당신에게,

이 편지를 받고 바로 나를 보더라도 놀라지는 마시오! 나는 즐겁게, 재미와 기쁨으로 가득 찬 시간을 보내고 있다오. 하지만 '여유'는 전혀 없소. 내 몸을 가만히 놔둘 시간이 전혀 없소. 선거운동이 나에게는 감옥처럼 답답하오. 집보다 더 자유로운 곳은 없소. 그런데 '당신'은 거기에 있구려, 나의 멋쟁이, 나의 사랑. 내가 집으로 돌아가서 쉴 시간이 있으면 당신과 극장에 가겠소.

나는 더할 나위 없이 편안하오. 이상하리만치 지치지도 않아요. 아버님께서 오랫동안 다니시던 교회에 가기 전에 잠깐 시간을 냈소. 거기서조차 내가 공인이라니! 그러나 내가 가장 '조심스러운' 존재는 당신만의 우드로가 되는 거요.

| 추신 | 깊은 사랑을 모두에게 전해주오.

[1912년 10월 6일, 네브래스카주 링컨에서]

어제 격무에 시달렸으니 기분 좋게 일요일은 쉬어야겠소. 일 한만큼 하루 종일 푹 쉬도록 하겠소. 브라이언 씨를 방문해서 함께 지낸 시간은 정말 즐거웠소. 모두에게 사랑을 전해주시오.

워렌 G. 하딩이
플로렌스 M. 하딩에게

1916년 오하이오 주의 워렌 G. 하딩 상원의원은 공화당 선거운동을 하면서 부인에게 서부의 여성 참정권에 대해 언급했다. 플로렌스 부인은 열심히 당시 신문 기사를 오려 모았다.

[1916년] 10월 6일, 유타주 오그던에서

사랑하는 플로렌스,

오늘 아침 도착한 전보를 보고 당신은 무척 기뻤겠소. 여기에 생전 가도 못 볼 '얼굴 표정'을 같이 보냈소. 몬태나의 그레이트 폴스 신문에 있는 것이오.

신문 기사를 오려서 보낼 수는 없소. 대개는 기사가 실린 신문이 발행되기 전에 내가 먼저 떠나가기 때문이오. 나는 지금 와이오밍 주에 있는 에반스턴에 있는데, 다시 오늘밤 9시 50분에 여기를 출발해서 토요일 밤 회합이 있는 샤이엔에 도착해야 하오. 두 도시는 400마일 떨어져 있소.

어젯밤 회의는 잘 끝났고, 서더랜드는 내가 한 말에 말할 수 없이 기뻐했소. 여성들은 아이다호와 몬태나와 마찬가지로 투표를 하기로 했는데 윌슨 대통령을 매우 친근하게 여기는 듯 보였소. 어쨌든 그들은 대통령이 전쟁에 끼어들지 않고 있다고 생각하고 있소.

기차를 타려면 서둘러야겠소. 바쁘게 사는 W.G.

▲워렌 G. 하딩과 플로렌스 부인이 1920년 대통령 선거운동이 성공적으로 진행되는 동안 사진사를 맞고 있다.

레이디 버드 테일러가
린든 B. 존슨에게

레이디 버드는 린든을 알게 된지 얼마 되지 않았을 때, 그가 앞으로 정치를 하겠다고 하자 언짢아하며 편지를 썼다.

[1934년 10월 22일] 월요일 밤에

사랑하는 당신에게,

당신이 이 편지를 받고 화가 나더라도, 제가 하는 말을 잘 들어보세요! 토요일 아침에 쓴 당신 편지가 지금 막 왔어요. 그런데 아무도 내가 기분이 변했다는 것을 눈치 채지 못하다니 기가 막혀요. 나는 '기분이' 달라졌다고요

그래서 말인데, 앞으로 4, 5년 동안은 우리 결혼을 방해할 일이 일어날 것 같지 않아요? 한동안 봉급이 대폭 줄어들지만 출세는 훨씬 빨라질 것 같아요. 나는 마치 도박을 하는 기분인데, 당신은 장거리 경주에서는 이런 방법이 더 낫다고 생각하고 있지요? 린든, 당신을 위한 일이라면, 나는 무엇이든 찬성이에요! 지금 나로서는 당신을 사랑한다는 원칙만 지키겠어요. 나는 포기하지 않을 생각이고, 더군다나 불길한 생각도 하지 않을 거예요! 그래봐야 겨우 몇 년인데 길면 얼마나 길겠어요. 또, 당신은 앞으로 해야 할 일에 대해서 너무 많이 생각하고 있을지도 몰라요.

물론 그러다가 우리들 중에 한 사람이 다른 사람을 더 좋아하면 곤란하지요. 내 생각에는, 린든, 만일 우리들 중 누가 그런 일이 생

▲1965년, 린든 B. 존슨 대통령 부부가 민주당 정책 이념인 '위대한 사회 (The Great Society)'가 붙여진 기차를 배경으로 서서 지지자들에게 손을 흔들고 있다.

긴다면 그 사람은 아마 바로 당신이 될 거예요. 스물한 살, 사랑스 럽고 아슬아슬한 나이에 내가 결혼해야겠다고 마음먹은 사람은 당 신이 유일해요. 당신은 매력적이고 지성이 넘치며 아름다운 젊은 여성들이 좋아하는 자리에 있어요. 그런데 나는 오히려 '차갑게 냉 장이' 되어 가요. 그래서 당신이라는 거예요, 내가 아니라.

그리고 빅에 대해 말하겠어요. 우리가 당분간 결혼할 수 없다고 당신을 향한 나의 마음이 변한 것은 아니에요. 나는 당신을 사랑해 요. 다른 남자들을 만나본 끝에 당신에게 느낀 감정이에요.

텍사스에 왜 오시는 거죠? 사랑 때문에? (머지않아 텍사스에 오시죠, 그렇지 않아요?) 언제, 어디로? 편지에서 모두 자세히 말해주실 거죠, 그렇죠? 나 역시, 당신이 법률 공부를 그만 두어서 속상해요, 말도 못하게 싫어요! 가까이에 갈 만한 법률 학교가 있나요?

린든, 나의 사랑, 내가 당신을 여전히 사랑하기 원하나요? 서로 매일 편지를 쓸까요? 당신은, '가끔이라도' 나에게 전화할 건가요? 앞으로도 나를 사랑할 수 있나요? 조금 새로운 눈으로, 가령 더 먼 미래를 보고? 알고 싶어요. 우리 사이에 무슨 일이 일어나든 나는 싫어요.

설마 1월에 워싱턴으로 가실 건가요? 그렇게 되기만 한다면 당신은 아마 텍사스에서 선두주자가 되겠지요! 그보다 더 좋은 일이 어디 있겠어요. 워싱턴에서는 어땠어요? 지니를 데리고 오지 않으면 미워하겠어요. 정말 지니가 멋진 휴가를 보냈으면 좋겠어요.

린든, 제발 당신 일이 어떻게 되어가고 있는지 빨리 말씀 좀 해주세요. 나는 거기에 어떤 책략이 있을까봐 걱정이 돼요. 오! 내가 어떤 일도 할 수 없다는 것은 알아요, 적당한 도움이 안 된다는 것을. 하지만 당신이 정치에 끼어드는 게 싫어요. 정치가들도 중요하기는 하지만 당신 때문에 더 혼란스러워지고 싶지 않아요!

당신은 아직 뉴욕 일이 어떻게 되었는지 이야기하지 않았어요. 어떻게 되어가고 있어요? 제발 가끔씩이라도 말씀해 주세요.

사진은 감사해요. 사실은 사진이 아니고 진짜 그림인줄 알았어요! 내일 액자에 담아야겠어요. 내가 말한 것 같기는 한데요, 일요일 오후에 쓰기 시작한 편지가 아직 끝나지 않았고, 오늘 아침까지 부치지 못했다고.

사랑하는 당신, 잠깐 동안에 하고 싶은 말을 다 해버렸어요. 당신은 이해하리라 믿어요, 그렇죠? 이 편지를 쓰고 나면 당신이 보낸 소식을 들으려고 신경을 곤두세우게 될 거예요. 아마 토요일이나 일요일이면 답장이 오겠지요, 그렇죠? 제일 가까운 날이 언제인지 따져 보겠어요. 텍사스에 언제 오실는지, 또 올 수나 있는지, 나에게 어떻게 할 것인지 모두 알아야겠어요. 될수록 당신을 빨리 만나야 되겠어요.

나는 여전히 당신을 사랑해요, 린든, 몇 번이고 이렇게 이야기하고 싶어요. 잘 가요!라고 하면 '안 되겠지요.' 그럼 잘 자요! 버드가.

엘리너 루스벨트가 프랭클린 D. 루스벨트에게

엘리너 루스벨트가 남편에게 보낸 편지는 거의 남아 있지 않다. 루스벨트는 엘리너의 편지를 받고 간단한 메모를 보냈는데, 편지에는 정치계에서 부부의 역할 관계가 잘 나타나 있다.

1936년 6월 16일, 백악관에서

루스벨트 부인에게 보내는 비망록.

당신이 이것 좀 읽어 보았으면 좋겠소. 당신과 내가 관심을 쏟았던 사람들은 모두 그 자리에 어울리지 않았던 것 같아요.

E. R.로부터,

내 생각에는 영스타운의 상업위원회가 예전에도 수치를 산출했으니 이번에도 다른 사람에게 떠넘기지 말고 더 정확하게 계산을 해야 돼요. 어떤 수치가 더 정확한지는 나도 잘 모르겠지만 어쨌든 모두들 허울만 좋게 만들어 놓고 만족하고 있어요. 대공황이 일어났던 1929년이나 마찬가지로 상업위원회 위원들은 '조금도' 할 말이 없었을 거예요.

1936년 7월 16일, 백악관에서

대통령과 제임스 팔레이 민주당 총재에게,

나는 화요일 오후와 수요일 아침을 민주당 당사에서 보냈어요. 한 번은 듀슨 양과 팔레이 씨, 또 한 번은 오웬 부인과 듀슨 양, 나머지 한 번은 미켈슨과 회합을 가졌어요. 아직까지 내가 받은 인상으로는 누구보다 오웬 부인과 듀슨 양이 훨씬 조직을 잘 이끌어나가고 있고 준비도 잘 되어 있는 것 같아요. 외부에서 들리는 소식으로는 랜던Landon 상대편 후보가 선거 본부를 설치하고 24시간 운영할 준비가 되었다고 합니다. 랜던 진영은 꾸준하게 라디오 방송 작업을 하고 있는데, 원고에 모든 정신을 쏟아 강력한 개혁 운동을 펼치기 위해 광고인을 고용했다고 합니다.

우리는 어제가 돼서야 시작했기 때문에 빨리 진행해야 돼요. 앞아서 조직에 필요하다고 생각되는 일을 분석했어요. 내가 마음에 걸려하는 일 몇 가지는 미켈슨 씨가 해결했고, 팔레이 씨가 회의에서 내 대신 해결한 건도 조금 있어요. 그것을 다시 간단히 정리해서 인쇄물로 만들어 보도하려고 해요.

7월 27일이나 28일까지는 우리가 메인 주의 이스트포트에 있을 것이고, 대통령도 그곳에 있게 되니까, 그때까지 해결책이 도착했으면 좋겠어요.

1. 워싱턴 회의에서 대통령은 미켈슨, 스티브 얼리, 스탠리 하이, 헨리 서이담 씨 등이 국민주도위원회를 구성하기로 했어요. 그리고 나는 위원회에 라디오 방송, 선거 연설, 연회, 홍보책자, 전단지, 뉴스 발표를 하도록 하겠습니다. 그래서 트럭을 이용하든 다른 것을 이용하든 대중 앞으로 나가겠어요. 이 위원회는 정말 중요합니다.
   위원회가 이렇게 중요한 활동을 하니까, 신속하게 회의를 열어서 위원회를 조직하고 업무를 정해주어야 합니다. 그리고 당신은 매일 아침 정해진 시간에 대통령이 원고를 받을 수 있도록 해야 합니다. 위원회가 찬성하면 매 시간마다 일어나는 일을 저도 알 수 있게 원고를 보내주시면 좋겠어요.
2. 누가 뉴스 보도를 연구하고 비방에 대처하는 답변이나 기타 여러 가지를 하게 되지요?
3. 누가 당국 대변인과 연락하고, 국민 발표 제도를 마련하고, 체

스터 데이비스와 연락하는 책임을 지게 되죠? 대통령이 훌륭한 사람이라는 사실을 기계적으로 보도하면 안 돼요. 농부라든지, 그 밖의 여러 분야 사람들이 관심 있는 특별한 주제에 대해 자세하게 조언해줄 사람이 누구지요? 누가 위원회에서 이런 문제를 해결할 수 있나요?

4. 누가 조사를 맡을까요? 뉴딜 정책에 관한 모든 활동을 완전히 연구한 정보를 가지고 있는 부서가 있나요? 랜던과 그의 후원자에 관한 정보까지도 말이죠? 지난 선거에서처럼 블랙번 양이 맡는다면 선거 본부, 남자, 여자, 젊은 민주당원들 같은 모든 사람들이 정보를 구하게 할 수 있을까요? 이 정보는 또한 주 위원회로 가야 합니다.

대통령이 괜찮다고 하면, 내가 이 정보를 수집하겠어요. 랜던이 수락 연설을 하기 전에 적극적으로 맞서서 선거운동을 시작해야 합니다. 누가 랜던의 의견이나 선거 관리인의 발표문을 지속해서 검사하고, 완전하게 보충된 자료를 수집하고 유지하기로 했나요? 랜던의 이전 연설문과 기록이 관련이 있을 겁니다. 적합한 자료들이 우리 지척에 있나요?

5. 공공기관과 관련자들 및 그들 조직과 구체적으로 연대할 수 있는 계획이 있나요? 선거 위원들은 중요한 단체든 아니든, 그리고 주마다 중요한 기관 책임자라면 누구에게든지 직접 연결할 수 있어야 돼요.

6. 지금부터 11월까지 시행할 정책을 치밀하게 세우고 있나요?

새로운 사건들이 발생해서 변화가 생기더라도 전체적으로 대신할 만한 전략을 잘 세웠어요?

7. 지금은 공화당 체제라 못 미더워요. 이런 상황에서 국민들에게 특별한 관심거리를 제시할 만한 대책이 서 있나요? 아직 자료를 수집하고 있나요?

8. 누가 뉴스 영화를 다루게 되나요? 위원회가 되나요, 아니면 단 한 사람이 맡나요? 위원회가 직접 그 일을 할까요?

9. 위원회는 각각 감독할 부분을 아직 구체적으로 할당하지 않았나요?

10. 젊은 남녀 민주당원들을 모두 합하면 얼마나 많은 사람들이 선거운동을 위해 일하고 있나요? 당원들이 모두 중요한 일을 맡도록 분석하는 사람은 누구인가요?

11. 누가 우리 측에서 전국적인 신문과 계약을 맡고 있나요?

12. 누가 우호적인 신문에 정기적으로 뉴스를 전송하고 있나요? 말하자면 뉴스가 될 만한 소재거리나 사진, 자료, 최신 뉴스 거리들을 말하는 거예요.

내 생각으로는 래이번 씨가 즉시 정책을 세우고 대변인실을 정비해야 돼요. 이렇게 되려면 한동안 그 일을 맡아야 돼요.

처음에는 흑인 대변인을 세우면 좋겠어요. 베튠 부인같이 흑인 단체와 교회에서 연설 경험이 있는 사람으로요.

할 말이 점점 더 많아지죠. 선거가 가까워지고 있고, 우리는 아주 우수한 조직이 필요하기 때문이에요. 제가 당사에서 위원회 기능을 명백하게 구분하려고 마음먹은 이유도 그 때문이죠. 대통령이 중요하다고 생각하는 의견을 모두 수렴하기 위해서는 가능한 한 분명하게 조직을 그려볼 필요가 있어요. 엘리너 루스벨트

프랭클린 D. 루스벨트가 엘리너 루스벨트에게

조지 워싱턴 초대 대통령이 3선 연임을 거부함으로써 미국 대통령의 3선 연임은 불문율이 되었다. 프랭클린의 3선 대통령 입후보 여부를 떠나서, 엘리너는 이 불문율을 깨는데 반대하였으며 프랭클린과 서로 이 문제를 논의하였다.

1938년 8월 12일, 백악관에서

E.R.에게 보내는 비망록.

멀로니 여사가 〈헤럴드 트리뷴〉지에서 대통령직의 3선 연임에 대한 토론을 열지 않도록 당신이 설득 좀 해주시구려.

그런 토론이 열리면 나는 물론이고 당신도 어떤 형태로든 참석하지 못하도록 하겠소.

미국의 대통령이라면 누구라도 첫 임기에서 남은 2년은 다시 후보에 나설 것인가, 또 나서서 당선이 될 것인가 하는 문제에 끝없이

공개적으로 매도당하는 것은 자명한 사실이오. 하물며 어떤 대통령이든 세 번 연임하는 문제가 생기면 두 번째 재임 기간에는 온갖 악담과 저주가 두 배로 늘어나게 될 것이오. 3선 연임 토론을 신문에서 조장하고 있는데, 이런 일에 말리면 어떤 대통령이든 자신의 직무에 충실하지 못하게 되지요. 당신은 내가 1938년에는 1938년 문제만 생각하고 있다는 것을 분명히 알고 있을 것이오. 1939년이 되면 나는 또 1939년 문제만 생각할 거요.

다시 말해서, 토론이 일어나면 어떻게 되었든 내가 미국의 대통령으로서 능력을 발휘하는데 방해가 돼요. 무슨 토론이든, 토론 자체가 국민의 이익에 거슬리게 되니 그것을 걱정하고 있는 거요.

[1938년 8월], 백악관에서

F. D. R.에게

멀로니 여사는 당신이 대통령직의 3선 연임에 찬성하기를 바라고 있는데 나는 그 생각이 아주 어리석다고 생각해요. 당신은 내가 당신을 믿지 '않는다'고 생각하겠지만, 내가 아니라 머피 고등판무관이 그렇게 생각하고 있다는 것을 알아야 돼요. E. R.

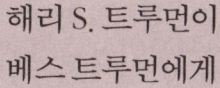 

해리 S. 트루먼이
베스 트루먼에게

1944년 대통령 선거전이 거의 말기에 이를 무렵, 부통령 후보로 나선 해리 트루먼은 베스에게 결단력 있는 편지를 썼다. 루스벨트 대통령의 건강 악화와 불가피한 전쟁 때문에 해리는 어쩔 수 없이 후보 선거전에서 앞장서야 했다.

1944년 10월 21일 토요일, 뷰트 산에서

사랑하는 베스,

내가 시애틀에서 있었던 이야기를 하기가 얼마나 싫은지 당신은 알지 못할 거요. 사람들이 약속을 하도 빡빡하게 잡아놓는 바람에 너무 시간이 부족해서 저녁조차 먹을 수 없었소. 모두가 몬Mon을 도와주어야 하기 때문에 누구를 다치게 하거나 할 기회는 생각조차 할 수 없소.

편지를 보니 무척 반갑구려. 2통이 있는데, 그 중 하나는 존 스티갈에게 가는 편지이니 내가 돌려주어야겠소.

어제는 대단한 날이었소. 기차가 잠시 멈추어 서는 곳마다 군중이 기차역에 질서 있게 모여 있는 모습이 보였소. 아이다호의 마을 두 곳에서는 학교를 끝낸 아이들과 사람들이 모두 정거장에 몰려들었지요. 나는 인기가 높았소, 최소한 마을 아이들에게는 말이오. 뉴올리언스를 떠나고 나서 연설은 26번 했는데, 여기서는 세 번만 더 하기로 되어 있소. 로스앤젤레스와 샌프란시스코에서도 우리가 이겼고, 〈타임〉지가 '그들이 과연 별거 아닌가' 라는 11월 6일자 표지에 나를 특집으로 다루었소. 그 정도만 된 것도 만족스럽소.

G. 워터를 만나 즐거웠소. 그 사람은 무척 유쾌한 친구라오. 우리 가족 모두에게 관심이 있는 것 같소. 월라스 어머니, 프레드, 지오,

프랭크, 게이츠와 마가렛, 당신 소식을 궁금해 했소. 여기서는 좋은 만남이 있었소. 머레이는 보이는데 버튼 K.는 오지 않았소. 오히려 그를 보지 않아서 다행이오. 새로운 일정이 생겼소. 다 쓸 데 없는데, 그래도 사람들은 내 몸이 강철인 줄 알고 있으니 선거운동에 나서야지요.

귀여운 당신에게 키스를. 사랑하오, 무척. 해리.

| 추신 | 사무실에 가서 일정표를 읽어봐요. 사무실에서 일이 어떻게 진행되는지 나에게 알려 주는 일 역시 당신 일이지요. 할 말이 많소.

드와이트 D. 아이젠하워가
마미 아이젠하워에게

아이젠하워 대통령이 두 번째 임기가 끝날 때 케네디와 닉슨이 선거전을 벌이고 있었다. 아이젠하워는 자신을 대신해 부인에게 정가 만찬에 참석해 달라고 부탁했지만 마미는 어머니 엘리베라 도우드의 사망으로 나서지 않았다.

1960년 8월 22일

M. D. E.에게 보내는 비망록.

공화당원들은 9월 29일에 비공개 방송 만찬을 열 계획이오. 목적은 선거전을 치를 자금 마련입니다.

나는 오히려 빨리 보스턴으로 가서 그날 저녁에 연설을 하는 편이 나을 것 같은데, 오후 늦게 떠나서 다음날 아침 돌아오는 단기 여정으로 말이오.

모턴 의장은 당신이 워싱턴의 만찬에 참석하길 바란다오. 게다가 의장은 만찬이 진행되는 동안 기회를 엿봐서 당신이 이렇게 말해주길 바라고 있다오. "나는 절대 정치적인 연설은 하지 않았습니다. 이번이 처음입니다. 정말 간단하게 사실을 말씀드리겠습니다. 저는 11월 8일에 닉슨과 팻 부인에게 투표하겠습니다."

사람들은 이 한마디면 대성공이라고 할 것입니다. 특히 당신이 팻 부인을 들먹거리면서 연설한다면 말이오. 사람들은 케네디와 닉슨 두 후보의 부인이 미래의 영부인으로서 어떤 차이가 있는지 정말 알고 싶어 합니다.

내가 집에 있으면서도 이 이야기를 3일이 지나도록 잊어버리고 있었기 때문에 굳이 당신에게 비망록으로 만들어서 보냅니다.

래리 버드 존슨이
린든 B. 존슨에게

1964년 민주당 전당대회 전날, 래리 버드는 남편에게 격려의 편지를 보냈다.

사랑하는 당신,

당신은 해리 트루먼 대통령이나 FDR(프랭클린 루스벨트) 대통령만큼 용감해요. 아니면 링컨 대통령 정도는 되지요. 당신은 위대한 평화를 이룰 수 있고, 온갖 고통이 닥쳐도 큰 업적을 이룰 수 있어요. 당신은 강하고, 인내심이 있고, 결단력도 있어서, 지금까지

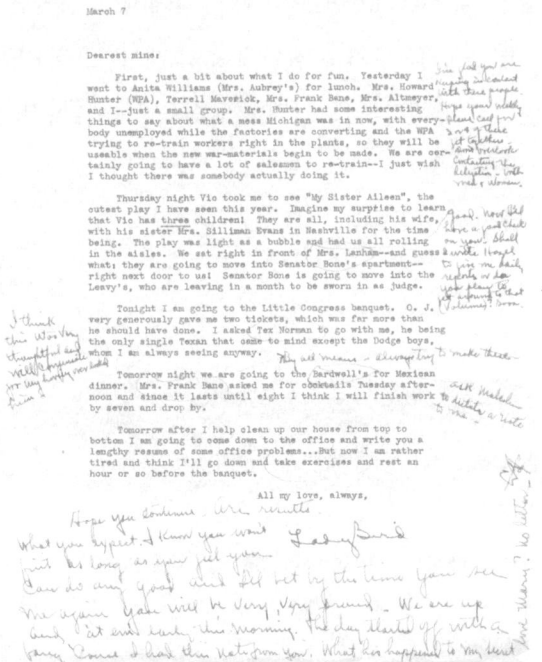

▲린든 B. 존슨과 그의 부인이 업무상 서로 밀접한 관계라는 사실은 영부인이 2차 세계대전 중에 린든에게 보낸 편지에서 명백하게 알 수 있다. 이 편지는 의원들의 불참에 관한 보충 설명을 장황하게 써 놓았다.

누가 어떤 말을 해도 모두 극복했어요. 이런 점 때문에 당신이 자랑스러워요. 사람들도 그렇게 생각하고 있어요.

지금 포기하면 나라를 위한 일이 아니에요. 그리고 당신의 미래는 쓸쓸한 황무지가 될 수밖에 없어요. 당신 친구들은 당황한 나머지 할 말을 잃어 냉정하게 돌아서고, 적들은 당신을 야유하겠지요.

내가 〈타임〉지나 거짓말이 무섭다거나, 혹은 돈을 잃거나 실패가 두려워서 그러는 것은 아니에요.

마지막으로 말씀드리자면, 당신이 예전에 했던 말들은 감히 내가 책임질 수 없을 만큼 무거운 짐이에요. 그래서 '오직' 당신이 선택해야 할 일이라고 생각해요. 그러나 당신은 서른다섯 명 중 그 누구보다 용감하잖아요.

언제나 당신을 사랑하는 버드

로널드 레이건이 낸시 레이건에게

로널드 레이건은 비행기 타기를 싫어했지만 전국을 순회하는 공화당 후보 대리 연설 중 하나를 맡아야 했다. 이때 위스콘신의 밀워키에서 낸시에게 이 편지를 썼다.

[1966년] 화요일 밤에

사랑스러운 여보,

당신을 알게 되고 더구나 사랑까지 얻게 되었으니 무슨 말이든 밝혀야겠어요. 언젠가 나의 전성기가 끝나리라는 것은 알고 있었지만, 바로 지금 정치적인 계략에 말려서 '언젠가' 가 가깝게 다가오고 있어요. '아무도' 내게 이런 이야기를 하지 않았으니 당연히 '아무도' 책임감을 느끼지 않겠죠.

비행기 타는 문제에 대해서 이야기를 해야겠어요. 무슨 일이 생기면 당신이 책임진다고 했지요. 그게 잘못이에요. 무슨 일이 일어나는 것은 신의 뜻이지 우리가 할 수 있는 일이 아니랍니다. 오직 하느님만이 알 수 있지요. 하느님은 자비로우시고 모든 사랑을 품고 계시기 때문에 우리는 무조건 하느님 뜻에 매달리죠. 그것이 오히려 우리를 위해 좋아요. 그러므로 나는 추호도 의심 없이 하느님을 믿어야 하며, 당신도 역시 그렇게 믿어야 합니다.

또 날이 갈수록 내가 당신을 더 사랑하고, 그 사랑은 언제나 더 밝게 빛난다는 것을 당신은 믿어야 합니다.

잘 자요, 머핀 빵 같은 당신, 당신은 내게 필요한 나의 안식처입니다. 사랑해요. 당신의 연인이.

패트리샤 닉슨이 리처드 닉슨에게

닉슨의 기억에 따르면, 가족 만찬에서 닉슨이 대통령 후보에 나서겠다는 뜻을 발표할 때 패트리샤는 충실하게 답변했다고 한다.

"나는 당신이 우리에게 무엇을 요구하고 있는지 알고 있어요. 그리고 당신 자신에게 필요한 일도 알고 있어요. 당신이 결심하고 나섰으니, 나는 그 결심을 따르겠어요."

제럴드 R. 포드가
베티 앤 포드에게

포드는 자서전인 『치유할 시간 A time to Heal』에서 알려진 대로, 닉슨 대통령이 사임하기 전 날, 부통령으로서 전례 없는 사건에 부딪힌 자신의 절박한 마음을 부인에게 토로하였다.

[1974년 8월 1일]

"우리는 저녁 식사 후, 집으로 돌아와 가족들이 있는 아래층에 앉아서 그날 있었던 일을 이야기하였습니다. 내가 헤이그 총장을 두 번 만났다고 했을 때, 아내는 믿을 수 없다는 듯 눈을 커다랗게 떴어요. 아내는 우리가 백악관 옆에서 나누었던 이야기가 모두 진실이라고 인정하는데 한참 걸렸어요. 이야기를 다 듣고도 아내는 어이없어서 아무 말도 못하고 있었어요."

"아내는 이렇게 대답했습니다. '맙소사, 이 일이 우리 일생을 바꾸어 놓을 거예요' …"

"나는 단지 아내에게 무슨 일이 있을 거라고만 말해줄 수밖에 없었어요."

　"우리는 다음 주에 백악관에 들어가게 될 거라고 했지요. 그보다 훨씬 빨라질 수도 있고. 그렇지 않고 대통령 탄핵 바람이 불어 닥쳐서 상원에서 심의를 해야 하면, 6개월을 더 끌게 될 텐데, 모두 닉슨 대통령이 결정하기에 달렸어요."

　"그리고 조사를 맡은 헤이그 참모총장이 한 말이 여전히 대통령에게 영향을 미칠지 아닐지 이야기했지요. 내가 처한 특별한 입장 때문에 베티는 그 사건에 대하여 달리 의견이 있을 수도 없었고, 나도 섣불리 받아들일 수 없어요. 헤이그도 아니고, 닉슨도 아니고, 어느 편도 들 수 없어요. 우리는 이 점에 의견이 완전히 일치했어

▲제럴드 포드 대통령과 영부인 베티가 1975년 백악관의 대통령 거실에서 쉬고 있다.

요. 마침내 우리는 아내의 뉴욕 행을 잠시 보류하기로 했어요. 여러 가지 사건이 너무 빨리 변해서 일이 어떻게 돌아가는지 먼저 파악하기로 하고, 그때까지는 여행을 미루는 편이 좋다고 생각했지요."

로잘린 카터가 제임스 E. 카터에게

1980년 이란 인질 사건은 카터 행정부와 선거운동에 위기를 불러오는 중요한 사건이었다. 로잘린 카터가 공개한 전화 대화는 긴박했던 당시 모습을 보여주고 있다.

[1980년] 4월 24일

카터가 전화를 받자마자 나는 뭔가 잘못되고 있다는 것을 알았습니다. '나쁜 소식이오.' 카터는 이때까지 들어보지 못했던 슬픔에 찬 목소리로 말했어요. '하지만 지금 당신에게는 말 할 수 없소. 이 전화는 공개되어 있소.' 나는 카터가 무슨 말을 하고 있는지 알아들으려고 애쓰면서도 한편으로 근심에 쌓였습니다. '아이들은 불러 들였나요?' 나는 재빨리 암호를 만들어서 물어보았어요. '아니, 아이들은 아직 움직이지 않았소,' 지미가 대답했습니다. '하지만 전화로는 이야기할 수 없소.' 나는 정신이 멍해져서 전화를 끊었지만 도대체 무엇이 잘못 되고 있는지는 몰랐어요.

지미는 아직 말해줄 수는 없지만 우선 텍사스에 가서 전화하라

▲제임스 E. 카터와 엘리너 로잘린 스미스가 1946년 7월, 조지아에서 결혼
 비행을 하는 도중 환하게 웃고 있다.

고 했지요.

자정이 다 되어 텍사스에 있는 오스틴에 도착했을 때도, 여전히
지미는 분명하게 무슨 일인지 말하지 않았어요. '모두 잘 될 거야.
잠이나 좀 자 두어요. 할 말이 있으면 바로 전화할 테니까. 아마 내
일은 선거운동을 못할 테니 집으로 돌아왔으면 좋겠어요. 그리고
내가 내일 다시 전화할 때까지는 아무 말도 하지 말아 줘요.'

…나는 아직도 그날 밤 지미가 보낸 쪽지를 가지고 있습니다. 거
기에는 이렇게 쓰여 있어요. '미 공군 임무 준비 구출 가능. 이란 사
막지대 변경에서 사고… 8명 사상, 납치 없음, 이란인 사상자 없음.'

지미가 무척 고통스러워하는 말을 듣고도 나는 고작 '될 수 있는 대로 빨리 집으로 갈게요' 라는 말 밖에 할 수 없어서 속이 상했지요.

[1980년 11월]

이제 희망이 솟아날 듯해요. 우리의 구출작전이 실패한 후에 나는 가만히 앉아 있을 수가 없었어요. 그러나 지미는 신속히 제자리를 찾았어요. '준비하고 있어요. 문제가 해결될 수도 있다는 말이오.' 지미는 전화에 대고 말했어요.

'뭐가요? 인질 석방, 아니면 선거?'

'양쪽 모두!'

지미가 차분하게 말했어요.

나는 처음으로 지미가 선거에서 패배할지도 모른다는 생각을 하고 있었다는 것을 알았어요. 나 역시 처음으로 그런 가능성을 심각하게 생각하였어요. '걱정하지 말아요,' 지미가 말했지요. '우리는 지금까지 최선을 다해 왔소. 당신은 나가서 선거운동을 하구려. 나도 끝까지 최선을 다 하겠소.'

조지 H. 부시가 바버라 부시에게

1988년 조지 부시는 마이클 듀카키스와 맞서 대통령 선거운동을 성공적으로 이끌고 있었다. 부시는 바버라에게 겉으로 사랑을 유난히 표현

했으며, 유머를 깃든 편지를 보냈다.

1988년 8월 8일

여보,

마이크와 키티가 어떻게 하고 있는지 좀 봐요.

카메라로 더 가까이 오려고 하고 있어요, 저, 저런, 신기해라.

나는 사랑스런 표정으로 손을 천천히 느긋하게 움직이는 연습을 하고 있어요.

당신은 TV에 더 잘 어울리니 호감을 얻을 거요.

사랑을 속삭여줄까, 구―구―구―구―

사랑하오. GB

윌리엄 J. 클린턴이 힐러리 로댐 클린턴에게

빌 클린턴이 초임 대통령 때 힐러리 클린턴은 두 가지 예민한 사건을 밝히고 이 문제에 대하여 서로 의견을 나누었다. 하나는 의료관리 담당자 지명 문제로 결국은 힐러리가 맡게 되었고, 또 하나는 클린턴 부부가 투자한 회사와 연루된 화이트워터 게이트를 단독 수사할 특별검사 지명 문제였다.

1993년 1월 25일, [백악관 회합에서]

"우리는 펜실베이니아에서 새로 민주당 상원의원으로 선출된 해리스 워퍼드의 성공에 용기를 얻었어요. 워퍼드는 건강관리 강령을 선거운동으로 했어요…하지만 아이라Ira는 다른 뜻을 가지고 있어요."

"아이라는 사람들이 우리가 헛수고를 하고 있다고 생각한다고 말했지요. 아이라는 자기 샌드위치는 건드리지 않았던 사람이에요."

"그 정책이 한꺼번에 의회를 통과되려면 최소한 4, 5년이 걸릴 거예요."

"친구들도 역시 그렇게 말하고 있어요… 오늘, 나를 이 자리에 있게 한 것은 무한한 낙관주의와 결단력이라고."

"나도 똑같은 말을 듣고 있어요. 그러나 우리는 노력해야 돼요. 그렇게 되도록 만들어야 해요."

1994년 1월 11일, [프라하에 있는 빌과 전화 통화에서]

"빌이 하도 가여워서, 이런 상황에서는 그가 그렇게 중대한 결단을 내리지 않아도 되었으면 싶었어요. 목소리가 얼마나 쉬었던지, 박쥐같이 까만 회의용 전화에 매달려서 귀를 바짝 대야 겨우 빌의 말소리가 들렸어요."

"'얼마나 오랫동안 내가 이 상황을 참고 받아들일 수 있을지 모르겠소'라고 빌이 말했어요. 나토NATO가 해체된 바르샤바 조약기구를 받아들여 크게 성장할 기회를 맞는 역사적 사건이 일어났는데도, 언론에서는 이 일을 다루지 않아서 맥이 빠져 있었어요. '기

▲클린턴 대통령과 힐러리 클린턴이 1993년 1월 20일, 대통령 취임식 무도회
장에서 춤을 추고 있다.

자들은 한 가지에만 관심이 있소. 하나같이 우리가 화이트워터 문제에 독자적인 조사를 피하는 이유만 듣고 싶어 해요' 라고 하더군요."

"…앞, 뒤 할 것 없이 흥분하는 기자들에게 둘러싸인 빌Bill은 너무 많은 말을 들어주느라고 지쳐 있었습니다. 나는 회의를 정리하고 데이비드 켄달 변호사만 남아서 대통령과 몇 마디 통화를 하게 했습니다."

"실내가 잠시 조용해지자 빌이 말했습니다."

'그래, 아무래도 특별검사 임명을 인정해야 될 것 같소. 우리는 아무 것도 숨긴 게 없지 않소. 계속 이렇게 나간다면, 우리가 의회에 제출한 법안마저 흐지부지될 거요.'

"나는 이제 특별검사를 반대하던 내 카드를 접을 때라고 생각했어요. 그래서 '지금 이 문제는 노련하게 처리해야 돼요. 하지만 그 여부는 당신에게 달려 있죠' 라고 했어요."

데이비드가 방을 나가고 혼자 있게 되자, 나는 전화를 들어 빌에게 말했어요.

"하룻밤 지내보고 나서 결정하는 게 어때요. 내일이 돼도 당신이 여전히 그렇게 하고 싶다면, 아침에 법무장관에게 특별검사를 요청하겠어요."

"'아니, 지금 그냥 '끝내도록' 합시다.' 하고 빌이 말했어요."

chapter 04

가정과 가족

GENL. GARFIELDS BUSINESS OFF

1881년 제임스 가필드가 대통령에 당선된 후, 취임식이 열리는 워싱턴으로 떠나기 전에 오하이오 주의 멘토르에 있는 사무실에서 일하고 있다.

"우리 아이는 하나의 모델이오.
아이는 갑자기 만들어진 상품이 아니오,
나는 어떤 것도 바라지 않아요, 말썽꾼이 개과천선하는 것은 더구나."
―존 애덤스가 애비게일 애덤스에게,
1783년 1월 22일

"아이에게 스스로 자신을 찾을 기회를 주어야 해요."
― 드와이트 아이제하워가 마미 아이젠하워에게,
1944년 6월 22일

집에 있든, 멀리 떠나 있든 대통령과 영부인은 여전히 가족과 가정을, 경우에 따라서는 여러 채의 집과 농장까지도 지켜야 했다. 또한 자녀들과 금융 문제, 재산문제를 그들 나름대로 운영해야 하였으며, 한 때 미국 역사의 반은 노예도 다루어야 했다. 여기 있는 편지는 명망과 권세를 누리는 대통령임에도 불구하고, 가정사에 있어서는 그 시대를 사는 평범한 국민들과 똑같이 어려움에 부딪히고 있음을 보여준다.

존 애덤스가
애비게일 애덤스에게

존 애덤스는 프랑스에서 미국 대사를 맡고 있는 동안, 자녀 문제로 애비게일에게 신랄한 편지를 보냈다. 존은 사생활이 복잡한 법학도 로열 타일러가 딸에게 구혼한 것이 마땅치 않아서, 부인이 그런 관계까지 가도록 허락한 것에 대해 불만을 터뜨렸다.

1783년 1월 22일, 파리에서

사랑하는 나의 벗에게,

평화와 정전 예비회담이 20일과 21일에 베르사유에서 조인되었소. 우리는 이번 일에 경의를 표하기 위해 다시 폐하를 찾아갔소. 제이 씨는 노르망디로 잠깐 쉬러가고, 로렌스 씨는 바스로 갔소. 둘 다 건강 때문이오. 그래서 프랭클린 씨와 내가 조인을 했소. 나 역시 여행을 좀 해야겠소.

이렇게 대단한 비극이 막을 내렸소. 미국의 입장에서 보면 이 조약은 다행히도 저절로 풀렸소. 그러니 하늘에 감사해야 하오. 우리에게 유리한 몇 가지 이권을 얻어내는데 어려움이 많았소.

아들은 12월 8일에 스톡홀름에 있다는 이야기를 들었는데 그 이후로 새로운 소식이 전혀 없구려. 헤이그에 도착했다는 소식이 들려오는지 매 시간마다 알아보고 있소.

사표 수락이 되어서 봄에 배편으로 돌아갔으면 좋겠소.

그래서 12월 23일에 보낸 당신 편지를 받고도 한참 있다 답장을 썼소. 당신 편지를 받으니 정신이 번쩍 들어서, 집으로 돌아가는 일이 가장 시급하다고 생각하였소. 솔직히 나는 아이 문제에 대해 전혀 이야기하고 싶지 않아요. 그런 생각을 하기에는 너무 어린데 아이가 '말썽'을 부린다니까 정말 싫소. 무슨 뜻으로 그런 말을 하는지 모르겠어요. 어쩌면 모든 의미가 다 들어있는지도 모르지요. 당신이 말한 것만으로는 정숙한 것이 어떤 의미인지 차이를 모르겠어요. 자식은 당신이 말한 것처럼, 또 내가 알고 있는 것처럼 하나의 모델이에요. 갑자기 만들어진 상품이 아니에요. 내가 아무리 원해도 말썽꾼이 개과천선하기는 더욱 힘들어요. 나도 변호사가 되려고 했지만, 변호사라면 그 나이에 저녁 시간은 물론이고 한밤중에도 여자 옆이 아니라 등불 옆에서 책을 보며 시간을 보내야 하오. 나는 당신이 아이들 보호자 역할을 충분히 하고 있다고 생각했었소. 그런데 타일러 이야기나 하려고 편지를 쓰다니. 인간성, 가족, 인간관계, 시적인 취향은 제쳐 놓는다 해도, 기분에 들떠서 반이나 남은 자신의 미래나 돈을 낭비하는 경솔한 녀석은 내가 생각하는 젊은이가 아니오. 나는 시인을 찾는 것도 아니고 사교 편지 전문가를 찾는 것도 아니오.

우리 딸이 아직 어리니까 준비성이나 신중함 같은 자질이 없다고 꾸짖지는 않겠소. 신중하면 감정이 부족해진다는 당신 말을 듣고 놀랐소. 우리 딸이 사람들 앞에서 조신하면 할수록 분별력이 있어 보여서 좋아요. 역시 그 어머니에 그 딸이라고 생각할 거요.

더욱이 내가 아이들을 위해서 무슨 일이든 하기에는 전적으로 무능력하다는 사실을 당신은 알고 있을 것이오. 몰랐다면 이제 알아야 하오. 또 당신은 아무리 전도유망한 젊은이라도 법조계에서 독립해 일자리를 얻는데 오랜 시간이 걸린다는 것도 알고 있소. 그런데 우리 아이들은 뉴펀들랜드의 강둑에서 물고기를 잡을 권리와 자유밖에 없소. 앞으로 나는 나 자신이나 아이들에게 이런 미래 밖에 줄 수 없다오.

내가 결정하려고 해도 이 문제에 대해 충분히 아는 게 없군. 타일러가 법정에서 변호해 본 적이 있소? 그렇지 않다면 그 녀석은 정말 보잘 것 없소. 그 녀석이 우리 딸과 교제를 한다면 누구보다 내가 나서서 말리겠소. 타일러는 매일 재미와 낭비만 일삼는 버릇을 뿌리 뽑지 못하는 녀석이오. 그런 버릇은 뿌리치고 빠져 나오기는 어렵지만, 무뢰한이 되는 길은 쉽다오. 다만 시간이 오래 걸리느냐 금방이냐 하는 차이뿐이오. 타일러는 자기 말대로 특별하게 유럽적인 성향이 있어 혐오스러운 면이 있소. 그의 아버지는 귀족은 될지언정 내가 바라는 대로 훌륭한 정신을 지니고 있는 사람은 전혀 아니오.

타일러와 당신 둘 다 관계가 너무 빨리 진척되었던데, 나는 양쪽 모두 다시 생각해야 한다고 충고하는 바이오. 우리 가족은 물론이고, 당신 가족도 비탄에 빠지게 될 거요. 당신 말대로 타일러의 자질 때문에. 비탄을 불러올 만한 자질이 안 보였다면 아직 겉으로 나타나지 않았을 뿐이오.

이 문제는 정말 심각하기 때문에 대강 얼버무리고 넘어갈 수 없소. 나는 비위만 맞추는 어머니들의 교육 방법이 싫소. 이번 일은 전혀 어울리지도 않고, 얼토당토않아요. 자연스럽고, 조심스럽고, 덕이 있고, 신성한 일이 아니에요. 자연스러움은 단순하지만 내가 사물을 판단할 때, 나라 일이나 전쟁은 물론 사랑을 판단할 때도 가장 훌륭한 기준이 된다오.

　나는 이 말을 당신에게 하고 싶었소.

　내일이라도 당신과 함께 있고 싶소. 그러나 우리 사이에 거대한 대양이 놓여 있구려. 적은 없지만 아직 나의 주인을 떠날 때는 아니오. 불끈 화를 내며 집에 가기도 싫고 마지못해 있기도 싫소. 하지만 빨리 떠났으면 좋겠소. 네덜란드에서는 결코 오래 있지 않겠소. 이 나라는 공기가 차서 혈관이 언제나 얼어붙어 있어요. 다음에 유럽에 올 일이 있다면 당신과 딸을 데려오겠다고 우겨대겠지만 여기는 안 되겠으니 차라리 내가 당신에게 가겠소.

　안녕, 아—아—ㄴ 녕

제임스 먼로가 엘리자베스 먼로에게

먼로 부부가 결혼한 지 겨우 일 년이 되었을 때, 제임스는 법원에 다니고 있었다. 제임스는 부인에게 버지니아의 프레드릭츠버그 집과 리치먼드에 있는 새 집 사이에서 보낼 계획을 자세히 썼다.

▲엘리자베스 코트라이트 먼로는 전직 영국 관리이자 뉴욕 상인인 로렌스 코트라이트의 딸이었다. 제임스 먼로가 1786년 대륙회의 버지니아 대표였을 때 뉴욕에서 결혼했다.

1787년 4월 13일, 리치먼드에서

당신이 떠나고 나서 그날 저녁에 이곳에 도착했는데 건강하게 잘 지내고 있소. 존스 씨와 같이 식사도 했소. 오늘 저녁이라도 당신 소식을 듣고 싶었소. 당신과 어린 엘리자가 하루 종일 걱정스러워서 잘 있는지 궁금해서 견딜 수 없소. 레이스 부인이 친절하게 당신이 잘 있다고 전해 주어서 걱정은 덜었지만 당신이 직접 소식을 전해주었으면 정말 기쁘겠소. 엘리자는 다 자란 것 같은데 몰라볼 정도로 변했겠지?

매디슨 씨는 우리 가구가 이달 1일에 뉴욕을 떠나지 못해서 프레드릭츠버그에 도착하려면 시간이 걸릴 것 같다고 하오. 이번에 오기는 틀렸고, 다음 기회를 기다려야 되겠소. 내 마차 대금을 지불해야 하는데 걱정이오. 존스 씨는 100달러를 줄 수 있다고 했지만 그렇게 많은 돈을 해줄 수 있을지 모르겠소. 당신은 나보다 프레드릭츠버그 집에 더 오래 있으니 잘 알겠지요. 피터가 정원을 어떻게 가꾸고 있는지, 살림살이는 어떤지 들었소? 모두 별일 없기 바라오. 원숭이 같은 말썽꾸러기 대신 사람이 필요하다고 했는데 아직 구하지 못했다니 어쩌지요. 그 말썽꾸러기라도 좀 참고 견디었으면 좋겠소. 존스 씨가 데리고 있던 루시를 고용하기로 했으니 우리가 돌아가면 프리스와 그 가족을 해고하겠소. 당신이 프리스를 좋아했으니까 할 수만 있다면 그냥 데리고 있는 편이 더 좋을 텐데. 그러면 나도 좋겠소. 그러나 내가 이렇게 설득해도 여러 가지 사정으로 당신 마음에 들지 않는다면 해고

▲ '미국의 왕들' 총서에는 제임스 먼로 제5대 대통령이 책상에 앉아 집무 중인 모습이 그려있다.

하세요. 당신이 마음에 들어야지요. 운동을 좀 많이 하지 그러오. 가끔 이런 일이 닥치면 가슴이 터진다고 불평을 하는 바람에 나도 힘이 들기는 하지만 곧 괜찮겠지요. 제발 소원이니 내 말을 무시하지 말아요. 그래야 말라리아 병에 걸리지 않고 무사할 수 있소. 쿠아비어는 우리를 위해 다른 마차를 몰기로 했소. 그는 전에도 마차를 완전히 평평하게, 똑바로 만드는 것에 반대했소. 마차가 가라앉거나 물이 샐 거라는 거요. 또 구식이기도 하고. 친절하게도 당신이 원하는 모양과 좋아할 만한 색깔을 알려주더군요. 지금은 재판 기간 중이라서 당신을 환영할 준비를 하지 못하겠소. 랜돌프 씨도 그런 이야기가 없고, 나는 돈이 없소. 나는 별도로 캐링턴 씨와 타협해서 이번 가을에 집을 한 채 얻어서 당신과 캐링턴의 여자를 데리

고 올 수 있게 조정해볼 참이오. 그 아가씨는 재판을 해서 받는 봉급이 적어도 만족하고 살아갈 거요. 당신은 그 사람이 금방 마음에 들 거요. 첩첩 산중 난관이 많아서 사실 괴롭고 고통스럽겠지만 의연하게 인내심을 가지고 극복하기 바라오. 앞으로는 이런 인내심을 발휘할 기회가 없을 거라고 믿고 있소. 우리가 오랫동안 떨어져 있지 않으려면 새 출발을 할 때부터 우리에게 주어진 가혹한 운명을 극복할 수 있어야 하오. 공판은 5월 6일 경에 끝날 것 같은데 그 전에 돌아갈지 어떨지 아직 결정하지 않았소. 물론 현재의 곤란한 처지에서 탈출하고 싶은 생각도 있지만 나의 성격상, 국민들에게 내가 사건을 정성들여 다루고 있다는 모습을 보여줄 필요가 있소. 내가 지금 여행을 한다고 나서면 국민들이 달리 생각할 것 아니겠소. 스스로 자신에게 성실하고 정직해야 할 뿐만 아니라, 국민들도 나를 그런 사람으로 생각해야 돼요. 내가 조금이라도 이상한 낌새가 있다면 사람들은 나를 성실하고 정직하다고 생각하지 않아요. 아무리 근거 없는 의심이라도 일단 하게 되면 훌륭한 사람도 파멸되고 강직함과 온화 속에 깃들어 있던 평화도 사라진다오. 어느 곳에서든 충실하게 나의 임무를 다하는 것은 별로 어렵지 않소. 다만 여기가 새로운 곳이므로 앞으로 있을지도 모를 모든 상황에 대비해야 하오. 이 세계에서 일을 시작하려면 꼭 그렇게 해야 하오. 그렇지 않으면 실패하게 되지요. 존스 씨가 다음 화요일에 올 텐데, 그 편에 다음 편지를 보내겠소. 자 … 기회가 날 때마다 편지 쓰겠소… 아무도 우편물을 전해주러 오지 않는다면 부르크 씨에게 편지를 전해주세요. 그러면 그가 이곳으로 보내줄 거요. 사랑스러운 엘리자, 나만 믿으세요.

다정한 당신의 제임스 먼로

| 추신 | 내 대신 아이들에게 뽀뽀해줘요. 당신도 잘 지내고, 레이스 부인과 라이트푸트 부인에게도 존경한다고 전해주시오. 당신이 온다고 해도 레스 씨가 반대하지 않는다는 것을 굳이 말할 필요 없겠지요.

제인 피어스가
프랭클린 피어스에게

이 편지는 제인 피어스가 남편에게 보낸 편지 중에서 유일하게 남은 것인데 읽기가 난해하다. 편지는 주로 '베니'라는 애칭을 가진 아들 벤저민에 대한 근심으로 가득하다.

1853년 1월 6일 토요일 아침에 막 식사를 끝내고

사랑하는 여보.

할 말이 있어서 편지를 썼어요. 지금까지 글을 잘 써본 적이 없는데, 어제 저녁에 당신 편지에서 귀여운 베니Benny에 대한 이야기를 듣고 여러 가지 회상에 잠겼어요. 언니를 비롯해 많은 사람들이 와

서 이것저것 부탁하더군요. 그
들은 이렇게 말했어요. "피어스
씨에게 내 이야기… 뭐 그런 것
좀 이야기해주고… 뭐 어쨌든…
"이라고. 나는 좀 더 쉬어야겠어
요. 약속해요, 오후 우편배달부
가 올 때까지… 당신에게 잘 하
겠어요. 베니에게도. 옷은 집으
로 보내서 메리가 월요일 아침
에 받을 수 있도록 하겠어요. 월
요일 아침에는 그 차를 탈거예

▲제임스 피어스는 남편이 대통령이 되
고 난 후 영부인 역할을 마지못해 시
작했지만 철두철미하게 조력자 노릇을
했다.

요…. 정말 그 때까지 모든 일이 당신에게 잘 되기 바라고, 또 그렇
게 되도록 기도할 게요. 당신과 파멜라가 얼마나 아이들에게 신경
을 쓰고 있는지… 나는 알아요. 파멜라는 한시도 방심하지 말고 아
이가 감기에 걸리지 않는지 밤에 이불은 잘 덮고 자는지 살펴봐야
돼요. 음식과 친구들에게도 관심을 기울여야 돼요. 메리 아줌마가
베니에게 주라고 갖다 주신 조그만 책을 보냈어요. 비록 엄마가 가
지 않았어도 그 책을 받으면 좋아할 거예요. 그 책을 보면 베니는
어린 '농부 소년' 처럼 될 것 같아요. 당신을 멀리 떠나 있는 제인

메리 링컨이
에이브러햄 링컨에게

메리 링컨은 남편이 의원으로 있는 워싱턴을 떠나 켄터키 주의 렉싱턴에 있는 친정아버지에게 갔다. 메리는 남편에게 가정사와 이별에 관한 편지를 썼다.

1848년 5월, 렉싱턴에서

사랑하는 당신에게,

당신은 정말 사람이 '늙으면' 초라해진다는 게 '딱 맞는 말'이라고 생각할 거예요. 편지를 쓰다 보면 한두 개 정도는 할 말을 잊어버린다든지, 아니면 아예 날짜가 전혀 생각나지 않는데, 고백하자면 없었던 버릇이 생겼어요. 그래서 짜증이 나고 피곤해져요. 오늘은 '토요일 밤'이지요. '아이들은' 잠이 들었고, 마리아 아줌마는 내일 아침에 오신다고 했어요. 지금 편지를 더 쓰면 오히려 지루하게 될 것 같으니 당신의 마지막 편지에는 내일 답장해야겠어요. 지금 막 프랜시스 W가 보낸 편지를 받았는데 '그중에서도 특히 상자' 이야기를 하더군요. 나는 프랜시스가 이번에 상자를 부치기 원했었지요. 그런데 프랜시스는 당신과 의견이 같더군요. 성실한 사람들 생각이 대체로 그러하듯이 생각보다 비용이 많이 들어서 오히려 낭비가 될지도 모른다고 생각해요. 또 길에서 잃어버릴 수도 있고요. 그러면 구체적인 조건을 검토해서 '레비'가 말한 대로 '그 조건이 훨씬 비용이 싸면' 기다리는 편이 낫겠어요. 아이들 뒤치다

꺼리하느라고 바쁘지만 여름에는 바느질이 조금 줄어들 거예요. 오늘 프랜시스에게 아이들을 보내지 말라고 편지 몇 자 적어야겠어요. 프랜시스 말로는 윌리가 병에 걸렸는데 조금 쉬니까 나아가고 있다는 군요. 메리나 다른 아이들도 잘 지내지 못한다고 했어요. 스프링필드는 여느 때처럼 찌뿌듯하다고 하던데요. S 삼촌은 켄터키로 어제 출발했어요. 우리 꼬마 에디는 좀 아프다가 지금은 나아가고 있어요. 귀염둥이 에디하고 있었던 일 하나 이야기할 게요. 에디가 마당을 돌아다니다 어린 고양이 한 마리를 보더니 하인에게 그것을 잡아달라고 하는 거예요. 하인이 에디처럼 재빨리 고양이를 찾아서 의기양양하게 잡아 왔죠. 얌전히 있던 아이가 좋아하면서 고양이를 '물가'로 데리고 와서 빵을 주었어요, 직접, '자기 손으로.' 에디는 그런 일을 즐거워하는 꼬마예요. 아이가 고양이를 보고 좋아하고 있는데 어머니가 오셨어요. 당신은 알지요, 어머니가 고양이 종류는 전부 싫어한다는 거요. 아주 기분 나쁠 거라고 생각했어요. 엄마는 하인을 가까이 오라고 하더니 고양이를 던져 버리라고 하셨지요. 물론 하인은 그렇게 하려고 했고요. 그때 에디가 소리를 질러대면서 하인이 던지지 못하게 거세게 대들었지요. 어머니는 아이가 그렇게 소리 지르는 모습을 절대 잊지 못할 거예요. 그만큼 한참 큰 소리를 질러댔어요. 그렇게 한 번 뜻밖의 사건을 겪고 나서 어머니는 '요즈음' 그런 소란이 일어나면 듣기만 하고 있어요. 그런 일에 아주 자상해지고 적응이 되셨어요. 어머니가 우리들을 마음에 안 들어 하고 짐으로 느꼈다면 분명히 예전보다 더

'악화' 되었을 거예요. 이제 어머니는 기분이 좋아 보이고, 나를 속상하게 만들지도 않아요. 게다가 어느 날은 어머니가 날이 너무 덥다고 아이스크림을 보냈어요. 당연히 감사하죠. 여기서 지내는 것이 아주 재미있어서 2, 3주 더 있고 싶어요. 아이들에게도 도움이 될 거예요. 할머니는 제임스 파커 아저씨가 미시시피에서 보낸 편지를 받으셨어요. 아저씨와 가족들이 6월 26일까지 이곳에서 시간을 조금 보낸 후 필라델피아에서 학교에 다니는 큰 딸을 보러 가시겠대요. 이번 기회에 나도 짐을 싸서 그들과 함께 가야겠어요. 당신은 내가 '구경' 다니기를 무척 좋아한다고 알고 있잖아요. 뉴욕이나 보스턴에는 가지 않고 호수를 따라 돌아야겠어요. 하지만 여보, 부인이 없으면 살지 못하는 맥 장군이 내년 겨울에도 '어쩔 수 없이' 부인을 같이 데리고 가야 한다면, 당신이 목청 높여서 반대하세요. 오늘 저녁에는 편지가 아니고 실제로 당신 옆에 같이 있었으면 하는 마음이 얼마나 간절한데요. 당신이 멀리 떨어져 있어서 정말 슬퍼요. 어머니와 저는 오늘 오후에 벨 씨의 휘황찬란한 집을 방문차 나섰어요. 저택이 무척 크고 웅장하더군요. 프랜시스 M이 이렇게 진기하고 이국적인 풍경을 봤다면 깜빡 '죽었을' 거예요. 여름에는 밤이 유난히 짧게 느껴져요. 글씨를 길게 휘갈겨 써서 당신을 무척 짜증나게 했는지 모르겠어요. 당신이 7월이나 8월에 오시면 샘물이 있는 곳으로 데려갈 게요. 패티 웨브는 학교가 7월 1일에 마치니까 웨브 씨가 여기로 오시면 그 시간쯤에 내려가서 제법 장난도 쳐보죠. 우리가 그런 취미 있다는 거 아시죠. 당신을 사랑해요. 안녕히 주무세요. 아이들이 당신을 잊어버릴까 하는 걱정은 하지 마세요. 그냥 농담이에요. 당신 이야기만 하면 에디까지도 눈이 반짝반짝 빛나니까. 나의 사랑, 진실한 당신의 M.L.

루크레시아 가필드가
제임스 가필드에게

제임스 가필드가 대통령 취임을 준비하는 동안, 루크레시아는 앞으로 살게 될 집과 가족 문제를 처리하기 위해 신분을 숨기고 뉴욕으로 물건을 사러 갔다. 이 편지는 그들이 새로 얻게 된 명성으로 생긴 어려움과 지속적인 자녀 교육의 필요성을 보여주고 있다.

1881년 1월 20일, 뉴욕에서

사랑하는 당신에게,

집에서는 아직 소식 한 자 없군요! 어제 우리는 필요한 것을 몇 가지 결정했어요. 최소한 양복 두 벌은 있어야 되겠어요. 가격이 터무니없어 보이지만 당신이 보내준 돈을 많이 쓰지는 않았어요. 레이드 씨 말로는 아직까지 우리 신분이 드러나지 않았다고 하더군요. 셸던 부인이 조심해서 나를 '그린필드 부인'이라고 계속 불러준다면 앞으로도 사람들이 모를 거예요. 짐이 바로 문 앞에 도착했네요. 이제 다시 즐겁게 일을 시작해야 하니 편지를 그만 쓰더라도 용서하세요. 당신을 기쁘게 해줄 일이 있으면 오늘 저녁에 다시 알려드릴 게요. 당신과 어린 아이들에게 사랑과 입맞춤을 보내요. 당신의 영원한 크리트

제임스 가필드가 루크레시아 가필드에게

1881년 1월 20일, 오하이오 주 멘토에서

나의 사랑,

당신이 보낸 편지를 오늘 아침 처음 받고나서 집안이 온통 기쁨으로 가득 차 있소. 유별난 친구들과 함께 뉴욕으로 가면서 당신을 눈치 못 채게 하려면 얼마나 능숙한 기술이 있어야겠소. 그러고 보니 당신은 외교 수완이 갈수록 늘어가고 있구려. 우리는 매일 중요한 일들을 처리하고 있소. 집이 텅 빈 것 같은데 당신이 돌아와야지 채워질 것 같소.

오늘 아침, 할이 보낸 편지에는 나를 '사랑하는 론필드' 라고 불렀던데, 론필드 지역의 대부인 코웰스 씨가 이 말을 들었다면 무척 우스웠을 거요. 할은 룰루의 음악 수업을 들으려고 하는데 자기만 빼고 모두 여자 아이들이라고 하오. 할이 그 수업을 듣게 해달라고 해서 록웰 장군의 허락을 받아 승낙한다는 전보를 보냈소. 오늘 아

침에는 알드리치 할머니께 전화 드렸소. 할머니는 허벅지 뼈가 부러져서 굉장히 고생하고 있다고 합니다. 어머니가 바로 할머니를 뵈러 갈 거요. 의복 문제는 모두 당신에게 맡기겠지만, 그래도 한마디 하겠소. 카슨과 거래를 끊고 클리블랜드에서 다른 재단사tailor를 찾아야 하는 문제가 오히려 내게는 당황스럽소. 어쨌든 '테일러 taylor' 라는 말에서 조상 대대로 전해지는 감동을 느꼈소. 아마 당신은 순간적으로 하원 시절에 내가 앉아 있던 자리를 차지하고 있는 사람이 떠올라 마음을 뺏겼을 거요.

　당신이 뉴욕에 있는 재단사를 여기로 보내려면 레이드 씨에게 제 때에 전보를 치게 해서 나에게 멀리 가지 말라고 하시오. 론필드가 사랑을 전하고 싶은데, 이 종이는 너무 작아서 적을 데가 없구려. 언제나 당신의 전부인 제임스가

시어도어 루스벨트가 앨리스 리 루스벨트에게

시어도어 루스벨트가 뉴욕 주 의원 때 첫 아이를 임신하고 있는 앨리스에게 멋진 편지를 썼다.

1884년 1월 28일, 올버니에서

　사랑하는 부인에게,

우리 집을 방문한 친구들은 모두 더없이 즐거워했소. 그들은 방과 현관과 엘리엇 형이 받은 사냥 전리품을 부러워하고, 특히 여주인들을 부러워했소. 남자들은 어머니가 정말 우리 어머니인지 믿지 못했고, 무엇보다 사랑스럽고 귀여운 당신에게 찬사를 보냈소. 나는 웰치가 한 말 때문에 무척 즐거웠다오. 당신이 나에게 '면도한 사자' 이야기를 해주지 말라고 애원하는 모습이 무척 어여쁘게 보였대요. 웰치가 이렇게 말했지요. '당신이 그 이야기를 해 버렸으면 나도 자네 부인처럼 몹시 기분 나빴을 거요' 라고. '앵무새' 같은 세 친구들이 즐겁게 지냈다고 생각하니 나도 기분이 좋았소.

　　오늘밤에는 뉴볼드에서, 내일은 오위와 식사를 할 거요. 목요일이 지나도 일이 끝나지 않을 것 같아 걱정이오.

　　소중한 당신의 마음에 따뜻한 사랑을 함께 하는, 나는 '영원한 당신의 사랑' 이오.

엘렌 윌슨이 우드로 윌슨에게

엘렌은 1886년 4월 16일에 조지아주 개인스빌에서 첫 아이인 마가렛 우드로 윌슨을 낳았다. 그리고 출산 5일이 지나서야 겨우 남편에게 편지를 써도 된다는 허락을 받았다.

여보, 이제 편지를 써도 된다고 허락을 받았어요. 당신에게 '사랑, 사랑, 사랑' 한다는 말을 마음껏 하고 싶어요. 보고 싶어서 얼마나 마음이 아픈지도 말해주고 싶어요. 당신이 아기를 보아야 되는데. 아기는 아주 작고 귀여워요. 사람들이 모두 세상에서 제일 예쁜 아기라고 하는데, 포동포동하고 건강해요. 그러니 얼마나 좋아요. 아, 거룩하신 하느님, 얼마나 우리에게 너그러우신지! 얼마나 자상하신지! 얼마나 우리를 돌보아주시는지!

나는 정말 건강해서, 간호사 말대로 '이때까지 아파본 적이 없어요.' 아기나 나나 모두 아무 일도 없이 '잘 지내고' 있어요. 위급한 순간은 모두 지나갔고, 다시 차분하게 안정이 되었어요. 그러니 나 때문에 걱정하셨다면 근심은 접어두시고 보스턴에서 '황금 시간'을 보내는 것으로 내가 건강해진 것을 축하해 주세요. 걱정은 훌훌 털어버리고 여행하시면 기쁘겠어요. 안녕, 여보! 나의 사랑, 나의 '생명', 나의 소중하고 '소중한' 당신.

당신의 귀여운 아내 엘렌

| 추신 | 다시 편지를 쓰려면 원래 정한 대로 월요일이 되어야 해요. 이 편지는 당신에게 '사랑한다'는 말을 꼭 해야 한다니까 특별히 쓰도록 허락해주었어요.

캘빈 쿨리지가 그레이스 쿨리지에게

> 캘빈 쿨리지 대통령은 그레이스에게 가정사에 대하여 짤막한 편지를 썼다. 그레이스는 메사추세츠의 노스앰턴에서 어머니의 병간호를 하고 있었다.

1928년 12월 21일

나의 사랑 그레이스,

주머니쥐는 동물원으로 보내서 잘 먹이고 있으니 당신이 올 때쯤이면 살이 포동포동 올라 있을 거요. 잘 생긴 타조도 세 마리 있소. 당신이 여행갈 때 신고 다니는 신발 18켤레가 들어 있는 신발장이 아니라면 당신이 여기 있었다는 생각이 전혀 안 들 거요. 어젯밤

▲1925년 4월 부활절에 그레이스 쿨리지 영부인이 개를 데리고 백악관에서 아이들을 만나고 있다.

에는 개를 데리고 나가니까 더 좋더군요. 여기는 오늘 상당히 추워
요. 당신이 가고 나서도 어머니 소식이 없는 것으로 보아, 그저 그
러시니까 새로이 전할 소식이 없나보다 생각하고 있소. 머로 씨는
집에 갔소. 크래프턴 씨가 시카고 가축 사육장에서 쓸 초상화를 그
리고 있소. 사펠로에 섬에서 초상화를 그릴 때 영국인 솔즈버리가
도와줄 거요. 사랑하오.

프랭클린 D. 루스벨트가 엘리너 루스벨트에게

세법 개정으로 소득세가 치솟자, 프랭클린 루스벨트 대통령조차 걱정
스러워서 영부인에게 식품비를 절약해야 한다고 역설하였다.

1942년 10월 7일, 백악관에서

E. R.에게 보내는 비망록.

새로운 소득세법이 시행되면, 정부에서 받는 순수입이 당연히
줄어들게 될 테니 백악관 식품 구입비를 한 달에 2,000달러, 일 년
에 2만 4,000달러로 줄이도록 합시다. 내년에는 7만 5,000달러를 받
아도 세금을 내고 나면 단 3만 달러만 남게 되는데 '무슨 뾰족한 방
법이 없겠소?' 우선 기부금은 한 달에 1,500달러까지 내기로 하고,
네스비트 부인에게는 일 년에 1만 8,000달러만 보내도록 합시다.

우리가 유일하게 할 수 있는 일은 지금 데리고 있는 관리인을 줄이는 일이오. 그들은 공무원 신분이기 때문에 여기를 그만두더라도 정부 기관의 어디에서든지 일할 수 있소. 또 매달 평균 열흘만 외출하도록 하고, 지난 번 같은 장기 여행은 자제해야겠소. 장기 여행은 일 년에 한 번 정도가 좋겠소. 당신이 없을 때는 손님이 네, 다섯 명 이상이 모이는 저녁 만찬은 자주 하지 않도록 하겠소.

식품비가 점점 늘어나고 있다는 것을 뼈저리게 느끼고 있소. 그래서 음식을 준비할 때 조금이라도 줄이는 과감한 조치가 있어야 되겠소.

예를 들면, 점심 식사에는 한 사람당 계란 하나씩만 주라고 부탁하고 싶소. 지금은 두 사람인데도 계란 네 개를 주는 일이 빈번하지 않소. 저녁 식사도 마찬가지요. 서재로 야채와 고기를 올려 보낼 때 매일같이 반 접시는 남겨서 다시 찬장에 넣어두도록 합시다. 내가 가끔 받은 도움 말고 누가 또 도움을 받고 있는지 모르겠소. 어쨌든 내가 다른 데서 도움을 받지 않았다면 훨씬 좋았을 거요. F. D. R.

패트리샤 닉슨이 리처드 닉슨에게

리처드 닉슨이 해군 장교 시절, 패트리샤는 그들이 좋아하는 집안일에 관한 편지를 썼다.

▲1952년 드와이트 D. 아이젠하워의 지명을 받아 부통령으로 나선 리처드 닉슨이 선거에서 이긴 후 부인과 함께 개표 결과를 보고 있다.

1944년 6월

나는 항상 당신도 같이 있었으면 해요. 당신은 사람들을 즐겁게 해주니까요. 우리 파티는 항상 당신 덕에 잘 끝났어요. 당신이 중국식 잡채를 만들어 주었던 때를 생각해봐요! 그때 내가 얼마나 놀랐던지, 그때를 생각하면 나만 혜택을 받은 건 아닌가 하는 생각이 들어요. 그래도 그때나 지금이나 당신에게 고마워요. 당신이 그날 밤얼마나 상냥하게 해주었는지 난 결코 잊지 못할 거예요. 마가렛과나에게 비엔나소시지 굽기를 가르치고, 수레로 날라주고, 샐러드만들기를 도와주고, 파이를 사오고, 메리 선물을 사러 로스앤젤레스로 간 일이 잊혀지지 않아요.

리처드 닉슨이
패트리샤 닉슨에게

1944년 7월

사랑하는 당신에게.

나는 지금 쓸 돈이 없소. 그러니 당신이 나를 대신해서 거기서 돈을 좀 마련해보시오. 저녁 맛있게 먹고, 자랑 좀 많이 하고, 멋진 옷도 사고, 머리도 좀 단장하고, 당신이 하고 싶은 것과 필요한 것은 다 해보구려. 즐거워하는 당신 생각을 하면 나도 가슴이 벅차도록 기쁘겠지요.

드와이트 아이젠하워가
마미 아이젠하워에게

아이젠하워 장군은 노르망디 상륙 작전을 감행할 때 아버지의 참모로 영국에 온 아들 존(조니)을 만났다. 그리고 아들의 장래가 걱정이 되어 곧바로 마미에게 편지를 써서 유일하게 살아남은 아들이라고 해서 과잉보호하지 말라는 주의를 주었다.

여보,

내일이 되면 내가 워싱턴을 떠난 지 2년이구려!

조니와는 재미있게 잘 지내고 있소. 같이 지내면서 아이가 어떤 생각을 하고 어떤 야망을 품고 있는지, 사고방식은 대체로 어떤지 파악하려고 노력하고 있소. 조니는 군 복무에 진지하게 임하고 있지만, 개인적으로는 무엇을 원하고 있는지 몰라서 난감해 하고 있는 것 같소. 이런 고민이야 그 나이에는 자연스럽지만 여느 아이들보다 더 생각을 많이 하는 것 같소. 많은 젊은이들이 활기에 넘쳐 같이 어울려 까불기도 하고, 기분 좋으면 얼떨결에 무모한 짓을 하거나 문제를 만들어내기도 하는데.

당신이 조니를 보러 베닝으로 온다고 하였소? 나도 그게 좋겠군. 아이가 어떻게 지내는지 당신이 한 번 보는 것도 좋은 일이오. 그러나 어리석게 너무 오래 머무르지는 말아요. 당신이 오래 머물러 있으면 아이는 어렴풋이 자기가 감시 받고 있다는 생각이 들 수도 있소. 조니는 자신이 '스스로' 자기 일을 얼마나 잘할 수 있을지 걱정하고 있소. 정말 심각한 문제가 생기기 전에 아이가 스스로 할 수 있는 기회를 주어야 하오. 당신이 조니를 어떻게 생각하는지 알아요, 또 가능하다면 오랫동안 당신 곁에 아이를 두고 싶은 마음이 얼마나 간절한지도 잘 알고 있어요. 그래도 잠깐 만나는 것이 오래 지체하는 것보다 더 낫소.

조니가 당신에게 여기에서 있었던 일을 말할 수 있게 되어서 정말 기쁘군. 우리가 무슨 일을 하고, 어떻게 지내고 있는지, 뭐 이런 저런 일들을 말이오. 당신을 만나면 조니에게도 도움이 많이 될 거요.

우리는 언제나 당신 이야기만 하고 있다오. 당신을 깊이 사랑하오. 나를 잊지 마오. 나는 언제나 당신과 재회할 날만 고대하고 있으니까. 항상 당신을 사랑하오.

| 추신 | 어머니와 아버지, 아주머니에게도 안부 전해주시오.

해리 트루먼이
엘리자베스(베스) 트루먼에게

세계적인 사건과 정치는 대통령 일가와 결코 무관하지 않다. 해리 트루먼 대통령은 베스에게 딸 메리 마가렛(마지) 이야기를 쓰고자 하였으나, 편지는 어느새 그리스와 터키에 대한 지원 , 3월 12일에 발표한 트루먼 독트린과 같이 세계적인 사건으로 채워지고 가족 걱정은 멀어졌다.

1947년 3월 14일, 플로리다의 키웨스트에서

사랑하는 베스.

어젯밤 마지에게 긴 편지를 보내고 지금 이 시간쯤에 도착하도록 하려고 했는데 그렇게 하지 못하고 말았구려. 너무 지쳐서 아무것도 하지 못하고 잠으로 시간을 다 보내고 있소. 아예 잠에 빠져서 어제는 8시가 돼도 일어나지 못했고, 오늘도 7시 30분에야 일어났다오.

버릇대로 산책을 할 게 아니라 해변으로 차를 몰고 갔더라면 좋았을 것을. 11시 정각에 일광욕을 해서 45분에 끝냈다면 오늘 아침에 한 시간은 다른 일을 할 수 있었을 거요.

다음 주 월요일에 마지가 워싱턴으로 돌아가니 정말 다행이오. 그러면 우리는 무엇을 해야 할지 잘 알아보고 결정할 수 있겠소. 마지가 당신에게 내 편지를 보여주었으면 하오.

여기에서 뉴욕까지는 특별히 전화가 된다오. 그래서 어려움 없이 마지 소식을 들을 수 있소. 당신만 괜찮다면 일요일까지 지낸 후에도 하루나 이틀 더 있겠소.

스텔먼과 클리퍼드가 나처럼 회담에 전력을 다해서 전체적으로 합의가 잘 되었소. 협상 결과가 세계 평화에 기여하기 바라오. 이 회담은 중요한 단계인데 마셜이 국무부를 맡은 이후로 나는 줄곧 이 문제를 우려하였소. 우리는 1차 회담에서 중국과 한국, 러시아가 동북아 지역에서 어떤 역할을 할지 논의했소.

헨리나 그 잔당들이 앞장서서 미친 짓만 벌이지 않는다면, 내가 아는 한 언론은 호의적인 평을 할 거요. 나는 헨리가 동조자를 얻을 거라고 생각하지는 않소. 의회에서 만장일치로 처리되지는 않았지만 결과가 그 정도면 되었어요.

당신과 마지, 어머니가 여기에 같이 있다면 얼마나 좋겠소. 배는 바로 집 앞에 묶여 있소, 바로 한 블록 사이에. 이 일이 오래 걸리지 않는다면 그 배를 타고 집으로 가게 될 거요.

편지를 기다리겠소! 당신을 '많이 많이 사랑하는' 헨리

재클린 케네디가
존 F. 케네디에게

재클린 케네디는 화목한 가정을 이루는데 남편을 같이 참여시키려 했다고 말했다. 그렇지만 케네디 대통령은 재클린과 같이 있는 시간이 거의 없었다.

"나는 남편에게 실없고 하찮은 질문을 좀 하기 시작했어요. 우리 딸 캐롤라인이 만찬회에 참석해야 하는지, 아니면 내가 짧은 드레스를 입어야 하는지 긴 드레스를 입어야 하는지 같은 사소한 것들

▲케네디 대통령과 재클린 부인이 워싱턴의 국립극장에서 군중들에게 인사하고 있다(1962. 9. 25).

을 물어 보았어요. 그러면 그는 손가락을 탁탁 튕기면서 이렇게 말합니다. '그것은 당신이 알아서 할 일이지.' 그러면 나는 또 이렇게 말하지요. '맞아요, 하지만 당신은 훌륭한 결정권자이잖아요. 다른 사람들은 모두 당신이 결정해준 덕을 보고 있는데 왜 나만 빠져야 하나요?'"

로널드 레이건이 낸시 레이건에게

로널드와 낸시는 자녀들이 십대가 되면서 골칫거리가 되자 이를 대처하기 위하여 편지를 썼다.

[1963년 5월 24일] 목요일, 퍼시픽 팰리세이즈에서

안녕, 나의 사랑,

지난 밤 당신과 평소보다 두 배나 긴 전화를 하고 나서, 일은 안 하고 하루 종일 리처드 허블러가 했던 대로 나의 생에 관한 이야기를 다시 쓰고 있소. 내일은 여기에서 지내는 마지막 날이니 당신에게 전화해서 사랑한다고 해야겠는데. 어쩐지 그렇게 해야 할 것 같소. 우리는 둘 다 감시를 당하는 몸이기 때문에 당신이 정말 나에게 바라는 말을 모두 내가 했다는 생각이 들지 않소.

마이크가 돈을 어디다 쓰든지 그게 뭐 중요하오. 처음으로 자기

차를 사는데 쓰든, 운동복을 사는데 쓰든 그것이 중요한 게 아니오. 우리는 마이크가 자기 자신을 준비할 수 있는 사람이 되는 길을 찾기 바랄 뿐이오. 몇 년 안에는 아마 바른 답을 찾겠지. 패티는 또 다른 문제이니 우리가 바로 잡을 수 있는 것은 잡아주도록 합시다. 그러나 정말 중요한 것은 우리가 자식을 사랑하고 항상 관심을 가지고 책임을 다 했다는 것이오. 다시 말하면 우리는 서로 책임을 다했소.

당신은 언제 잠들고, 언제 파마를 하고, 당신 주먹을 턱 밑까지 몇 번이나 치켜 올렸는지 알아요? 새벽에 막 동이 틀 때 당신을 마주보고 누워 있다가 마침내 눈이 부셔오면 일어나기 싫어하는 당신을 억지로 깨워야 했던 아침이 얼마나 많았는지 생각나오? 결국 당신을 깨워야 했지요. 그렇지 않았으면 화를 냈을 거요.

지금 생각해 봐요. 앤 블리스와 남편이 우리와 어딘가 비슷해 보여서 내가 그 사람들을 좋아했지요. 물론 그들이 정말 훌륭할 리 없소. 그 여자는 당신이 아니니까. 다른 사람들은 알 거예요. 누군가를 사랑하는 마음이 조금이나마 있는 사람들은 이런 마음을 알고 있소. 우리 방의 벽난로 앞에서 당신 손을 잡을 수 있을 때까지, 내 손은 마치 험준한 산맥과 사막을 넘어 뻗어 있는 듯 했어요.

아마 이 편지는 내가 도착하기 몇 시간 전에, 단 몇 시간 만에 당신에게 갈 거요. 왜냐하면 지금 나의 마음속에 있는 말을 하려고 하기 때문이에요. 나의 생각은 종이와 잉크와 우표 같은 것이 없어도 당신에게 틀림없이 갈 수 있소. 우리가 서로 떨어져 있게 된다면 내가 병이 생기겠지만 절대 떨어져 있을 리가 없지요. 왜냐하면 당신은 나의 마음속에서 내 몸의 일부가 되었으니까, 우리는 사실 전혀 떨어져 있는 게 아니에요. 벌써 마음이 아파와요. 이런 아픔이 없다면 내가 없을지도 모르죠. 왜냐하면 그것은 당신 없는 나를 의미하기 때문이오. 그러나 당신을 사랑하기 때문에 그렇게 될 리가 없소. 당신의 남편이.

chapter 0 5

교육

엘리자 매카들 존슨은 고질적인 병에 걸렸지만 남편 앤드루 존슨의 후견인 역할뿐만
아니라 그의 정치적 경력을 위해 가정의 절대적인 지원을 했다.

"우리 귀여운 딸과 아들에게
학문의 원리를 가르치세요."
— 존 애덤스가 애비게일 애덤스에게,
1775년 9월 26일

"아마 그는 여자들이 태어난 이유가 모두
일 때문이라고 생각하는 것 같아요.
그리고 성공을 생각하는 것조차 죄가 된다고 생각하고 있어요."
—루크레시아 가필드가 제임스 가필드에게,
1855년 4월 1일

대통령 부부는 자신과 아이들의 교육 문제에 항상 관심을 가졌다. 또, 어떤 일을 할 것인지가 토론의 중요한 주제였다. 시간이 흘러, 여성 교육의 초점은 가정과 가족 관리에서 외부 활동으로 옮겨갔다. 대통령 부인은 전통적으로 '가정에 안주하는' 모습으로 그려졌지만, 그 중 몇 명, 예를 들면 루크레시아, 가필드, 엘리너 루스벨트, 힐러리 클린턴은 이것을 마지못해 받아들였다. 그래서 자주 일반적인 규범을 회피하려고 하였다.

존 애덤스가
애비게일 애덤스에게

존 애덤스는 미국 혁명 때 대륙회의에 참가하는 동안, 부인에게 '귀여운 우리 딸과 아들'에게 기하학과 지리를 가르치라고 요구하는 편지를 썼다.

1775년 9월 26일, 필라델피아에서

여보,

브래인트리를 떠나고 나서는 나도 의례적인 안부 편지를 쓰지 않았지만, 누구 하나 펜으로 끄적거린 편지 한 통 보내지 않는구려. 어제 저녁이나 돼서야 우편배달부가 워렌 부인이 보낸 편지를 한 통 전해주었는데, 편지를 읽어보니 당신이 아팠었다는구려. 완전히 회복하기를 바라고 있지만 당신이 더 자세한 소식을 전해줄 때까지는 불안할 거요.

나는 다행스럽게 건강이 회복되었소. 지난번보다 훨씬 좋아졌소. 유난히 성질을 부리고 조급하게 화를 내는 것이 줄어들었소. 전에 없이 차분해졌다오. 우리는 이제 진지하게 회의를 할 거요. 나는 그렇게 생각하고 있소. 비밀을 엄수하라는 명령이 떨어져서 의원으로서 내가 알고 있는 일을 티끌만큼도 발설하고 싶지 않으니 용서하기 바라오. 내 추측으로는 마지막 회기가 끝나자마자 신문이 속히 발행될 것 같으니, 신문이 나오면 당신에게 보내주겠소.

매 시간마다 보스턴에서 일어나는 변화를 당신에게 알려주고 싶소. 동료 의원들이 입장을 밝혔는지, 성격이 어떤지, 어떤 대접을 받고 있는지, 토리 당원들이 어떻게 살아남았는지, 군대는 튼튼한지, 아프지나 않은지를 말이오.

우리 군에서 일어나는 일을 모두 알고 싶소. 해군이 큰 업적을 거두었다는 말은 전적으로 맞소.

튜더는 잘 되었소. 그 사람은 사무원 일을 계속해야지, 그렇지 않으면 시샘을 할 겁니다. 사실 스스로 일을 처리하기는 불가능하기 때문에 그런 일을 맡아야 하고, 그렇지 않다면 국민들에게 불공평하게 됩니다.

나는 기하학과 지질학, 그림 그리기가 필요한 것을 너무 뒤늦게 알았소. 그래서 여보, 당신에게 간청하겠는데 우리 꼬마들에게 그런 기본적인 과학을 가르치라고 하고 싶소. 아이들이 그 맛을 알게 되면 춤이나 스케이트 타기, 펜싱만큼이나 큰 즐거움을 만끽할 겁니다. 당신이 이런 분야에서 학교 선생님만큼 충분한 자질이 있다는 데는 의심할 여지가 없지요. 스티븐 콜린스가 브래인트리를 방문했을 때, 그와 교분이 있는 영국 신사가 당신을 보고 영국을 떠난 뒤에 가장 세련된 여성을 만났다고 한 마디 했다는군요. 퀘이커교도 한 사람이 당신을 치켜세운다고 생각하겠지만, 그래도 우쭐해하지는 마오.

나의 간절한 바람과 기도는 우리 가족을 잘 보살피는 것이라오. 그런데 근래에는 거의 18개월 동안 그 소원과 기도를 멀리 하고 있소. 그러나 이제 더욱 우리 가족을 위해 기도를 해야겠소. 내년부터는 필라델피아에 오지 말아야 되겠소. 윈스로프 박사와 서버 씨, 그 린리프 씨, 워렌 장군, 홀레이 씨, 게리 씨를 비롯해 많은 사람들은 필라델피아로 돌아오고 싶어 하오. 하지만 이제 나를 좀 내버려두 어야겠소. 최소한 우리 가족과 함께 지내면서 내가 더 좋아하는 일 들과 기쁨과 즐거움도 함께 하면서 살아야겠소. 또 내가 완전히 황 폐해져서 하지 못했던 사적인 일들을 더 소중하게 간직하겠소. 우 리나라가 망해서 내가 나라와 운명을 같이 하는 일이 벌어지지 않 는 한 말이오.

루크레시아 루돌프가 제임스 가필드에게

제임스 가필드는 약혼을 하고 대학 수업을 마치기 위하여 메사추세츠 에 있는 윌리엄 대학으로 돌아왔다. 반면 루크레시아는 오하이오 주의 하이람에서 교사를 하면서 앞으로 할 공부를 정하려고 이클레틱 아카 데미에 남아 있었다. 이 편지는 여성들이 외부 활동을 하면 가정이 마 음에 걸리지만 부족해도 따라가야 한다는 제언으로 시작하고 있다.

1855년 4월 1일, 하이람에서

사랑하는 제임스,
사람들이 오늘을 '만우절' 이라고 부르지요. 그렇지만 내가 평소와 달리 못되게 굴어서 당신을 바보로 만들고 싶지는 않으니 그러지는 않겠어요. 이것이 아주 나쁘지만은 않을 거예요. 당신은 내가 어떤 사람인지 잘 알고 있기 때문이지요. 길이 나빠서 어제 부친 편지가 오늘 아침까지 도착하지 않았어요. 당신 편지가 도착하지 않은 데다, 저는 일주일 동안 일정이 너무 꽉 차서 금요일 아침까지는 답장을 못할 거예요. 내가 이렇게 한다고 해서 짜증내지는 않겠지요? 나는 다시 학교에 얽매여 『호라티우스』 책을 읽고 불어를 공부하면서 두 반을 가르치고 있어요. 지난 학기에 가르친 것과 똑 같은데, 오늘은 브로 헤이든이 불어 기초반을 하나 맡으라고 하더군요. 호라티우스 반은 지난 겨울에 책을 한 권 마치고, 지금은 수업시간마다 100줄씩 읽고 있는데, 이것이 나에게는 오히려 힘이 들어요. 앞으로 몇 주일 동안 계속해서 호라티우스를 읽을 예정이고 시간이 남으면 『키케로』를 읽으려고요. 2주일 전보다 지금 훨씬 기분이 좋아지기는 했는데, 아직 완전히 회복되지는 않았어요. 날씨가 쾌청해져서 햇볕을 흠뻑 쬐면 나을 것 같아요. 당신이 말한 '콧수염 논리'는 아주 '당연'해요. 하지만 남자에게는 '반드시' 폐를 보호하라고 하고 연약한 여성의 목청은 무방비 상태로 남겨두면 여자의 입장에서 볼 때 크게 잘못된 것이 아닐까요?

크랜 오빠 부부가 켄터키에 있는 스콧의 학교를 맡으러 코빙턴으로 갔어요. 매인빌과 담쉬 오빠를 비롯해 많은 사람들이 여기 있으라고 단호하게 말렸어요. '스콧'도 그렇게 하라고 했다면 아마도 떠나지 않았을 텐데. 하지만 크랜이 맡겠다고 간 것은 잘된 일이

▲루크레시아 루돌프 가필드는 여성들의 정치적 권리가 아니라 교육에 활발한 지원활동을 했다. 남편이 대통령이 되기 전에는 물론 대통령이 된 후 1881년 암살당할 때까지 계속 활동했다.

에요. '누가' 크랜을 스콧에게 추천했는지는 모르겠어요. 로드스 부인이 세 반을 담당하고 있는데 학생 수가 많지 않을 때는 다른 선생님이 새로 오시지 않아도 아이들끼리 잘하고 있어요. '당신이 예전에 쓰던 방'은 로드스 부인과 '내'가 이번 학기 내내 쓰고 있어요. 미메이를 보면 1년 전의 일이 자꾸 생각나는데 어떻게 물리칠 방법이 없을까요? 우리는 이번 학기를 아주 즐겁게 시작했고, 훌륭하게 한 학기를 마치길 바라고 있지요.

오늘 교회에서 시몬드의 어머님을 뵙게 되어서 시몬드의 건강이 어떤지 여쭈어 보았지요. 좀 좋아졌다고 말씀하시기는 했는데 아직 걱정을 많이 하시는 듯 보였어요.

'시몬드 삼촌'이 1주일 전에 부인들에게 끔찍한 말을 했다고 그러더군요. 나는 듣지 못했어요. 아마 그는 여자들이 태어난 이유가 모두 일 때문이라고 생각하는 것 같아요. 그리고 여자들이 성공을 생각하는 것조차 죄가 된다고 생각하고 있는 듯해요. 맙소사, 그런 생각을 하다니! 밥하기, 설거지, 바닥 청소, 다림질, 바느질로 일주일을 지내면 또 일주일이 오고, 한 달 뒤에 또 한 달, 일 년 또 일 년, 생각하고 말고 할 것도 없어요. 정말로, 모든 일이 다 정성이 들어가야 하는데, 하나하나가 전부 여자의 몫이고, 그 일을 모두 해야 인생의 최종 목적이 달성되는 거지요. 그런데 단지 남의 관심만 받으려는 사람이 있으니 이것을 제일 참을 수 없어요. 그러면서 아직도 여자란 모름지기 여름날 아침같이 부드럽고 달님같이 방긋거리는 착한 천사라고 생각하고 있어요. 말이 안 되지요! 라이더 오빠는

심성이 착한데 가끔 알다가도 모를 사람이라는 생각이 들어요. 오빠가 점점 나이가 들어서 그러려니 하고 우리가 참는 수밖에 없어요. 우리가 본성을 사랑하지 않으면, 신은 왜 아낌없는 은총을 베풀어서 생활 속에서 마음으로 그것을 가꾸도록 해줄까요? 스토우 부인은 이렇게 말한답니다. "식욕을 만들어낸 신이니 보기도 좋게 만들어야 되지 않겠어요? 사람 몸은 썩어 없어지지만 아름다움은 영원하잖아요. 그러니까 우리 몸이나 마찬가지로 인간의 본성에도 충분한 양식을 주어야 하지 않아요? 인간의 본성을 가꾸지 않고 굶어죽도록 내버려두면 영양 결핍 때문에 육체가 썩어가게 만드는 죄에 진배없어요. 아니, 오히려 더 큰 죄가 될 수도 있어요."

『찬란한 기억 Sunny memories』을 다 읽었는데, 아주 즐거웠어요. 독일의 여기저기를 돌아다닌 여행 이야기는 단순히 재미있는 정도가 아니었어요. 독일의 많은 극장들이 폴 플레밍의 로맨스를 공연한다고 쓰여 있어요. 폴 플래밍은 '인터래천'에서 메리를 만나 사랑하고 헤어졌지요. 그 외에 '스트라스부르크'와 '하이델베르크' 등 여러 곳이 나와 있어요.

필립과 마그는 아직 소식이 없지만, 소식이 오리라고 기대도 하지 않아요. 화요일에 존과 엘렌이 결혼할 거예요. 내가 보기에는 이상하던데, 'O. P. 밀러'가 연주를 하러 가버렸어요. 별 우스꽝스런 일도 다 있다고 생각했지요. 이런 생각은 하지 말아야 하지만 아무래도 '천생연분은 아니에요.' 밀러는 '루시 밸드윈'도 데리고 갔어요. 나는 그 친구가 자화자찬한 대로 '눈이 번쩍 뜨이게' 연주할 수 있다고 믿어요. 어쩌면 '버드나무 위에 하프를 매달아 두는 게' 차라리 나을지도 모르고요.

사랑하는 당신, 단 2주일만 기다리면 또 편지가 올 거라고 기대해도 될까요? 기대만 잔뜩 하면서 기다리고 싶지 않아요. 당신을 믿겠어요, 당신의 충실한 루크레시아가.

율리시스 S. 그랜트가 줄리아 그랜트에게

그랜트는 항상 자녀 교육을 최우선 과제로 삼았다. 심지어 버지니아에서 남군을 격퇴시키는 전쟁이 절정에 달해 고군분투하는 와중에도 마찬가지였다.

1864년 7월 7일, 버지니아주 시티 포인트에서

사랑하는 줄리아,

오늘 저녁에 당신이 보낸 편지 두 통을 받았소. 포트리스 먼로에서 여름을 보내러 오겠냐는 내 편지를 받고 답장한 편지요. 당신이 오지 않는 게 최선책이라는 말에 나도 같은 생각이오. 그곳에 있는 집을 제대로 수리하려면 비용도 많이 들 텐데 보충하기가 어렵소. 당신이 지낼 야영지를, 내가 자주 머물고 급행 운송선 시간에 맞추어서 다닐 수 있고, 곧바로 왔다 갔다 할 수 있는 곳으로 할 수가 없소.

지난번 편지에 왜 내가 아이들에게 작년과 똑 같은 약속을 하지 않는지 적었지요? 사람을 바꾸지 않는 것이 아이들에게 좋소. 아이들에게 편안한 가정을 만들어 주려면 루이자 보그스를 데리고 있는 것보다 더 좋은 방법은 없소. 아이들이 보그스와 함께 있다면 당신이 두세 달 나와 함께 있기 위해 집을 비워도 마음이 편할 거요. 당신이 같이 지낼 수 있을 곳이 있다면 말이오. 우리 아이들이 학업에 충실하고 특히 언어에 능했으면 좋겠소. 화법을 배우면 음악이나 춤과 같은 것을 배우는 것보다 세상에서 훨씬 더 큰일을 할 수 있다오. 넬리 수업 외에 음악을 공부하는 것을 반대하는 것이 아니라, 남자 아이니까 하루 종일 음악이나 미술로 시간과 생각을 채우지 않기 바라오.

당신이 아이들을 데리고 있기에 적당한 곳이 있다면, 그리고 아이들이 학교를 다닐 수 있다면 나는 반대하지 않겠소. 당신이 있을 만한 곳에 내가 같이 있을 수 없다면, 아마 세인트루이스가 당분간 편할 거요. 당신과 아이들에게 사랑과 키스를 보내오. 얼마나 당신이 보고 싶은지. 율리시스

루시 헤이스가
러더퍼드 헤이스에게

루시 헤이스는 연합군으로 참전 중인 남편에게 갓난아이 조지와 열 살짜리 버치, 일곱 살짜리 웨브, 다섯 살 된 러디 등 아들이 자라나는 모습을

편지로 전했다.

1864년 11월 1일, 칠리코스에서

사랑하는 R.

당신의 귀여운 아이 웨브가 당신에게 쓸 편지를 그리느라고 정
말 힘들어 하네요. 오후 내내 조금도 지치지 않고 그리면서, 엄마는

▲러더퍼드 헤이스 대통령과 루시 헤이스 부인은 가공할 만한 정치 팀이었다.
남북 전쟁 이후 남부를 재건할 때는 영부인이 오히려 남편보다 더 급진적인
공화당원이었다.

아빠가 읽지 못할 거라는 생각을 하고 있다고 한 마디 하더군요. 내가 한 번 읽어보고 나서, 아빠가 보시면 칭찬해 주실 거라고 말해주었지요. 웨브는 우리가 토요일에 스콧 삼촌에게 간다는 뜻이래요. 웨브와 버치가 지난 토요일에 거기에 갔거든요. 웨브는 학교에 잘 다니고 있는데 5일 동안 철자법 가르치는 반에 다녔어요. 날씨가 아주 맑아서 잘 지내고 있어요.

금방 러디가 하는 말을 들었는데, 제법 말을 하고 있어요. 자기가 지금 낙엽을 태우고 있다는군요. 버치도 당신에게 편지를 쓰고 있는데 아직 내게 읽어 보라고 주지는 않았어요. 될 수 있는 한 자주 당신 소식을 들었으면 좋겠어요. 그래야 마음이 편안해요. 더글러스 부인과 가족도 잘 지내고 있는데, 우리는 거의 매일 만나요.

해스팅 장군이 그렇게 심각하게 부상을 당했다는 소식을 들으니 정말 유감이네요. 같이 있는 누이도 그렇고요. 우리 아기는 가엾게도 복통을 심하게 앓고 있어요. 아이들이 학교에서 돌아왔기 때문에 아이를 지금 막 내려놓았어요. 어머니가 외출하셔야 하니까 혼자 아이를 데리고 있어야겠군요. 당신은 여전히 어려움을 잘 극복하리라 믿고 있어요.

친구들에게 소식 전해주세요. 아이 이름을 어떻게 지을 생각인지, 작은 놈이 아주 당차 보여요.

당신의 L. W. H.

| 추신 | 웨브 편지에 있는 M은 나를 말하는 거예요. 지금 당신

의 25번째 편지를 받았는데, 소식을 듣고 나니 정말 기뻐요. 어제 조가 21번째 편지를 받았지요.

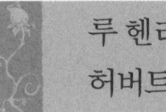 

루 헨리가
허버트 후버에게

스탠퍼드 대학 지질학과 4학년이던 루 헨리는 졸업하자마자 대학을 갓 졸업하고 호주에 기술자로 가려고 하는 허버트 후버와 약혼하였다.

1898년 4월, 캘리포니아 팔로앨토에서

사랑하는 당신,

당신이 얼마나 많은 편지를 받을지 모르겠어요. 나는 방에서 메이미르가 체육관에서 돌아오기를 기다렸다가 야구 연습을 보러갈 예정이에요. 야구와 트랙 경주가 며칠 더 열린 다음 올해의 토론으로 마무리할 거예요.

온갖 구경거리가 다 펼쳐지지만 트랙이 교착 상태가 되어서 한동안 운동회가 열리지 않을 듯 했어요. 물론 버클리 특유의 고집 때문에요. 당신이 듣기 지루하다고 해도 자세히 말하지 않고는 안 되겠어요. 우리는 모두 생생하게 잘 알고 있어요.

당신은 찰리가 우리 단장인 줄은 알고 있지요. 일찍이 없었던 훌륭한 팀이에요. 우리가 버클리를 이기는 것은 의심의 여지가 없어

요. 감독은 데이브 브라운인데 단장 못지않게 훌륭해요. 작년에 장
거리 주자였대요. 브라운의 달리기를 보고 사람들이 '이때까지 본
중에서 가장 멋진 경주'라고 말했던 것을 기억하세요? 버클리 선수
들을 지쳐서 뒤로 나가떨어지게 만들더니 2등도 스탠퍼드 선수가
되었지요?

맞아요, 브라운은 스탠퍼드를 위해서 끝까지 멋지게 모든 일을
해냈어요. 그러나 그는 성문화된 대학 연합 협정이 적용되는 경기
보다 안전하게 다른 트랙에서 열리는 자전거 경주에 출전하기를
원했지요. 그래서 몇 주일 동안 바꾸려고 했는데 헛수고였고, 마침
내 자전거 경주는 포기했어요. 성문화된 협정이 없었지만, 지난 몇
년 동안 해온 대로 당연히 순위별 점수를 5, 2, 1로 주어야 해요. 그
런데 바로 2주 전에 UC(University of California)에서는 승자가 되는 유일
한 기회를 잡기 위해 5, 3, 1로 주도록 결정했어요. 그러면 분명히
스탠퍼드에 불리할 거예요. 감독 사이에 합의가 안 되자 경기를 하
기 전에 버클리 교수회가 현장에 나타났지요. 감독들의 비공식적
인 모임에 UC 교수회 선수 위원회와 우리 선수 위원회 대표인 앤젤
박사가 참석했어요. 베이컨 교수는 대안을 제시했어요. "두 트랙
팀의 감독 사이에 논쟁이 너무 심하니 UC 교수회는 버클리 일을 책
임지도록 하고, 당신네 교수회는 스탠퍼드를 책임지도록 하시오.
우리는 얼마나 일이 잘 돌아가는지 보도록 하겠소." 앤젤 교수는
"꼭 필요하지 않는 한 학생 일을 참견하는 것은 결코 스탠퍼드 교
수회의 정책이 아니오. 우리는 브라운 씨의 판단과 성실한 모습에

▲1925년 그레이스 쿨리지 영부인이 소녀들의 가사 작품이 전시된 '리틀 하우스'의 걸 스카우트 모임에 참가하였다. 이 모임에서 쿨리지 부인은 차기 대통령이 된 당시의 상업장관 허버트 후버의 부인 루 헨리 후버를 만났다.

자신 있기 때문에, 지금 간섭할 필요가 전혀 없소"라고 대답했어요. 얼마나 스탠퍼드의 기상을 잘 나타냈어요? 그래서 UC 감독과 스탠퍼드의 교수회 대표가 막후 중재를 하는 가운데 데이브 브라운 씨의 학생 측과 UC 교수회 선수 위원단이 회의를 시작했어요.

베이컨 교수는 "자, 브라운 씨, 점수에 대한 합의가 이루어지지 않은 것 같은데요. 우선 그 일을 중재하는 것이 급선무라고 생각하오"라고 말했지요.

브라운 씨는 "그 일에 적용될 만한 합의는 아무 것도 없습니다. 나는 기꺼이 중재 재판에 부치겠습니다"라고 했다는데, 얼마나 멋져요. 브라운 씨는 '누군가' 앞장서서 중재 재판을 받도록 해야 한다면 자신밖에 없다는 것을 알았어요. 이유는 자세히 설명하지 않을 게요.

베이컨 교수는 "나는 당신이 자전거 경주에 동의하지 않는 것을 이해하오. 그 문제도 역시 중재하는 것이 좋겠소"라고 했어요.

브라운 씨도 그렇고, 뒤에 서 있던 스탠퍼드 학생들도 그렇고 모두 버클리가 쓸데없이 징징대는 소리 때문에 지쳐버렸어요. "자전거 경주의 세부 사항은 대학 연합에서 합의했습니다. 그렇게 협정이 끝났는데 이제 와서 뒤늦게 재심에 부치라면 거절하겠습니다. 나는 버클리 감독인 바네스 씨에게 이미 몇 주일 전에 합의를 바꿀 기회를 충분히 주었습니다."

베이컨 교수는 "그럼 잘되었군요. 운동회를 쉬도록 발표하는 것이 좋겠소"라고 했지요.

이것이 지금까지 회의한 내용이에요. 나는 다음날 브라운 씨로부터 이런 내용을 전부 보고 받았어요. 당신은 결과를 상상하실 수 있지요. 우리는 실망했지요, 하지만 버클리! 버클리의 경주 선수들이 난폭하게 굴었어요! 교수회와 학생들은 칼을 들이대었어요! 운동장에 폭동이 일어났지요. 모두 '교수회가 망쳤기' 때문이죠. 물론 버클리 교수회는 한 치도 물러날 수가 없었을 거예요. 브라운 씨도 스탠퍼드 대표로서 자신의 명예를 실추시키는 일은 절대 할 수 없었지요. 그가 1등이 맞았으므로 더 할 일이 없었죠. 마침내 버클리 대학은 브라운이 위원회에게 어떤 제안을 한다면 받아들일 준

▲1929년, 허버트 후버 대통령 부부가 행복한 모습을 보여주고 있지만, 그 해 말에 주식시장이 붕괴되었다.

비가 되어있다고 넌지시 암시했지요. 브라운은 교수회에게 협상을 파기한 쪽에서 반드시 협상을 재개하도록 해야 한다고 비공식적으로 말했어요. 그런데 교수회는 역시 비공식적으로 그의 의견에 어떤 조건을 달지 않겠다고 확실히 말했지요. 그래서 브라운 씨는 스탠퍼드가 무슨 제안을 하든지 받아들이기만 한다면 한 가지를 제안하겠다고 했지요. 교수회는 그런 발표는 하지 않았지만 비공식적으로 브라운 씨에게 '어떤' 제안이든 충분히 고려해 받아들이겠다고 했어요. 어떻게 되겠어요? 학생들은 양측 모두 흥분해서 달아올랐어요. 양쪽이 모두 교수회에 부루퉁하고 있지요. 교착 상태를 풀 수 있는 유일한 방법은 스탠퍼드 대학이 계속 무장한 상태로 사회적 소외를 초래할 것이 아니라 진정하고 버클리 대학에 적개심을 풀라고 부탁하는 겁니다.

그래서 우리는 브라운을 믿고 있다는 것을 보여주었던 거예요. 마지막이 될지도 모르는 날이었지요. 두 시간은 걸릴 대규모 회의가 소집되었는데 교회당이 꽉 들어찰 정도로 열기가 가득했지요! 브라운 씨는 이미 지나간 일을 자세히 설명했고, 우리는 모두 그 말을 듣고 있었죠. 그는 학생들이 인정하지 않는다면 최선의 후속 조치를 취하지 않겠다고 말했어요. 우리 트랙 선수와 버클리 선수는 시간과 노력과 돈을 모두 버렸죠. 어제 사람들이 진정했다면 일어나지 않았을 소동에 양측 모두 화가 났지요. 스탠퍼드가 방어에 적극적으로 나섰다면 이렇게 물러날 리는 없을 것이고, 미결된 문제를 정리하고자 버클리와 협의하자고 제안하지도 않았을 거예요.

운동장에서 버클리를 보면 너무 화가 나기는 하지만 버클리 교수회가 받아들인다는 조건이라면 그렇게 하기로 동의할 거예요.

그렇게 되어도 별다른 차이가 없지 않나 생각이 되지요. 그러나 차이는 있어요. 모든 일을 근사하고 관대하게 처리했고, UC 교수회와 학생들이 확대경의 좁은 유리로 자신들을 보게 만들었지요.

모두가 아우성이었어요. 이번에는 앤젤 박사가 답변했어요. 모든 일이 잘 처리되어 만족한다고 말했지요. 스탠퍼드 학생들은 스스로 자기 일을 할 수 있었고, 특히 데이브 브라운은 학생들을 책임질 수 있어서 흡족하다고 했어요. 지금 나타난 결론이 증명하고 있었으니까요. 여기저기서 박수갈채가 터져 나와 방해가 되기도 했지만 피커트, 도울 등 다른 사람들도 연설을 했어요. 그 다음에는 브라운 씨가 시도하려던 일과 했던 일을 모두 인정하자는 움직임이 일어났어요. 시온Zion은 물론 반대했고, 나중의 조항은 삭제되기 바랐죠. 그 외에는 아무도 적극적으로 반대하지 않아서 그대로 추진되었어요. 당신은 잘 모르겠지만, '아직' 당신도 스탠퍼드의 '일부분' 이잖아요. 그래서 즉시 버클리로 전보를 보냈고, 우스갯소리지만 지금까지 체면만 차리고 앉아 있던 교수 위원회는 아무 것도 모르고 있다가 그제야 전면적인 조사에 착수했고, '스탠퍼드가 두 가지 점에서 옳았다' 고 결정했답니다.

수요일 밤부터 남자들이 떼를 지어 나와서 트랙 일을 시작했고, 이틀 후에는 제대로 모양을 갖추어서 1주일 후에는 제대로 될 것 같아요. 우리는 토요일에 만나기로 했으니, 당신이 이 편지를 읽기 전에 먼저 신문에서 우리가 기진맥진 지쳐 있다는 기사를 볼 거예요. 당신에게 데데하고 지루하게 이야기를 끝었네요. 그러나 단지 대학 연합 대표의 본보기가 그렇다는 것에 관심을 가져야 해요. 또 우리가 그렇게 현장감이 넘치는 중요한 순간을 포착하여 내린 현명한 판단을 떠도는 소문이나 수다보다 당신에게 먼저 알려주어야 한다고 생각해요.

그래서 이렇게 장황한 이야기를 당신에게 늘어놓은 거예요. 그런데다 나는 그 사건 전모의 심장부에 있어서 정확히 알고 있었으니, 내가 얼마나 걱정했는지 당신은 상상조차 못할 거예요. 만일 윈쉽 씨가 내 마음의 진의를 순간적으로 알아차렸다면 '목구멍이 글그렁대는' 것 이상으로 무언가 일이 있다는 것을 알아차렸을 텐데.

　그런데 지금이 '글그렁' 거리는 시간이네요. 그러니 나의 사랑, 지금 와서 주무세요.

린든 B. 존슨이 레이디 버드 테일러에게

　　　　　　　　　[1934년 10월] 토요일 정오, 워싱턴 D.C. 하원에서

　사랑하는 당신에게,

　오늘 아침 일찍 우편배달부가 당신이 수요일에 쓴 편지를 배달해주었어요. 그것도 기분이 좋았지만, 진짜 귀중한 보물은 화요일 편지랍니다. 학교에 가는 길에 호텔에 들렀더니 편지가 나를 기다리고 있더군요. 새벽 2시에 잠자리에 들 때까지 읽고 또 읽었지요.

　길게 답장하지 않겠어요. 나한테 걱정거리가 되는 여러 가지 문제가 있더라도 굳이 당신에게 알리지 않는 게 좋다고 생각해요. 너무 언짢은 일들이 많이 있었어요. 어쨌든 1934년은 불쾌한 해랍니다. 지금은 이래도 나중에 사정이 나아지면 지금 한 말이 우습게 생각되겠지요. 내가 편지를 쓸 때 당연히 있어야 할 설득력이나 호소력이 부족하다고 결론지었어요. 결과적으로 보면 나의 생각이나 하고 싶은 말을 모두 편지에 담지 못하고 머뭇거리는 일이 다반사예요. 그러나 전화는 '사람에게 직접 말을 할 수 있지만' 너무 비싸니까 부족하더라도 편지와 같이 짝을 이루면, 내 편지 탓만 하지 않아도 되겠어요.

내가 상원의원들에게 말을 한 뒤로는 의원들이 편지를 쓰지 않고 있어요. 당신에게는 아무 말도 안 했는데 그것 때문에 신경 쓰고 있는 줄 몰랐어요. 웰리가 오늘 밤에 전화할 거예요. 오늘 대학에서 온 편지에는 나의 행적이 인정을 받았고, 나를 위해 정해진 일정표가 만족스럽다고 하더군요. 여기에서 받은 수업 중 일부를 텍사스에서는 2학기에 받아들이지 않지만 여름에는 들을 수 있다고 말했어요. 나는 정말 간절히 다음 주말이 되기 전에 소식을 더 듣고 싶어요. 텍사스에 입학하게 되면 당연히 첫 학기는 일을 해야 될 것 같아요. 그래서 1월 말까지는 여기를 떠나지 못하겠어요. 그러나 학교에서 순전히 경제적 측면에서 계획을 세웠기 때문에 여기 있으면서 그 일을 끝내게 했다면 바꿀 만한 가치가 있겠지요. 나는 단지 '돈을 남기는 것' 보다 더 많은 일을 하고 싶어요.

재정 문제는, 월급이 지금 버는 것보다 조금 적을 것 같고 전기료를 고려해야 돼요. 우리 두 사람이 살기에 풍족하지는 않은데 졸업한 다음에도 그럴 거요. 멋진 여자가 나를 위로해 주다가 사랑에 빠지면 단순히 잘못되었다고 할 수 있겠지만, 결혼까지 했는데 불행하게도 허울뿐인 월급만 받게 되면 그냥 '잘못된' 정도가 아니라 훨씬 잘못되었죠. 어릴 때 선생님으로부터 잠깐 받은 교육 이외에는 결혼에 대해 아무 것도 아는 것이 없어요. 사랑하는 버드, 당신에게 어떻게 해주어야 하는지조차 모르겠어요.

귀여운 당신, 지금은 지난 일을 '밀물이 밀려오듯이' 회상하기에 딱 좋은 순간이군요. 분명히 우리는 몇 주 전과 변함없이 서로 관심을 갖고 있지요. 지금 내가 말하고 싶은 것은 '좋은 시절이 가버렸다'는 뜻이 아네요. 문제에 접근하는 방식이 어떤 면에서는 서로 차이가 있다는 것을 이야기하고 싶을 뿐이에요. 마음으로는 '서로' 앞으로 무엇을 할 수 있을까 미심쩍어 하고 있지요. 이렇게 말하면 더 쉬울까요. 나는 '내가 무엇을 원하고 있는지' 잘 알아요. 그리고 그것을 얻을 수 있다면 '당장이라도 온 힘을 다 쏟겠어요.' '되든 안 되든' 최선을 다해서 노력하겠어요. 당신은 당신이 원하는 것이 '어떨지' 생각하고 있어요. 당신이 원하는 것이 '옳은지' 아닌지 결정하는데 이것저것 따지느라고 힘들이고 있어요. 나중에는 '왜' 그것을 원하고 있는지 의심스럽게 되고, 결국 그렇게 바라던 것이 '어쩌면 영원하지' 않을지도 모른다는 생각이 들 거예요. 그러니 '제대로' 결정하려면 일 년도 좋고 이 년도 좋고, 더 많은 시간이 들어야 한다고 생각하겠지요. 그런데 그 때가 되어도 당신이 무엇을 원하는지 결정하려면, 여전히 '힘이 들어요.' 당신이 원하는 것이 사랑일지 모르죠. 아니면 새로운 일일 수도 있고, 새 차를 사는 일일 지도 몰라요. 나는 합리적으로 심사숙고하려고 노력하고 있어요. 현실적으로 생각하려고 해요. 너무 성급하게 굴지 않겠어요. 이런 결정에는 모두 자기만의 결정 방법이 따로 있다는 것을 알기 때문이지요. '우리는 스스로 밀물과 썰물을 만들 수 있어요.' 그러나 내가 이런 식으로 마음먹은 것이 최선책이 아니라고 한다면, 그때는 당신이 '잘 생각하도록' 일 년이고 이 년이고 기다려야죠. 그동안 우리가 무엇을 붙잡아야 했는지 알 때까지.

어머니와 요셉이 보낸 편지가 오늘 아침 도착했어요. 어머니는 이렇게 쓰셨어요. "그 사랑스런 아가씨는 어떻게 지내니? 이번 주에 소식은 들었니? 분명히 그 아가씨는 글을 재치 있고 애교스럽게 쓸 거야, 그렇지? 몇 살이라고 했지? 네가 그렇게 좋아하니까 나도 그 아가씨에 대해서 이것저것 관심이 많단다." 어머니도 당신을 좋아하신다니 나도 기뻐요. 아무리 당신 아버지께서 나를 그렇게 많이 칭찬하시고 존중해주셔도, 아무리 다른 사람이 나에게 관심을 가져 주어도, 나는 오직 당신의 사랑만 있으면 괜찮아요. 아버지께서 그렇게 당신을 위하시니 인생의 무대에서 아버지를 실망시킬 수 없어요.

지난 밤 공연은 내가 견딜 수 없었어요. 역겨웠지요. 헬렌하고 11시쯤부터 집에서 이야기를 나누었는데 거의 2시까지 갔어요. 내가 고집을 부리니까 자기 아버지 이야기를 모두 이야기해주었어요. 헬렌 아버지는 내년에 정년이 돼서 뉴욕 상소 법원을 퇴임하실 거래요. 루스벨트 대통령이 헬렌 아버지를 주지사 임기가 끝나자마자 뉴욕의 고위직에 지명했어요. 작년에 헬렌의 어머니를 만나서 재미있는 저녁 시간을 여러 번 보낸 적이 있어요. 헬렌 어머니가 크리스마스에 집으로 놀러오라고 하셨다는데 여기 있을 때 하루나 이틀 가서 시간을 보낼까 해요. 그런 학자들하고 다만 얼마라도 같이 시간을 보내면서 자극을 받아야겠어요.

오늘 마음 내키는 대로 한다면 방에 틀어 박혀서 책이나 읽고 있다가 당신에게 전화를 했을 거예요. 사랑하는 당신과 오랫동안 달콤한 이야기를 나누겠지요. 그리고 책을 좀 더 읽고 나서, 당장이라도 텍사스로 가고 싶어서 조바심을 내겠지요. '서둘러서' 잠자리로 가면서 이 문제는 심사숙고해야겠다고 생각할 거예요. 그렇게 터무니없는 생각에 빠져 있다가, 마침내 마지막 순간에는 몇 차례 걸 전화 요금을 들고 춤을 추면서 몇 시간 동안 쇼어햄으로 달려가요. 그리고 고작 한다는 말이 여기서 일요일 아침에는 늦게 일어나서 소풍을 간다는 말뿐일 거예요.

면제품 옷을 보내주어서 고마워요. 사진을 받고 무척 걱정이 되었어요. 당신이 어떤 모습이었는지 잘 생각이 안 나서요. 두 달이 나에게는 몇 년이나 된 것 같아서요.

당신이 수요일 밤에 쓴 편지에서 "당신이 편지를 보내지 않는다면, 내가 그렇게 '많이, 그리고 자주' 편지를 쓰지 않는 게 차라리 좋겠다"고 했어요. 물론 당신은 알고 있지요. 당신 편지가 나에게 어떤 의미인지. 나는 하루하루 당신 편지에 의지해 살아가고 있어요. 이렇게 된 것은 내가 아무리 깊이 생각해도 당신이 세상에서 가장 상냥하고 사려가 깊고 귀여운 여자라는 것을 알았기 때문이에요. 나의 모든 사랑, 린든 배인스Baines

chapter 06

슬픔과 위로

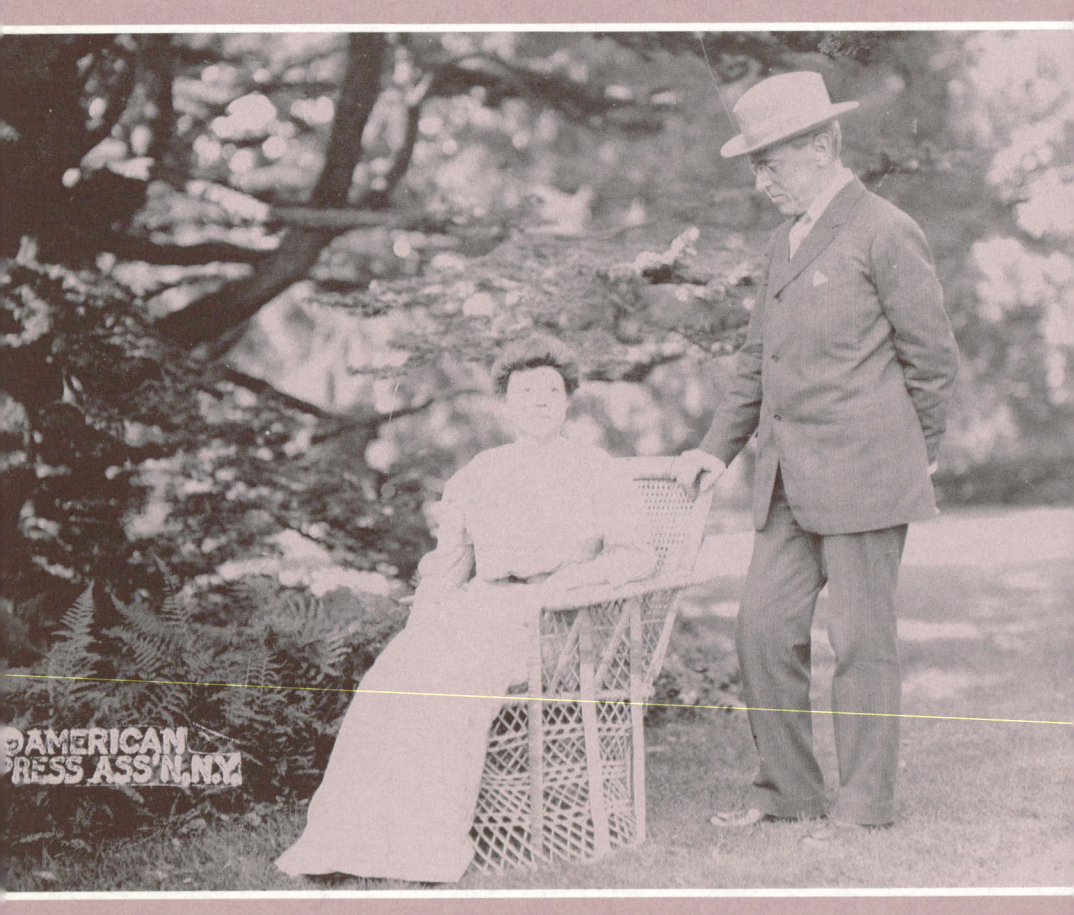

AMERICAN
PRESS ASS'N.N.Y.

1910년, 우드로 윌슨과 엘렌 루이스 액슨이 뉴저지 주지사 선거 운동할 때의 모습이다.

"우리의 작은 생명이 숨 쉬고 있어요."
—루크레시아 가필드가 제임스 가필드에게,
1863년 12월 6일

"불쌍하게 상처 입은 당신!"
—우드로 윌슨이 엘렌 액슨에게,
1884년 6월 1일

"상처는 대단치 않아요."
—시어도어 루스벨트가 에디스 루스벨트에게,
1912년 10월 14일

죽음과 질병은 대통령 가족에게도 낯선 것이 아니다. 영부인에게는 자신의 슬픔과 더불어 대중들이 전하는 위로가 모두 감정적으로 부담이 된다. 여기 모아 놓은 편지와 전보에서는 두려움, 슬픔, 분노, 긍정, 때로는 안심과 즐거움이 불러오는 감정의 한계를 보여주고 있다.

애비게일 애덤스가
존 애덤스에게

애비게일과 존 애덤스 부부는 딸을 사산하고 나서 이내 솔직하고 슬픔에 찬 편지를 주고받았다. 당시 남편은 대륙회의에 참석하기 위하여 필라델피아에 있었다.

1777년 7월 16일

하느님의 은혜에 감사드리는 마음으로 사랑하는 친구여, 나와 함께 있어 주어요. 그래요. 소중한 생명이 고통과 위험에 빠졌지요. 사랑하는 아이는 우리 조상들과 함께 있게 되었어요.

당연히 마음이 쓰이고 안절부절 못할 만하지요. 친구들은 내가 울화가 치밀어 헛된 망상에 사로잡혀 있다면서 나를 간절하게 설득하고 있어요. 전에도 아이를 잃은 적이 있었기 때문에 완전히 병적일 정도로 민감해졌다는 것을 알아요. 또 나를 기다리고 있는 위험도 알고 있어요. 이제는 사랑스러운 딸을 잃고 당하는 고통이 하늘의 거룩한 뜻이라고 생각하고 처음부터 끝까지 신에게 의지하고, 신의 섭리로 생각하고 엄숙하게 따르겠어요. 아기가 아주 훌륭하게 자랄 것 같았는데. 세상에 나와서도 눈을 뜨지 않았을 때에는 잠을 자는 줄 알았는데. 아기에게 마지막에 주어야 할 것은 생명이 분명한데, 그 사이에 흉악하기 그지없는 무법자의 손에 떨어졌다는 편지를 써야 하다니. 자세한 이야기는 생략할 게요. 내가 어떤 상처를 입게 될까봐 그런 것이 아네요. 아무리 안타까워해도 이미

막을 수 없었던 일이라는 것은 충분히 알잖아요.

나의 마음은 온통 우리 아기에게 가 있어요. 욕심을 부려도 될 거라고 굳게 믿고 있었어요. 이 세상에서 혈족이 주는 즐거움은 예측할 수 없다고 알았지만 아기를 불러보지도 못하다니 마음에 사무쳐요. 지난번에 아기를 잃었을 때 몇 시간이고 눈물에 젖어 있었는데 그때나 지금이나 측은한 마음은 아무도 모를 거예요. 슬픈 와중에도 고마운 일이 많아서 불평할 생각은 없어요. 우리가 볼 수 있는 미래는 너무 짧은 순간이고 너무 좁은 길이어서 인내심을 가지고 하늘의 섭리에 맡겨야 되겠지요.

생각지도 못한 일을 겪고 나서 며칠 동안 침대에만 있다가 이제 일어나서 마음을 편안하게 하고 즐겁게 지내려고 해요. 일어난 지는 5일 밖에 안 되고 마음을 정한 지는 몇 시간 돼요.

이번 일로 많이 지쳐서 몸이 약해졌어요. 그렇지만 당신에게는 직접 편지를 쓰고 싶은 유혹을 뿌리칠 수 없었어요.

안녕 사랑하는 당신, 친구들에게도 안부 전해 주세요. 당신의 사랑이

존 애덤스가 애비게일 애덤스에게

1777년 7월 28일, 필라델피아에서

사랑하는 벗이여,

마음이 이렇게 흥분되고 감동받은 적이 없었소. 당신이 얼마나 자주 편지를 썼는지 7월 9일, 10일, 11일에 이어 16일까지 썼구려. 경건하게 하느님께 감사하는 마음을 돌리겠소. 전지전능하신 하느님은 이 세상의 다른 어떤 축복보다 더 귀중한 삶을 내게 주시었소. 나는 사랑하는 친구가 신의 은총을 받아 완전하게 건강을 회복하게 해달라고 간절히 기도하고 있소.

보이지도 않고 볼 수도 없는 아기이지만 그렇게 애끓는 정을 느끼는 것은 결코 이상한 일이 아니지 않소? 하지만 당신에게 솔직하게 말하자면, 나도 우리 귀여운 아기를 잃어서 마음이 아프고 신경이 날카로워졌다오. 반드시 그런 이유는 아니지만 아기 엄마가 걱정되어 억울하고 분한 마음은 끝이 없소. 어린 내비스가 흘리는 눈물은 천성적으로 부드럽고 감성적인 아이의 자비로운 마음이오. 사람들은 내비스가 매우 착하고 판단력이 있다고 말해요.

루이자 캐서린 애덤스가
존 퀸시 애덤스에게

루이자 애덤스는 아들을 사산하고 1주일도 안 돼서 이 편지를 남편에게 썼다. 남편은 그때 하버드 대학에서 일련의 강의를 하려고 워싱턴에서 보스턴으로 돌아와 있었다.

▲1776년 자신이 초안한 독립선언문을 들고 서 있는 토머스 제퍼슨과, 10년 동안 6번째 임신을 한 후에 1782년에 사망한 마사 부인.

사랑하는 당신에게,

나는 건강이 빨리 호전되고 있고, 당신과 아이들을 만날 기대감으로 정신을 지탱하고 있어요. 나에게 들이닥친 무시무시한 충격을 벗어날 수가 없고 두렵지만 한편으로는 참아야 한다는 생각으로 그 어느 때보다 더 강한 불굴의 정신을 가지려고 합니다.

단언하건대 이 불행은 우리가 경솔하게 굴었기 때문이 아니에요. 웜 박사 말로는 아기가 죽기 전에 가끔 격렬한 경련을 일으켰기 때문에, 살았다 하더라도 사랑스러운 아이를 잃고 우리가 겪게 되는 고통만큼이나, 아이는 평생 짐을 지고 살게 될 것이라는군요. 나는 아이가 그렇게 괴롭게 살아남기를 바랄 수 없어요.

당신에게서 소식이 오기를 간절히 기다리면서 이틀을 무의식중에 보내다가, 혹시 당신이 아프거나 사고가 나서 편지를 쓰지 못하고 있지 않나 하는 걱정이 들어서 두려워지기 시작했어요. 아, 이 세상에서 가장 사랑하는 친구여, 당신이나 아이들에게 무슨 일이 생긴다면 나는 마음은 물론이고 몸까지 허약해져서 참고 살아갈 수 없을 텐데. 사람들은 내가 아이를 키우지 못하는 것은 운명이라고 하더군요.

T. M. 랜돌프 의원은 하원에서 연설하기로 되어 있었는데, 존 랜돌프 의원이 이에 맞서다 싸움이 벌어졌어요. 그러자 의장은 즉시 결투가 끝나는 대로 워싱턴을 떠나라고 의견 조정을 했다고 하던데요. 이번 일은 매드 부부에게 들었으니 당신이 사실로 믿어도 돼요.

어제는 무서운 일이 일어났어요. 얼마 전에 매슨 씨는 자기가 제일 믿고 있던 하인이 반란을 일으키자 회초리를 휘둘렀대요. 그런데 어제 아침, 날이 밝기 전에 가족들이 섬에 있는 집에서 잠들어 있는데, 당신도 알지요, 목조로 되어있는 집 말이에요. 그 집 중앙이 양쪽 날개와 통하게 되어 있는데, 가운데 있는 통로 지붕에 불을 질러서 한 쪽 날개가 완전히 타버렸어요. 여자 하인이 그 녀석을 속이지 않았다면 가족이 모두 몰살당할 뻔했어요. 그 녀석은 즉시 보안관에게 넘겨져서 포박되어 배를 타고 감옥으로 이송되던 중에 누가 손도 쓰기 전에 물에 빠졌다는군요. 시체는 바로 건지지 못하고 그 날 저녁 늦게 발견되었다고 해요.

잘 있어요, 사랑하는 친구, 크랜치 부부가 나를 만나러 왔는데 부인은 매우 좋아보였어요. T. B. 애덤스 부인은 매일 해산 날짜만 기다리고 있다고 하더군요. 나는 진심으로 부인이 나보다 행복하기 바래요. 캐롤리나가 도와줄 거예요… 다행히 메이 박사와 윈 부인이 잠시 같이 있기로 했어요… 내 대신 사랑스러운 우리 아들에게 수 백 번 입맞춤해주고, 가족 모두가 나를 잊지 않게 해주세요. 명랑한 윈 부인은 상냥하고 다정다감하게 다 잘 해줄 거예요. 당신에게 진심으로 감사하고 의지하는 아내, L. C. 애덤스

존 퀸시 애덤스는 아내가 아기를 사산했다고 밝힌 6월 22일 편지에 답장을 보냈는데, 22일 편지는 발견되지 않았다. 당시 루이자는 임신을 했기 때문에 워싱턴에 남아 있었다.

1806년 7월 2일, 메사추세츠주 캠브리지에서

사랑하는 루이자,

어제 보스턴으로 가는 도중에 헬렌 부인이 지난 달 22일에 쓴 편지를 받았는데, 걱정스럽게도 당신이 편지를 쓰기에도 고통스러운 게 틀림없다는 사연이었소. 또 당신이 24일에 쓴 편지를 보면 꼭 출산 때문만이 아니라도 최소한 안정을 취해야 된다는 것을 알아야 하오. 너무 힘들고 아파서 편지를 쓸 때마다 기운이 다 빠진다니 큰 걱정이오. 앞으로 며칠 동안 편지를 쓰지 않겠다는 결정은 참 잘했으니 두 말 없이 받아들이겠소. 이런 불행한 사태는 하느님께 맡기고 사임하고 싶은데 참고 있소. 당신이나 나나 모두 여전히 우리 곁에 있는 아이들에게 말로도 할 수 없을 만큼 큰 축복을 보냅시다.

나는 당신의 23일 편지를 받고서야 우리에게 일어난 불행을 알았다오. 지난번 편지를 보고 내가 뒤늦게 알았다는 것을 깨달았소. 당신의 건강과 힘이 허락되는 대로 소식을 알려주기 바라고 있어요. 그러나 너무 서둘러 시작하려고 하지는 말아요. 8월이 되어 여행을 할 수 있으면 21일까지는 여기에 도착할 수 있으니 그때까지 당신이 거처할 집을 마련하 겠소. 메이 박사나 윈 부인 이 오면 당신은 모든 면에 서 친구가 될 수 있는 좋은 기회가 될 것이오. 그러나 내가 당신을 보러 뉴욕으로 가려면, 여기 일을 빠져야 가능할 것 같소.

헬렌 씨에게 친절한 편지 와 따뜻한 위로에 감사드린 다고 전해주시오. 고통에

▲ 존 퀸시 애덤스는 대통령이 되고나서 초상 화를 그리는데 첫 해를 보냈다.

빠진 당신을 사랑하고 걱정해주는 친구들에게 하늘의 축복이 있기 를 바라며, 빨리 회복해서 건강을 찾으시오. 영원히 사랑하는 남편. 존 퀸시 애덤스

루크레시아 가필드가 제임스 가필드에게

제임스 가필드는 의원이 된 후 총사령관직을 사퇴하고 워싱턴으로 돌 아갔다. 가필드 부부는 아들 해리가 태어나기 바로 몇 주 전에 어린 딸 엘리자 가필드가 사망하자 슬픔이 북받치는 편지를 주고받았다.

나의 사랑 소중한 당신,

지금 막 우리 아이가 숨을 거둔 침대 옆에서 무릎을 꿇고 있다가 왔어요. 하느님께 이렇게 슬픈 마음을 씻은 듯이 없애 달라고 기도했어요. 슬픔이 너무 깊게 우리 삶에 내려앉았어요. 하느님께서 나에게, 우리 둘에게 주신 거라고 생각하고 싶어요. 사랑하는 지미, 비록 이렇게 되었다 하더라도 당신은 눈물을 닦고 하느님을 향하여 위로의 말씀을 기다리세요. 당신의 영혼에 평화가 깃들고 잘 살아갈 수 있는 더 큰 힘을 갖게 될 거예요. 하느님은 우리의 구세주예요

지금 하는 말은 모두 진심이에요. '하느님은 사랑하는 사람에게 벌을 주신다고' 하더군요. 하느님은 거룩하고 숭고한 작은 생명을 잠시 우리에게 맡겨주시는 영광을 베풀어 주셨을 뿐만 아니라 우리를 사랑하셨어요. 소중한 생명을 데리고 가셔서 하느님께 의지하도록 하셨어요. 그곳은 우리의 보물이 있는 곳이며, 또한 우리 마음속이기도 해요. 아, 요즘에는 너무 슬프고 낯설어요. 모두 의문투성이로 느껴지고, 잘못되지 않을까 두렵고 미심쩍어요. 신이 나를 어두운 그림자에서 꺼내어 더 크고 진실한 세계에서 버티도록 해주시기 바랄 뿐이에요. 나의 사랑, 당신도 그렇게 되리라고 믿어요. 이번 일로 우리가 더욱 가깝게 되고, 더욱 사랑하게 되었으니 분명히 이런 점에는 감사할 수 있지요. 우리 사랑은 커다란 고통 뒤에 더 완벽해졌잖아요. 이런 일은 전에 겪어본 적이 없기 때문에 지금

서로가 서로에게 너무 필요해요. 서로가 더 가까워질 때 가장 진실하게 살 수 있어요. 나는 우리에게 좋은 일이라면 무슨 일이든 온 힘을 다하여 인내심을 갖고 '참고 기다리며' 성실하게 노력하겠어요. 사랑하는 지미, 당신이 집에 있을 때 보여준 부드러운 사랑과 관심이 내 마음에 커다란 자리를 차지하고 있었다는 것을 모를 거예요. 당신이 어린 아이들을 돌보아주고, 아이 옆에서 온화하게 지켜보고 있는 모습에 나는 놀라움과 함께 더 큰 사랑을 느꼈어요. 당신이 한시도 눈을 떼지 않고 정을 쏟은 가정이 지금 더 소중해졌어요. 당신이 갑작스럽게 아이를 잃고 무척 상심해서 다시 집으로 돌아오기를 두려워 할까봐, 혹은 우리 집에 정이 떨어졌을까봐 걱정이에요. 하지만 그렇지 않겠지요. 나에게는 이 집이 신성한 곳이니, 당신에게도 역시 그렇기를 바라죠. 지금은 편지를 쓰고 싶은 마음이 없지만 그래도 서로 자주 편지를 써서 가까워지도록 해요. 어제는 편지를 쓰지 않았는데, 그날은 편지를 보내지 않겠다고 약속했기 때문이에요.

축복이 함께 하기 바라며, 성실하고 고귀하고 진실하게 기도할게요. 당신을 사랑하고 믿고 있는 가련한 아내, 크리트가

| 추신 | 〈신약〉 성경 데살로니가전서 4장 13절을 처음부터 쭉 읽어보세요. 그러면 마음이 편안하고 강해져요. 크리트가.

1863년 12월 13일, 워싱턴에서

소중한 크리트,

사랑스러운 당신이 여덟 번째 보낸 귀중한 편지를 지금 막 받았소. 나의 마음을 탓하며 당신이 그 어느 때보다 고귀하고 진실하게 느껴졌소. 제발, 여보, 나도 당신이나 마찬가지요. 마음으로는 모두 체념하고 이 커다란 슬픔을 전능하신 하느님께 맡기고 싶소. 아침에는 기온도 차고 스산하게 찬바람이 불더니 지금은 쾌청해지지 않았소? 하늘에 있는 태양처럼 우리도 용기를 내고 행복해져야 하오. 당신의 용기 있는 말이 나를 진정시키고 더 강하게 만들어 주었지만, 여전히 슬픔과 힘겹게 싸우고 있소. 사랑스런 아이 생각이 떠올라 심장이 찢어질 듯한 고통 때문에 참을 수가 없어요. 오늘 아침에는 사도 바울이 신자들을 격려하기 위해 썼다는 데살로니가전서 중에서 당신이 말해준 구절을 두 번씩이나 읽었다오. 감격스러운 구절을 깊이 묵상하고 나니 희망이 솟았소. 어린 아이가 엄마의 말에 안심하듯이 나의 마음도 그 구절에 의지해 쉴 수 있도록 해야겠소. 나의 믿음이 더 강건하게 되기를 기도하겠소. 희망을 품고 살아가라고 테니슨은 나를 위해 이런 말을 했다오.

'아직 이 귀에 죽음의 소리가 들리면서

천천히 울리도록 정해진 종이 언제나처럼 울리네

귀여운 영혼이 지나가네

인간의 눈으로 언제까지나 바라보면서'

아이가 떠나 가버린 후에 그 모습이 얼마나 커다랗게 떠오르는지. '죽음은 그의 어둠으로 그녀를 아름답게 만들었소.' 테니슨이 친구의 죽음을 애도한 '인 메모리엄'을 꼭 읽어보구려. 마치 우리를 위해 쓴 시처럼 보인다오. 남자를 여자로 성만 바꾸어서 읽으면 정말 생생하게 느껴진다오. 이번에는 당신이 내 편지를 받았으면 하오. 사람들이 모두 서둘러서 일하기는 하지만 워낙 일이 산적해 있다는 것을 알아주고 이 편지가 다소 미흡하더라도 용서해주기 바라오. 여보, 생각 같아서는 지금 집으로 가서 휴일을 보낸 다음 당신과 함께 다시 돌아오면 어떨까 하오. 한 번 생각해 보구려. 이번 겨울에는 외롭게 여기에서 혼자 있고 싶은 마음이 없소. 내가 집에 가면 이 문제에 대해 더 이야기하도록 합시다. 내가 집을 좋아하지 않을 거라고 걱정하지는 마오. 예전보다 더 두렵기는 하오. 한동안은 더 이상 그 집에 살 수 없겠다고 생각했지만 지금은 생각이 달라졌소. 작은 놈 이야기나 합시다. 잘 있소? 지금 당신 건강은 어떤지? 몸조심에 특히 신경 써서 건강을 되찾았으면 하오. 또 다른 편지를 보냈는데, 아직 안 갔소? 어머니와 가족 모두에게 사랑한다는 말을 전해주오. 아직은 뉴욕 13번가에서 계속 편지를 쓰고 있소.

영원히 모든 마음을 다하는 당신의 제임스

러더퍼드 헤이스가
루시 웨브 헤이스에게

러더퍼드 헤이스 부부는 링컨 대통령이 암살당하고 나서 그에 대한 이야기를 편지로 주고받았다.

1865년 4월 16일 일요일, 웨스트버지니아 뉴크리크에서

여보,

어제 아침에 워싱턴에서 일어난 끔찍한 비극을 듣고 그 어느 때보다 커다란 비탄과 충격에 빠졌다오. 나도 그 차 행렬에 끼어서 컴버랜드로 막 출발하는 중이었소. 최악으로 생각할 수 있는 결과가 하나하나 마음속에 떠올랐소. 참사가 너무 커서 무슨 명령을 내릴 정신도 없었고, 그나마 위안이 될 만한 빛이 아주 희미하게 가물거리고 있다는 생각이 들기 시작했소. 위대한 국가의 기쁨이 갑자기 큰 슬픔으로 바뀌었소. 모든 시험을 거쳐 자격을 갖춘 한 사람의 통치자가 전혀 새로운 인물 때문에 바뀌었소. 그 자가 저지른 죄악에 국가의 운명이 달릴 판이오. 링컨의 대통령직은 존슨에게 넘어 갔소. 정치적인 정신이 요구되는 국가 재건 사업이 막 시작되었소. 링컨 대통령의 불행을 개인적으로 말하기는 주제넘지만, 그 죽음은 아무런 이유도 없고 가당치 않게 벌어진 일이오. 아무래도 이 나라의 미래에 영향이 있을 것이고 경계가 필요하므로, 예전의 독재 시대로 돌아가게 될지도 모르오. 이 죽음이 오직 죄악과 비극을 초래한다고 생각하니 맥이 빠졌소. 마치 우리 군대가 마나사스에서 붕

▲루시 웨브 헤이스 영부인은 차분하고 끈기 있는 모습을 보여주었다. 영부인
은 일곱 아이들의 양육과 남편의 군사적, 정치적 활동을 돕는데 균형을 잡
아야 했다.

괴되었을 때 받았던 압박감에 견줄 만큼 절망감이 들었소. 그러나
큰 충격을 받고 나면 그렇듯이, 모두 어두운 면만 있지는 않다는 생
각이 점차 들었소. 대참사가 많이 있었을 법한데 링컨 대통령 선출
이후로는 훨씬 줄어들었소. 대통령의 취임식 이후나 국민들이 절
망하고 있던 때, 마지막 대통령 선거가 미결인 채로 남아있던 때,
리 장군이 패배하기 전에, 언제든지 그런 대참사가 일어나 국가의
운명을 결정했을지도 모르오. 지금 일어나고 있는 일들이 그대로
멈출 리도 없고, 그렇다고 많은 변화가 있지도 않을 거요. 폭도들을
더욱 엄격하게 다루는데 전력할 가능성이 높소. 모든 사람들이 링

컨 대통령의 명망을 추모하기 위해 조신하게 행동하고 있소. 대통령은 강직함과 중용, 따뜻한 마음, 멋스러운 유머, 완벽하고 정직한 목적, 논리, 겸손, 건전한 판단력과 대단한 지혜를 지녔소. 출발은 모호하게 했지만 그렇기 때문에 차후에 이루어놓은 위치와 업적은 더욱 컸으며, 비극적인 죽음을 맞이함으로써 순교자의 왕관이 씌게 되었소. 그는 예나 지금이나 다른 누구에게도 뒤지지 않고 역사적인 현장에서 높이 솟아올랐소. 링컨 대통령은 임무를 성공적으로 수행했고, 국민에 대한 사랑과 확신을 중요하게 받들었으므로 워싱턴의 정치가들 중 누구도 그를 대신할 수 없소. 정치가들은 대통령에 비하면 '이류' 조차 되지 못한다고 '느끼고 생각할' 거요.

산악 원정은 끝났소. 만일 내가 선거유세를 더 떠나게 된다면 센트럴 버지니아 레일로드, 다시 말하면 스타운턴이나 샬롯테스빌 어딘가에 자리 잡기가 쉬울 거요. 그러나 의회의 회기가 아직 남아 있어서 일찍 소집될 것 같소. 무슨 일이든 더 이상 적극적으로 임하지 않겠소.

내가 있던 제1여단에게 안부 전해주시오. 지금 기회만 오면 우리를 갈라놓으려는 명령이 떨어질 것 같소. 빨리 알았다면 좋은 방법을 찾았을 텐데.

당신 편지는 이곳으로 오게 하세요. 1사단 2여단, 웨스트버지니아.

모두에게 사랑을, 사랑이 넘치는 R

제임스 가필드가
루크레시아 가필드에게

제임스 가필드는 하원의원이었을 때 개인적인 용무로 뉴욕에 갔다가 링컨의 암살 소식을 들었다. 그는 '우리가 당한 커다란 슬픔'에 대해 루크레시아에게 편지를 쓰면서도 6년도 안 돼서 자신이 암살당하리라고는 생각지도 못했다.

1865년 4월 17일, 뉴욕의 메트로폴리탄 호텔에서

사랑하는 크리트,

나의 마음은 국가의 커다란 손실 때문에 충격을 받아서 생각할 수도, 글을 쓸 수도, 말을 할 수도 없다오. 금요일 한밤중에 여기 도착했는데, 아침에 놀라운 소식을 들었소. 사업상 방문처는 문을 닫았소. 어느 누구든 애도하는 마음 외에는 아무것도 할 마음이 없겠지요. 토요일 밤에 레위스보로를 떠났고, 일요일에 레베카의 집에서 보냈소. 레베카 어머니는 잠깐씩만 겨우 앉아 있을 수 있는데 회복되지 않을까봐 걱정이오. 아침 일찍 돌아왔지만 너무 슬프고 비통해서 아무도 일을 할 생각을 하지 않고 있소. 그 날은 아무 일도 하지 못하고 그냥 보냈소. 토지 문제 등 여러 가지 일을 처리할 사람을 만날 수 있다면, 하루 이틀 만에 집으로 돌아갈 수 있소. 하지만 지금은 그때가 언제가 될지 모르겠소. 내일이라도 워싱턴으로 가서 장례식에 참석해야 할지도 모르겠소. 그렇게 되면 나의 계획에 커다란 차질이 생기기는 하지만 지금 돈이나 사업 이야기를 하는 것은 염치없는 짓 같아서 양심에 찔리는 기분이라오. 지금같이 당신과 집에서 같이 있고 싶은 적이 없었소. 당신과 우리 귀여운 놈을 내 팔에 안을 수 있다면 세상일은 어떻게 돌아가든 상관하지 않고 집으로 가버리겠소. 그러나 지금 상태로는 5월 1일이 지나야 캘리포니아로 떠날 것 같소. 그 길은 당신 생각처럼 부상을 당할 위험 같은 것은 없다는 것을 알았으면 좋겠소. 스탠턴 씨의 말을 들어보면 그 길은 군대가 안전하게 지키고 있다 하오. 이 호텔 경영주의 한 사람인 워렌 리랜드 씨와 오늘 한두 시간 같이 이야기를 나누었는데, 자기도 그 평원을 횡단했을 때 안전했고, 여행이 즐거웠다고 합니다. 당신의 소중한 편지는 먼저 여기에 도착해서 나를 기다리고 있었어요. 부드럽게 사랑을 속삭이는 편지가 마음에 다가와서 기쁜 마음으로 빨리 답장해야 되겠다고 생각했어요. 매일같이 우리 마음을 달콤한 사랑으로 가득 채워 주시는 하느님께 감사드리고, 우리가 이 침묵의 땅 끝에 이를 때까지 서로 더 가까이, 더 소중하게 여기도록 합시다. 일이 잘 되면 그 주가 끝나기 전에 집으로 돌아갈 수 있으리라 생각해요. 사랑스런 해리에게 아빠 대신 다시 한 번 입맞춤해 주구려. 당신의 꿈을 끝도 없이 꾸고 있어요. 당신의 영원한 제임스.

엘렌 루이스 액슨이
우드로 윌슨에게

엘렌 액슨은 아버지가 돌아가신 직후 감정에 북받치는 편지를 우드로 윌슨에게 보냈다. 액슨은 슬픔에 잠겼지만, 그럼에도 불구하고 이사할 준비에 만전을 기했다.

사랑하는 우드로,

조금 전에 미니가 목요일에 보낸 편지를 당신이 받았을 거라고 생각하는데. 그랬다면 우리에게 새로운 슬픔이 닥쳤다는 것을 알고 있겠지요. 벌써 그렇게 되었어요. 아버지가 수요일 밤에 갑자기 돌아가셨어요. 아버지는 마지막에 갑자기 기력이 쇠잔해진 것 같아요. 전혀 예상하지 못했다가 월 아저씨께 보낸 편지로 심각하다는 것을 알았어요. 이렇게 될 줄 알았더라면 최선을 다해서 준비를 했을 텐데. 하느님은 아버지께 은총을 베푸셨어요. 하느님은 '기꺼이 아버지를 데려가셨어요.' 아버지는 '서둘러서 도와주었어요.' 하지만 이번 일이 나를 편하게 만드는지는 모르겠어요. 사람들은 아무런 희망 없이 살다가도 죽음이 마지막 순간이라고 생각하면, 자신들이 지금 무엇을 가지고 있는지 발견할 거예요. 항상 걱정스러워서 가슴 졸이며 모든 정성을 쏟아 부었던 사람을 잃어버리면 끔찍하도록 황량해져요. 내 몸 한 쪽이 떨어져 나간 것보다 더 마음이 아프지요. 그러면 너무나 힘들어서 사람들은 '차라리 가버리는 게 더 나아' 라고 생각하겠지요. 나도 역시 마찬가지예요. 아, 사랑하고, 또 사랑하는 아버지, 아버지보다 더 훌륭하고 순수하고 진실하며 유능하신 분은 없어요! 그렇게 훌륭하게 사시던 분을, 그렇게 충직하게 열심히 사시던 분을 차라리 돌아가시는 게 더 낫다고 생각하다니! 그렇지만 아버지는 단지 진실한 삶을 시작하였을 뿐이에요. 잠시 신의 영광 속에서 살다가 또 다른 시험을 치르고 더 찬란하고 영원한 영광을 따라 갔을 뿐이에요. 그것을 몰랐다면 우리는 얼마나 무시무시한 비극에 빠져 절망하고 있겠어요.

6월 3일

그래요, 생각만큼 용감해지지 않네요. 친구들의 충고에 귀를 기울이면서 오랫동안 참아왔던 일을 극복하리라고 생각했어요. 그리고 당신에게, 바로 당신에게만 슬픔을 털어 놓으려고 했어요. 하지만 참을 수 없었어요. 이제 다시는 이런 짓을 하지 않겠어요.

너무 '기쁘고', 정말 즐겁고, 자랑스러워요, 여보, 당신이 장학금을 받았다니요. 왜 진작 그런 소식이 없었느냐고 쓸데없이 나무라지는 않겠어요. 소식을 듣고 깜짝 놀랄 정도로 즐거웠으니까요. 당신은 얼마나 '근사한' 사람이라고요! 정말 '최고'예요! 당신은 자신이 최고라는 사실을 여러 모로 확실하게 보여주려 했고, 또 빨리 성공했어요. 나는 당신이 존경스러운 나머지 꿀 먹은 벙어리가 되었어요. 그런데 존스 홉킨스 대학에서는 얼마나 더 공부를 해야 하나요? 당신이 교수와 학생을 모두 할 수 있었다면 얼마나 좋겠어요! 분명히 볼티모어에서 보낸 일 년은 대성공이었어요. 아니 계속 성공하게 될 거예요. 사랑하는 당신, 내년에는 다른 곳으로 가야 되겠다는 생각이 '분명히' 현명한 건가요? 물론 그쪽 사정을 잘 모르는 내가 판단할 일은 아니라고 생각해요. 역시 문외한이기는 하지만 좋은 결과를 얻기도 전에 그렇게 빨리 모든 것을 포기하는 것이 당신의 명예를 생각할 때 '정말 유감스러워요.' 당신은 그 대학에서 스스로 입지를 굳히고 명예를 얻었어요. 그런데 '지금' 그 명예를 떨쳐 버리고 멀리 떠나, 더 이상 생생한 '모습'이 아니라 오직 '목소리'만, 아니 목소리조차 울려오지 않는 곳으로 가는 게 잘하는 일인가요? 더 빨리 월계관을 쓰고 싶지 않나요? 당신이 훌륭한 사상과 학문의 중심에 오래 있으면 더 편안하고 적당한 자리가 생기지 않을까요? 당신이 그만두면 엘리 박사와 함께 하던 일도 그만두어야 한다는 말이군요. 내게는 '너무 애석한' 일이에요. 그 일이 그렇게 당신에게 도움이 안 될까요? 보통 사람들은 아주 가치 있는 일로 알고 있는데? 사실 그런 일에 사람들은 쉽게 영향을 받고, 가장 진지하게 감동 받아요. 당신이 다시 그대로 있게 된다면 '모든' 시간을 당신이 가장 좋아하고 중요하게 생각하는 일과 연구에 보낼 거예요. 반면에 그만두게 되면 평소 하던 일을 하면서도 교수에게 맡겨진 새로운 자리에 적응하는 등, 여러 가지 일에 거의 모든 시간을 쏟아 부어야 될 거예요. 우선 당신이 특별한 당신만의 일을 할 시간이 없을까봐 걱정하고 있어요. 당신이 반죽음이 되도록 도를 넘지 않는다면 말이죠. 그렇게 되면 또 다른 위험이 있어요. 당신은 이번이 좋은 기회이거나 혹은 좋은 '기회일지도' 모르니까, 이번 기회를 놓치면 정작 당신이 원할 때 기회가 오지 않을지도 모른다고 하겠지요. 그렇지만 큰 위험은 없을 거예요. 또 별 수 없이 기다려야 한다면 장학금을 받으니까 충분히 기다릴 '여유가' 있고, 방해 거리가 없으니 연구에 더 많은 시간을 쓸 수 있을 거예요.

　제가 아무 것도 모르면서 너무 많은 말을 했다면 용서하세요. 그렇지만 이번 일이 나에게 큰 충격이었다는 말은 해야겠어요. 나는 '너무' 불안하니까 당신이 '긴 안목으로 볼 때' 가장 지혜롭다고 생각되는 결정을 하세요. 어떤 생각이든 공정하게만 결정한다면 나도 따르겠어요. 그러나 당신은 어떤 것이 최선인지 아는데 주저하면 안돼요. 공교롭게도 당신이 '하고 싶은' 일이 있어서 '차라리' 기다리는 편이 낫다고 생각할 때만 그렇게 하세요. 사실 당신이 판단할 때 나는 빼놓고 '생각해야' 돼요. 나는 며칠 안에 미술교사 자리를 결정해야 하는데 지금은 긍정적으로 생각하고 있기 때문이에요. 또 당신은 내가 그 제안을 어떻게 생각하고 있고, 사태를 추세에 맡기겠다고 핑계대지 않는다는 것도 알고 있지요.

　당신 어머니가 아직 건강이 회복되지 않으셨다니 매우 유감이고 실망스럽네요. 당신이 좀 궁리를 해서 어머니를 확 변하게 할 수 있는 계획을 좀 세우지 그래요. 나의 따뜻한 사랑을 어머니께 전해주시고 아버님과 조시에게도 전해주세요. 당신도 계속 '자신이 딱 원하는 것을' 하세요. 사랑하는 당신! 지금 당신은 정말 '나에게 이 세상 전부' 랍니다. 당신의 영원한 엘리

에디스 루스벨트가 시어도어 루스벨트에게

첫 번째 편지는 윌리엄 매킨리 대통령이 뉴욕의 버펄로에서 레온 촐고 즈에게 저격당하여 치명적인 상처를 입은 다음날, 에디스 루스벨트가 남편에게 보낸 것이다. 당시 시어도어 루스벨트는 아디론 족이 있는 뉴욕의 타하우스에서 가족과 휴가를 보내고 있다가 버펄로에 있는 대 통령 곁으로 급히 달려갔다.

1901년 9월 7일, 뉴욕 타하우스에서

부통령에게.

대통령에게 깊은 위로를 전해 드려요. 아이들은 건강하고 즐겁 게 지내고 있어요. 우리는 14일에 출발할 게요.

1901년 9월 8일, 뉴욕 타하우스에서

부통령 루스벨트에게.

매킨리 부인에게 대통령 상태가 좋아져 축하한다고 전해 주세 요. 당신에게 가도 될까요. 에디스 루스벨트

시어도어 루스벨트가 에디스 루스벨트에게

시어도어 루스벨트 대통령은 밀워키에서 선거 유세를 하다가 존 N. 슈 랭크가 쏜 총에 맞았다. 그는 하던 연설을 마치고 나서 병원 응급실에

서 부인에게 이 전보를 보냈다. 대통령의 전보는 잔뜩 긴장한 것처럼 보이지만 에디스는 아무 의심 없이 훨씬 더 감정적인 반응을 보였다.

1912년 10월 14일, 밀워키에서

잘 지내고 있소. 한 시간 반 연설을 했소. 상처는 경미하오. 갈비뼈를 살짝 빗겨 몸에 구멍이 났다고 하오. 분명 폐는 무사하고 몸에 생긴 상처보다 파편이 더 심각해서 지속적으로 살펴보아야 하오. 응급실에 있지만 곧바로 일정을 진행해야겠소. 내 목소리가 좋아진 것 같소. 나의 사랑 에델.

▲시어도어 루스벨트 대통령과 에디스 영부인이 1902년 백악관에서 열린 만찬에서 손님을 반갑게 맞이하고 있다.

chapter 07

건강과 근심

그레이스 애너 굿휴 쿨리지 영부인은 적십자를 전격 지원하면서 1925년 10월 29일 남편을 적십자에 가입시켰다.

"안식이 필요하다오."
―윌리엄 H. 태프트가 헬렌 태프트에게,
1924년 4월 30일

"제발 내가 아프다고 생각하지 마오."
―드와이트 아이젠하워가 마미 아이젠하워에게,
1943년 9월 8일

일반적으로 건강은 개인적인 관심사이지만, 조지 워싱턴 대통령의 다리에 탄저균
이 감염된 때부터 오늘날의 건강검진에 대한 병상 발표까지 대통령과 영부인의
건강은 항상 국민의 관심사이다. 사람들이 모두 그렇듯이 편지에 제일 두드러진
관심은 건강의 좋고 나쁨이며, 기복이 심한 감정이 숨김없이 드러나 있다.

돌리 매디슨이
제임스 매디슨에게

돌리 매디슨이 필라델피아에서 친지를 방문하고 워싱턴으로 돌아올 때, 자신의 무릎 부상 때문에 국무장관을 동반하지 못한 데 대한 설명을 하고 있다.

1805년 10월 23일

나의 사랑, 당신이 나를 떠난 지 단 몇 시간밖에 안 지났는데 이렇게 당신과 말하는 길 외에는 무엇으로도 마음을 짓누르는 중압감을 떨쳐버릴 수 없다는 것을 알았어요.

의사 선생님은 당신이 멀리 가기 전에 근심어린 모습으로 무릎이 얼마나 나았는지 알고 싶어 했는데, 나는 단지 많이 나은 것 같다고 안심시키는 말만 했지요. 벳시 펨버턴과 에이미가 내 옆에 앉아 있는데 당신과 잠깐 떨어져서 슬퍼하고 있는 나에게 경의를 표하고 있는 것 같아요. 피터가 돌아올 때는 더 좋아지리라 생각해요. 어느 정도 시간이 흘러서 슬픔이 삭여지는 게 아니라, 당신이 편안하게 잘 있다는 확신이 나의 슬픔을 줄여주고 있어요. 댈러스 부인에게 책과 노트를 보냈어요. 벳시 펨버턴이 나를 놀리려고 당신의 모자를 썼다는데 아직 못 보았어요.

10월 24일. 얼마나 슬픈 날인지! 야간 경비원이 새벽 한 시에 아침에 구름이 낀다고 말을 하고 나서, 그때부터 당신, 사랑하는 우리 남편이 감기에 걸리거나 사고가 일어나 지체되지나 않을까, 위협이나 당하지 않을까 싶어서 불안해 잠이 오지 않았어요. 내 옆에 누워 있는 벳시 펨버턴은 진통제인 라우디넘 서너 방울을 강제로 마시게 하였는데 의사 선생님이 오기도 전에 효과가 있었어요. 의사 선생님은 무릎 상처에 도움이 될 거라고 하시더군요.

▲대단히 매력적인 돌리 페인 토드 매디슨이 돋보이는 판화로, 19세기 초 길버트 스튜어트가 제작했다.

어제는 기븐 양이 전화를 했고, 저녁에는 댈러스 부인과 따님이 스튜어트와 낸시 펨버턴을 데리고 왔어요. 모두가 친절하고 상냥한 분들이세요.

10월 25일. 날씨가 쾌청해서 당신이 여행하는데 좋아요. 활기가 돌 거예요! 당신에게 새삼스럽게 할 말은 없군요. 나는 벳시와 같이 잠을 푹 자고 나서 무릎을 치료받고 있어요. 음식은 조금만 먹고 당신이 떠날 때와 꼭 같이 앉아 있어요. 의사 선생님은 잠깐 왕진을 와서도 당신 이야기를 하더군요. 그 분 말로는 자기가 알고 있는 그 누구보다 당신을 존경한다며 당신 옆에서 생을 보내는 것만큼 자신을 기쁘게 하는 일이 없다고 해요. 자신과 생각이 일치한다고요. '그런 경우' 있잖아요, 꽃 위에 맺혀 있는 이슬방울을 보고 기분이 들뜨듯이! 내가 듣기로는 주지사가 도착했다는데 자기의 행운에 우쭐거리고 있대요. 시민들이 모로 장군에게 융숭한 식사를 대접하려고 며칠 동안 기다리고 있답니다.

안녕, 나의 연인, 우리는 서로 마음으로 이해하고 있지요. 내가 사랑스러운 그대의 연인이라는 것을 알지요.

돌리 매디슨

루이자 캐서린 애덤스가 존 퀸시 애덤스에게

1814년 4월, 미·영 전쟁 말기에 조약을 협상하기 위해 러시아 대사로 있던 존 퀸시 애덤스가 네덜란드로 소환된 후, 루이자 애덤스는 러시아의 상트페테르부르크에 남겨졌다. 루이자는 충격을 받아 고통스러운 나머지 '기절까지' 하였다.

1814년 5월 8일, 상트페테르부르크에서

어제 아침에 헤글리치에서 날짜가 찍힌 당신 편지를 받았어요. 사고가 경미하다니 정말 다행이지요. 당신 부하가 조사를 잘 했으면 좋겠어요.

당신이 떠난 다음날 편지를 썼지만 레발에 있을 때 받지 못할까봐 걱정이에요. 당신이 떠나고 나서 르위스 씨의 형이 속달 우편물을 많이 가지고 왔어요. 그는 장관을 고텐부르크로 호송하는 전함을 타고 4월 11일에 도착했어요. 홀 씨가 우편물을 보냈는데 배달되면서 봉투가 많이 손상되었어요. 나에게 오는 편지가 있나 싶어서 마음대로 열어보았지만 완전히 실망했어요. 그래서 즉시 우편물들을 싸서 스미스 씨 편에 보냈는데 맹세할 게요, 봉투가 열린 채로 동봉되었지만 나는 한 줄도 읽지 않았어요. 내가 마음대로 보았더라

▲루이자 캐서린 존슨 애덤스는 남편의 긴 외교관 생활과 정치 활동에 노련한 충고를 했다.

도 미국에 남아 있는 가족과 아이들이 너무 걱정되어서 그러려니 하고 용서하세요. 스미스 씨는 한편으로는 퍼슨 씨를, 또 한편으로는 노면 씨를 받들려고 하는데 너무 많은 사람들을 받들려다 보니 점잖은 신사 체면에 문제가 있어요. 우리는 휴스 씨가 임명되었다는 말은 들었지만 해리스 씨에 대해서는 네덜란드와 영국으로 갔다는 소식 외에는 한 마디도 못 들었어요.

나는 지독하게 아팠어요. 당신이 떠난 후로 계속 몸이 안 좋았는데 지난 목요일에는 거의 죽을 것 같이 정신이 아득해져서 바로 하던 일을 멈추었어요. 처음 결혼할 때 그렇게 기절할 정도로 아프곤 했었는데 너무 몸이 약해져서 그 때처럼 예전의 병이 심하게 도졌

기 때문에 하루 종일 침대에 갇혀 있었어요. 지금은 훨씬 나아져서 며칠 후에는 완전히 회복할 수 있겠어요.

찰스에게 아빠한테 편지를 쓰라고 인내심을 갖고 설득하고 있지만 치통 때문에 너무 아파서 결국 못쓰고 말았어요.

이 편지는 스톡홀름에 있는 스피어 씨 편에 보낼게요. 갤러틴 씨에게 나의 모습을 당신이 보도록 해달라고 했으니 그 사람과 다시 약속하면 우리에게 좋겠죠. 우리는 모두 사랑하는 마음으로 당신의 안녕과 성공을 바라고 있고, 당신도 '너무 잘' 지내고 있어서 사랑스러운 아내의 영혼을 안심하고 맡길 수 있어요. L. C. 애덤스.

율리시스 S. 그랜트가
줄리아 그랜트에게

그랜트 대통령과 영부인은 나이가 들면서 계속 치아가 말썽을 일으켜 걱정했다. 그렇지만 머지않아 율리시스가 후두암에 걸려 고통스런 발작을 일으킬 줄은 몰랐다.

1880년 6월 15일

사랑하는 줄리아,

당신이 아프다니 어쩌지요. 우리는 언제든, 당장 내일이라도 집으로 갈 수 있소. 그러나 하루 정도 더 남아 있어도 괜찮겠어요? 뉴욕에서 온 속달은 아직 없어요.

버크는 아마 지난밤에 보낸 전보를 오늘 아침까지 받지 못했나 보오. 버크가 받았다면 오늘 아침에 해리 하노리를 보았을 텐데 답장을 안 할 리 없소. 정각 11시로군. 나는 이를 뽑아야 한다오. 리지 장군을 만났는데 틸리가 금요일 떠났다고 하더군요. 장군은 틸리를 급행열차 담당자로 발령 냈다고 하오. 그래서 다음날 아침 차 시간까지, 그러니까 토요일 8시까지 도착해야 한다고 하오. 오늘 오후 두세 시 사이에 치과에 가서 이를 뽑고 그 자리에 대신 다른 이를 심어야겠소. 당신의 U. S. G.

제임스 가필드가 루크레시아 가필드에게

가필드 대통령은 자신이 암살당하기 바로 전날, 뉴저지의 엘버론에서 휴가를 보내고 있는 부인에게 건강을 걱정하는 전보를 보냈다. 이것은 대통령 부부가 마지막으로 주고받은 서신이 되었다.

1881년 7월 1일, 워싱턴 집무실에서

J. A. 가필드 부인에게

오늘 아침은 잘 지냈소? 당신이 뉴잉글랜드까지는 거뜬히 여행할 정도로 건강하다고 믿고 있소. 하버는 언제 아이들을 데리고 오하이오로 간다고 하죠? J. A. 가필드.

윌리엄 하워드 태프트가
헬렌 태프트에게

헬렌 태프트는 파리에서 유럽을 여행하고 있었고, 대법원 판사인 남편은 고질적인 심계항진 때문에 괴로워하였다. 헬렌은 의사가 남편에게 체중감소를 제안하자 '분노에 차서' 항의하였다. 윌리엄 하워드 태프트는 역대 대통령 중 가장 비만하였다.

1924년 4월 30일, 워싱턴 D.C. 연방 대법원에서

사랑하는 넬리,

오늘은 비가 오지만 내일은 5월이라오. 그래도 5월의 여왕은 기대하지 않소.

오늘 할 말은 별로 없구려. 나는 잘 지내고 있소. 의사 말은 내가 지금 쉬어야 하니 법원에 나가지 않는 것이 더 좋겠다고 했소. 그렇지만 이번 주가 마지막이고, 나는 반드시 일을 끝내야 한다오. 의사는 모든 일이 잘 진행된다고 생각하고 있소. 심장에는 근본적으로 문제가 없는데 심장에 작용하는 신경이 문제라고 하오. 의사가 말려도 내 생각에는 일을 해도 괜찮을 것 같소. 아주 위험하지만 않으면 참아야겠소. 체중이 10kg에서 11kg 정도 감소되지 않는다면 의사의 감독 아래 지금보다 더 심하게 식사를 제한할 생각이오. 그렇게 되면 심장에도 아무 문제가 없을 것이고, 그냥 편안하게 지낼 수 있지 않을까 하오. 의사는 내 식사량을 잴 수 있는 저울을 주겠다고 했소. 지방을 제한한 식이요법으로 나를 치료하고 있는데, 정해진 양보다 더 먹지만 않는다면 몸무게가 현저하게 감소할 것 같소. 오

늘 아침에는 우리가 정한 대로 잘 참으면서 식사를 하고 일도 끝내고 답장도 할 수 있었소. 지금은 사진을 찍으러 의사당에 가야 하오. 위인들 사진이 걸려 있는 회의장 벽에 내 사진도 걸어 놓아야 하기 때문이오.

나는 연방 법원에 유리한 법안이 통과되지 못하게 막으려고 하오. 법안은 영국처럼 연방 판사에게 제시된 증거를 비판하지 못하도록 하고 있소. 그래서 연방 법원에서는 항상 판사들의 영향이 너무 크게 미친다는 문제가 있고, 시민운동가들과 피해를 본 변호사들은 연방 법원이 아닌 주 법원에서 재판을 받으려고 하오. 그 법안은 상원을 통과했는데, 펜실베이니아의 리드만 빼고 나머지 상원 의원들이 별 수 없이 양보했다오. 사법 위원회에서 이렇게 발표하기는 했지만, 내 생각으로는 다음 회기까지 이 법안이 유보되었으면 좋겠소. 그렇게 되면 나는 자신 있게 대통령에게 이 법안을 투표에 부치도록 할 수 있고, 대통령은 이 법안 통과를 막으리라 생각하오. 합법적인지 아닌지는 문제가 되지만 그 문제는 법원에 넘기고 우선 투표에 부치도록 하는 편이 더 좋다고 생각하오. 스넬 의원은 하원의 규정 위원회 의장인데 자신은 그 법안을 연기하겠다고 말했소. 사법 위원회 의장인 그래함 씨를 만났는데 그도 그렇게 할 수 있다고 했소. 내일은 하원의 지도자인 닉 롱워스 의원을 만나서 동의를 구할 생각이오. 대통령이 선거 전에 그 법안을 투표에 부치도록 하는 일이 훨씬 쉬울지도 모르겠소.

오늘 애니 제닝스에게서 편지를 한 통 받았는데 코메지 양에 대한 의견을 구하면서 마운트버논 협회에서 시민 봉사활동을 하도록 촉구했소. 애니는 그 협회에 관련이 있는 사람이면 남녀를 불문하고 모두 와서 일해주기를 넌지시 바라고 있었소. 나는 임용권을 남발하지 않으면서 총괄적인 정책을 촉구하도록 해서 적극적으로 애니를 돕겠소.

다음 주 토요일, 그랜트 부인이 주선한 저녁 만찬에 가야 하는데 걱정이 태산 같소. 의사는 조금 걱정은 되지만 가도 된다고 하오. 하지만 테레사 집에서 열리는 일요일 모임에는 가지 말라고 하는군요. 물론 테레사는 음식을 많이 준비하지 않고 점심만 하기로 했는데 그건 중요하지 않소.

애니 말에 의하면 새디는 어머니가 편찮으시기 때문에 몬트리올에 있는 집에 가고 싶어 한다고 하던데, 나는 새디가 그 자리를 그만두지 않을 거라고 믿소. 애니는 새디의 언니가 새디 자리를 대신하게 하려고 의논하고 있소. 그 일은 애니가 현명한 결정을 하도록 맡기겠소.

오늘은 더 이상 아무 것도 하지 않겠소.

당신은 여행하는 재미에 푹 빠져 있겠지만 너무 무리하지는 마오. 마리아에게 사랑한다고 전해주오. 쿨리지 후보가 존슨을 오하이오에서 6대 1인가 7대 1로 이겼다오. 도허티는 4대 1로 대의원이 되었소. 그는 대의원 명단에서 맨 마지막에 있었지만 결국 선출되었소. 쿨리지는 메사추세츠에서도 압도적으로 이겼소. 콕스는 오하이오에서 이겼고. 사랑하는 당신의 윌이.

해리 S. 트루먼이
베스 트루먼에게

1937년 여름, 해리 S. 트루먼은 심장에 문제가 있을 수 있다는 경고를 듣고 아칸소 주의 핫스프링스에 있는 해군 병원에서 세밀한 검사를 받았다. 의사는 이상이 없음을 확인했고, 트루먼은 다시 상원의원에 복귀했다.

1937년 9월 16일, 아칸소주 핫스프링스에서

사랑하는 베스,

자, 오늘은 경사 났소. 잠시 전에 호텔에 걸어왔더니 당신이 보낸 편지가 네 통, 마지 편지가 한 통, 메리 편지가 한 통이 와 있더군. 2시 15분경에 프레드 카우필을 호텔에서 만났는데 무척 반가웠다오. 프레드는 돌아가면 당신을 만날 거요. 세인트루이스 지부의 편지를 받아서 기쁘고 J. K. V의 편지도 역시 반가웠소. 물론 J. K.는 나의 결정이 무엇인지 알 때까지는 협정을 맺을 수 없으려니와, 당연히 그는 내가 어떤 결정을 내릴지 알 수 없소. 세인트루이스 시장을 일요일에 만나기로 했소, 월요일에 만나기로 했소? 나는 월요일이라고 생각했는데 카우필은 잘 모르고 있소. 당신이 카우필에게 시장의 편지를 알려주면 내가 세인트루이스 지부에 전보를 치겠소.

오늘 치아 촬영을 했고, 눈 검사는 끝났소. 내 눈은 아직까지 좋지만 안경은 바꿀 필요가 있소. 심장 사진 분석이 끝났는데 이상이 없다고 하오. 한 쪽 판막이 규격보다 작지만 그 때문에 문제가 생기지는 않는다고 합니다. 혈액 검사는 아직 끝나지 않았지만, 어쨌든 4일 동안 충분히 잘 먹고 있소. 내가 얼마나 치료를 잘 받고 있는지는 프레드가 당신에게 말해줄 것이오. 의사 네 명이 나에게 특별한 관심을 기울이고 있어서 항상 편안하다오. 될 수 있는 한 오래 여기에 있겠소. 마음이 변덕스러워지면 당신이 이곳으로 내려오기 바라오.

돈이 더 필요한가요? 당신과 모두에게 사랑을, 해리

드와이트 D. 아이젠하워가
마미 아이젠하워에게

아이크(아이젠하워)는 연합군이 시실리를 공략하기 바로 전에 지중해에서 유머가 넘치는 편지를 썼다. 이 편지에서 그는 건강을 걱정하는 마미를 안심시키고, 마지못해 허락했던 북아프리카 기지 방문을 무마시키려고 애썼다.

1943년 9월 8일

사랑하는 마미,

편지를 타이프로 쳤다고 놀라지 마오. 지금 이 순간은 너무 지쳐서 사무실로 가서 편지를 쓸 수가 없었소. 노턴 씨에게 준 편지에 같이 들어있던 사본을 당신이 보았으면 좋겠소.

부디 내가 아프다거나 위험에 빠졌다는 등 그런 생각은 하지 마
오. 지금은 9월 8일이니 당신이 이 편지를 받기 전에 신문을 보면,
내가 왜 그 순간에 오히려 손을 뻗쳤는지 더 잘 알게 될 거요.

존이 주말을 당신과 같이 지내서 매우 기쁘게 생각하고 있는데
물론 당신은 예상치도 못했던 일이니 더 재미있었겠지요. 당신이
앞으로 1주일 정도 핫스프링스에서 보내겠다고 하니 그 또한 기쁘
다오. 핫스프링스에 오면 즐거움을 만끽하게 될 거요.

▲드와이트 아이젠하워와 마미 아이젠하워 영부인이 전시회에 걸린 마미의
결혼 드레스를 보고 있다. 그들은 1955년 스미소니언 협회에서 주최한 대
통령 취임식 의복 전시회를 공식적으로 지원하였다.

내가 하루 이틀 정도 여행할 수 있을 때 만나자고 하는 이유는 정책상 내가 병사들의 배우자를 근무지에 오지 못하도록 하기 때문이오. 결론적으로 당신을 여기에 오도록 하면 나의 지위를 이용하는 것이기 때문에 허락할 수가 없어요. 그래서 내가 영국으로 갈 때가 만나기에 좋은 기회라는 생각이 떠올랐고, 내가 출발할 때 당신이 그 쪽으로 가면 되겠다고 판단했어요. 내가 당신과 부임지를 같이 다니면 병사들은 어떻든 나 때문에 번잡스럽게 될 거요.

지금, 책상 서랍에는 당신에게 반쪽만 쓴 편지가 들어 있소. 마저 끝내서 될 수 있는 대로 빨리 보내겠소. 당신이 보낸 9월 1일 편지는 8일 날 우연히 동부 알제리에서 멀리 떨어진 곳에 있을 때 받았소. 당신이 말한 서부의 잡지와 담배는 아직 도착하지 않았소.

당신의 영원한 아이크

| 추신 | 사진 보내줘서 정말 고맙소. 당신과 존 모두 근사하구려. 꼭 할 말이 있는데. 당신은 아들 나이 밖에 안 된 것처럼 젊어 보여요. 내가 가면 사람들이 모두 나를 두 사람의 아버지로 보겠소.

chapter 08

선행

프랭클린 D. 루스벨트 대통령과 부인 엘리너가 1935년 크리스마스 카드에 담긴 사진을 보며 이야기하고 있다.

"보스턴 주민들이 받는 고통은
말로 형언할 수 없어요."
—애비게일 애덤스가 존 애덤스에게,
1775년 5월 7일

"그의 가족이 모두 목숨을 빼앗겼소."
—앤드루 잭슨이 레이첼 잭슨에게,
1813년 11월 4일

다른 사람을 돕고 걱정해주는 선행은 항상 대통령과 영부인의 과제이다. 사회에서 발생하는 희생자에게 자선을 베풀고 관심을 보이는 대통령도 있으나, 일부는 무관심하거나 이기적인 경우도 있다. 대통령은 자선을 베풀더라도, 대중의 분위기와 정치적 영향을 항상 고려해야 한다.

앤드루 잭슨이 레이첼 잭슨에게

1812년 앤드루 잭슨이 톨러스챠티 전투에서 군대를 지휘하여 당당하게 승리했을 때, 고아가 된 크리크 인디언 족의 린코야를 허미티지에 있는 자신의 집으로 보냈다. 린코야는 그곳에서 잭슨의 양자로 자랐다.

1813년 11월 4일, 코사리버 섬의 10사령부에서

나의 사랑에게,

잠시 짬을 내어 서둘러서 편지를 쓰고 있소. 나는 카발리 여단의 일부를 존 코피 장군에게 분리해주고 톨러스챠티의 크리크 부족을 섬멸시키기 위해 병사들을 배치했소. 장군은 어렵지 않게 명령을 따라 176명을 사살하고 80명을 체포했는데 부상자가 많아서 그 중에 40여 명은 전쟁터에 그대로 남겨두었어요. 편지를 쓰고 나서도 코피 장군은 180구의 시체가 더 발견되었다고 하는데 틀림없이 200명은 사살되었을 것이오. 42명에다 32명을 더하면 포로로 잡혀 헌츠빌로 후송된 병사는 모두 합해 74명이오. 지금도 식량 사정이 좋지 않은데 앞으로는 더욱 나쁠 것 같아서, 될 수 있는 한 빨리 크리크 부족 심장부로 행군하겠소. 알렉산더 씨와 잭 도넬슨은 교전 중에 있는데 무사하다고 하며 내가 바라고 기대하는 대로 모두 안전하오. 하몬드 대장의 병사 다섯 명이 부상했지만 나머지는 모두 용감하게 잘 싸우고 있소. 앤드루 대신 어린 인디언 소년을 헌츠빌로 보내겠소. 포프 여단장에게 소년이 도착하면 돌보아 달라는 부

▲앤드루 잭슨 대통령은 전쟁에서든 정치에서든 만만찮은 상대로서, 플로리다
와 뉴올리언스에서 벌어진 전쟁을 승리로 이끌고 1829년 그의 당이 백악관
으로 입성하는데 앞장섰다.

탁을 했소. 아이의 가족은 모두 몰살되었는데, 나이는 '시어도어'
와 비슷해요. 허둥지둥하는 당신의 사랑하는 남편 앤드루 잭슨이.

메리 링컨이
에이브러햄 링컨에게

뉴욕에 있던 메리는 남편에게 남쪽을 피해 안전한 워싱턴과 북부 도시로 '도망한 노예'를 돕기 위한 자금을 보내달라고 부탁했다.

1862년 11월 3일

사랑하는 여보,

어제 당신에게 편지를 보냈지만, 아주 중요한 이야기를 빠뜨렸어요. 나를 도와주던 엘리자베스 허클리는 워싱턴에 있는 노예 탈출 협회에서 일하고 있어요. 엘리자베스는 노예를 위해 할 수 있는 일은 무엇이든 취합해서 문서화 하고 있어서 일부 관심 있는 백인들이 협회를 인정하고 있어요. 그런데 엘리자베스가 하는 일이 잘 되지 않고 있어요. 워싱턴에는 어마어마하게 많은 노예들이 탈출하고 있다고 하는군요. 노예들은 심한 고통을 받고 있으며, 침대도 없이 조그만 이불 조각 하나만 덮고 잔답니다. 많은 노예들은 차라리 죽고 싶어 해요. 1,000달러를 인출해서 코코란 장군 편에 보내면 그 중에 200달러로 침대 덮개를 사도록 엘리자베스에게 줄게요. 엘리자베스는 내가 본 사람 중에서 가장 훌륭한 사람이에요. 그러니 이 일을 당신이 반대하지 않으리라 믿어요. 사람이라면 당연히 해야 할 일이니까요. 그리고 800달러는 기금으로 남기겠어요. 확실히 이번 일에 당신이 만족할 거예요. 기금 중에서 200달러는 수표로 보내주세요. 그러면 엘리자베스가 당신에게 영수증을 보내드릴 거예요.

　제발 답장해 주세요.

　더 많은 사랑과 함께, 당신의 ML

율리시스 S. 그랜트가
줄리아 그랜트에게

　그랜트의 딸인 엘렌 그랜트는 영부인 대신 작은 영부인 역할을 하며
부상병들을 돌보기 위해 자장가 속에 나오는 '신발 속에 사는 불쌍한
노부인' 차림을 하고 인형을 팔아서 돈을 모았다. 율리시스는 유혈이
낭자한 남북 전쟁의 전투를 치른 후 바로 딸의 활동을 알고 부인에게
이 문제를 의논했다. 줄리아는 후에 이 편지의 뒷면에 이런 말을 덧붙
였다. "모턴 주지사는 몇 년 후에 그랜트 장군의 영향을 무척 많이 받
았다. 줄리아 D. 그랜트."

1864년 6월 6일, 버지니아주 콜드하버에서

　사랑하는 줄리아,

　'신발 속에 사는 불쌍한 노부인' 과 꼬마 제스의 사진을 받았소.
또한 당신과 제스 사진은 며칠 전에 받았소. 사진이 잘 나왔더군.
롤린스 장군은 내게 아가씨 사진을 하나 가져도 되겠느냐고 물었
다오. 엘렌이 노부인 같이 아주 그럴 듯하게 차려 입었어요. 아주
따분한 일을 하고 있다는 표정이 역력해 보이지만 궁극적으로는
성공할 것으로 믿고 있소. 적은 언제나 두려움을 모르고 싸우는데

▲율리시스 S. 그랜트 대통령과 영부인 줄리아 그랜트가 1869년 트레저리 백화점에서 열린 취임식 무도회장에 도착했다.

마지막 순간에 기회를 잡으려고 작정한 것 같소. 내가 루이자 사촌의 편지를 받았는지 물었던가요? 컬페퍼를 떠난 이후로는 루이자 편지가 없었소. 그때 너무 바빠서 답장을 하지 못했는데 당신 편지를 받고 나서 이제 생각이 났소. 루이자는 나에게 군에 있는 남동생을 아이오와 주의 인디애나폴리스에 추천해달라고 부탁했었소. 루이자는 그 자리가 어떤 자리인지 아마 잘 모르는 것 같은데, 내가 그런 자리에 동생을 앉히라고 권하지 못한다는 말을 쓰려고 했소. 게다가 모턴 주지사에게 동생의 승진을 부탁하면 오히려 앞날에 해가 될 수 있소. 내가 보기에 모턴 주지사는 나를 10군관구 사령관 자리에서 끌어내리는데 힘쓰고 있는 무리 중 한 사람이라오. 모턴 주지사는 조 레이놀즈에게 내가 했던 몇 가지 연설에 대해 불만을 표시했지만 나는 내 연설이 근거가 충분하다고 반박했는데 모턴 주지사도 그것을 잘 알고 있소. 루이자에게 이런 이야기를 해주고 미리 답장하지 않은 것에 대해서는 내 대신 사과해주시오. 당신은 루이자가 이미 남편이 있는 사촌이라는 것을 깜빡 잊어버리고 나의 두 번째 부인인 줄 알았다고 했지요. 그런 말까지 루이자에게 할 필요는 없어요.

아이들에게 내 대신 뽀뽀해주구려. 넬리에게는 당신에게 편지 쓰라고 내가 먼저 말했소. 6월 봉급 800달러를 지난번에 보냈으니 빚을 갚아야지요. 빚이 끝날 때도 된 것 같은데. 당신에게 키스를, 식구들 모두에게도 안부를 부탁하오. 프레드는 또 지금 막 나갔다오. 율리스Ulys

프랭클린 D. 루스벨트가
엘리너 루스벨트에게

두 사람은 루스벨트가 전쟁에서 입은 부상이 회복되는 동안 '하이드 파크의 저택'에서 지낼 것인지에 대해 서로 이야기를 나누었다.

1942년 2월 9일, 백악관에서

E. R.에게 보내는 비망록

▲프랭클린 D. 루스벨트 대통령이 1944년 선거 여행 막바지에 뉴욕의 포킵시
에서 엘리너 부인에게 무엇인가를 가리키며 즐거워하고 있다.

　회복기 환자가 있을 곳을 찾으려고 하이드 파크 저택의 방 목록
을 볼 이유가 없소. 사실 비콘과 배리타운 사이에 있는 많은 저택들
은 수백 개의 방이 있는데, 그 중의 반은 비어 있소.

　솔직히 말하자면, 하이드 파크에 저택을 마련한다고 해도 나는
전혀 그곳에 갈 수 없을 거요. 전시에는 주말이라도 워싱턴으로 오
는데 한 치의 오차와 혼란이 없어야 하오. 물론 올 봄에서 여름까지
는 내가 항해하기는 전혀 불가능하오. 또 분명한 목적이 있어서 어
떤 수를 써서라도 포토맥 강을 이용한다면 적군의 항공모함에서
비행기를 띄우지 않을까 의심스럽소. F. D. R.

엘리너 루스벨트가
프랭클린 D. 루스벨트에게

[1942년 2월 9일]

대통령께,

알았어요. 내가 판단하지는 않겠어요! E. R.

드와이트 D. 아이젠하워가
마미 아이젠하워에게

유럽 연합군의 사령관이 되고나서, 아이크는 부인이 전쟁 자원봉사 활동을 하는 것을 기뻐했다. 그리고 부인에게 자신의 운전기사였던 케이 소머스비 부관과 막역한 관계라는 소문은 진실이 아니라고 확인해주었다.

1943년 3월 2일 화요일

여보,

잘 잤소! 당신이 기분 좋게 보낸 편지 2통은 모두 2월 22일 날짜이던데, 내가 쓰는 편지는 '3월' 2일이군. 월리스 부인과 W. 윌슨 부인이 수혈을 했다고 뉴욕의 기사에 났소. 또 단복에 대해서도 말했지요. 나는 잘 모르겠지만, 그러나 이것은 말하고 싶소. 당신이 전쟁터에서 봉사를 하기 위하여 단복을 입는다면 어떤 옷을 입든지 당신을 향한 나의 존경심은 이전보다 훨씬 커질 거요. 세상 사람들이 당신이 하는 일을 알고 당신이 현명하고, 사려 깊고, 겸손하다고 흥분하고 있소. 당신이 직접 미국 여성들에게 열심히 일하는 모습이 얼마나 중요한지 보여주다니, 대단히 놀랍소.

아, 나는 모든 국민이 전쟁터에서 자원봉사하는 일을 '몹시' 중대하게 생각해주기를 바라고 있었소. 그런데 당신이야말로 어떤 사람에게도 부탁할 수 없었던 문제를 '친구나 연인'으로서 모두 풀어주었소.

그런데, 라이프 말로는 옛날 런던에 있을 때의 운전기사가 왔다고 이야기하는구려! 그 여자는 단지 한 젊은 미군 장교와 지독한 사랑에 빠졌기 때문에 여기에 왔고, 두 사람은 오는 6월에 결혼한다고 했소. 두 사람이 짜릿하게 전류가 통한다는 소문이오. 라이프가 그런 말을 하다니 믿지 못하겠소. 하지만 당신에게만은 사실을 말하겠소. 내가 부대원들이나 적십자 사람들, 간호사나 운전기사들과 관계가 있다는 소문에 눈썹을 치켜뜨는 진부하고 바보 같은 사람이 있을지는 모르겠소. 그렇다고 해도, 당신은 내가 지금까지 감정에 휩싸인 적도 없고, 앞으로도 없으리라는 것을 알 거요. 나는 흔히 주변에 떠도는 이야기에 하나하나 신경 쓰지 않으려 하오. 그런 이야기는 내가 당신에게 하고 싶은 진짜 이야기에 비하면 하나도 중요하지 않소. 어쨌든 '내가 데리고 있는' 운전기사는 드라이에 병장이라오!

당신이 보낸 편지 2통은 너무 재미있어서 반대로 내가 당신에게 편지를 보낼 때는 나의 무능함이 느껴지는구려. 당신이 플로리다로 여행을 했으면 좋겠소. 틀림없이 즐거울 거요. 또 로렌 로버트슨에게도 멋진 편지를 보내주어서 고맙다고 편지 한 장 써주구려. 내가 아무리 편지 쓸 시간이 없어도, 당신만은 이 세상에서 유일하게 장문의 편지를 받을 사람이오. 아참, 내가 시켜서 당신이 편지를 보낸 줄 알게 되면 로버트슨이 속상할지도 모르겠소.

전보가 수백 통이 왔다고 말했는데, 축하 전보 같은 것들 말이오. 전보 내용은 별로 알고 싶지 않지만 누가 보냈는지 이름은 써주구려. 명단이 너무 길어지면, 찰리 게일레이에게 비서를 한 명 보내라고 해서 한 시간 정도 받아쓰게 하겠소! 누가 당신에게 잘 해주고 있는지 이름이라도 알고 싶소. 나에게 지워진 짐이 너무 막중하더라도 당신과 내가 오만해지지는 않을 거라고 생각하는 사람이 누구인지 알고 싶소. 그렇다고 너무 힘들게 하지는 말아요. 언젠가는 잘 간직해둔 그 편지를 같이 훑어보고 재미있어 할 거요. "그 때 우리가 거물이었군" 하면서 키득거리고 있겠지요.

여보, 리Lee의 사무실에 소집되어 있는 사람들을 만나러 갈 시간이오. 만일의 경우를 생각해서 회의가 있다고 편지에서는 미리 말하지 않았소.내가 이런 말을 안 하면 오직 당신만을 사랑한다고 생각하게 될 테고, 그럼 조금이라도 재미있지 않겠소!

조니와 해리 홉킨스, 조지 알레나, 팔레이스, 게리스, 가틀레이스, 톰 핸디, 네비스 부인, 리틀존 부인, 키드 힐로스 등등 여러 사람에게 안부 전해주구려. 하렌과 '밀턴'도 있네. 다른 사람들도 만나면 안부 전해주어요. 특히 루스와 베브에게도.

　언제나 당신의 아이크

　|추신| 그 옷 가격에 놀라지 않았소. 최상품이니까.

해외 순방

1910년, 윌리엄 하워드 태프트 대통령이 헬렌 부인이 지켜보는 가운데 연설하고 있다.

"여기 오지 않았다면 당신이 이렇게 그립지도 않을 거요."
―율리시스 그랜트가 줄리아 그랜트에게,
1878년 9월 11일

"일본에서 아주 멋진 시간을 보냈다고 이야기해주세요."
―헬렌 태프트가 윌리엄 하워드 태프트에게,
1905년 8월 2일

"멕시코 국민은 나에게 진짜 공연을 보여주었다오."
―해리 트루먼이 베스 트루먼에게,
1947년 3월 4일

초기 대통령 중 토머스 제퍼슨, 존 애덤스, 제임스 먼로, 존 퀸시 애덤스 등 몇몇은 멀리 외국에서 근무한 경험이 있지만, 대통령이 되어서는 해외 순방을 거의 하지 않았으며, 영부인도 역시 마찬가지였다. 요즈음은 대통령과 영부인이 자주 해외 여행을 하며, 종종 부부 동반도 하기 때문에 불행하게도 서로 편지 왕래를 할 필요는 없어지고 있다. 대통령 가(家)의 해외 순방은 항상 나라를 대표하므로 대통령 부부는 외국의 사건이나 여행에 대하여 서로 의견을 자주 토론한다.

루이자 캐서린 애덤스가
존 퀸시 애덤스에게

애덤스는 러시아 공사로 근무하고 있었지만, 영국과 벌이는 평화 협상 대표단의 수장을 맡아 벨기에의 겐트로 소환되었다. 캐서린은 미국 공사관을 지키기 위해 상트페테르부르크에 남았다가 가족을 프랑스로 데리고 왔다.

1814년 5월 11일, 상트페테르부르크에서

당신 편지가 지금 막 도착해서 기분이 좋았어요. 찰스와 나는 둘 다 많이 아팠는데 지금은 신의 가호 덕분에 많이 좋아졌어요. 하지만 갤러웨이 의사 선생님은 아이를 며칠 동안 집에서 지내게 하라고 하더군요. 날씨가 대단히 추워서 며칠 동안은 다리도 놓지 못할 것 같아요.

황제가 돌아간다는 말 외에는 새로 전할 만한 소식이 아무 것도 없어요. 어떤 이들은 즉시, 어떤 이들은 8월이 되어야 돌아간다는 군요. 지난 일요일에는 루이스 씨 부부와 나, 베레스포드 씨가 같이 저녁 식사를 했어요. 베레스포드 씨의 말에 의하면 P. B.와 론더데일 경 사이에 싸움이 일어나서 바이런 경이 결국 글을 몇 줄 썼는데, 이것을 피어스의 집 앞에서 읽기로 했대요. 혹시 그 글을 손에 넣게 되면 당신에게 보내줄 게요.

우리는 거부당한 연설이라는 글을 재미있게 읽었는데 굉장히 웃기면서도 잘 썼어요. 당신이 봤다면 30분은 충분히 웃었을 거예요.

당신도 가지고 다니면서 길 가다가 가끔 따분할 때 읽어보면 시간 보내기에도 제격일 거예요. 생각지도 못한 즐거움을 주기도 하지만 유익한 말도 많이 있어요. 백작 부인은 아직 본 적이 없지만, 당신 편지는 반드시 전하도록 할 게요.

갤러웨이 선생이 지금 막 나가면서, 황제에게 새로운 작위를 정해주는 중요한 문제를 상원에서 의논한다고 알려주었어요. 작위가 결정되면 '알렉산더' 가문의 측근 세 사람이 즉시 이곳을 출발하기로 되어 있어요. 세 사람은 이 결정을 코언킨 황제 폐하와 잘츠부르크와 또 내가 잘 모르는 한 쪽에도 전달해야 돼요. 알렉산더에게 신의 가호가 있기를 빌어요.

회담장에 올라온 문제 중에는 제임스 비들 경의 짐 압류 같은 사건들이 제일 시끄럽지요. 작은 쿠퍼 접시를 압류 당했는데 접시가 들어 있던 짐에 그의 이름이 적혀 있었어요. 쿠글레이 씨의 접시가 제임스 경의 것이라는 사실이 법정에서 밝혀지고 나서 세관은 그 접시를 밀수품이라고 발표했고, 그의 명예는 어쩔 수 없이 손상되었어요. 다들 많이 흥분했었지만 모두 잘 해결되었어요.

불행히도 당신이 부관을 잃었다니 정말 슬프지만 사고가 더 악화되지 않아서 다행이군요. 모두가 즐거워하는 '축하연'에 '참석하려고' 정확히 제 시간에 도착한 것이 오히려 '행운'이라니 축하해드리지요. 당신이 좋아하는 것을 전부 느낄 수 있어요.

당신이 말한 서류를 나에게 보낼 필요는 전혀 없어요. 우리는 잠깐 떨어져 있을 뿐이니까, 그런 것은 내게 전혀 쓸모없을 거예요.

구텐베르크에서 당신 소식이 들려오기를 근심스럽게 기다리고 있어요. 클레이 씨가 우리를 보살펴주고 있어서 잘 있다는 소식도 전해주고 싶어요. 당신은 아마 우리의 인내심을 감정하려나 봐요.

스미스 부부가 안부 전하기를 바라더군요. 찰스는 당신에게 바로 편지 쓰기로 했다는데 마지막은 온통 자기 이야기뿐이었어요. 종이가 다 찰 정도로 편지가 장황해졌으니, 이제 당신 소원이 모두 이루어지길 빌며 작별을 고할 게요. L. C. A.

윌리엄 하워드 태프트가 헬렌 태프트에게

윌리엄 태프트가 육군 장관을 지내면서 공식적으로 일본과 필리핀을 방문하는 동안 부인은 영국의 옥스퍼드에서 휴가를 보내고 있었다. 부부는 멋지면서도 종종 신랄한 내용의 편지를 주고받았다. 헬렌 쪽에서는 영국 일 때문에 바빴고, 윌리엄은 대통령의 딸인 앨리스 루스벨트가 어디를 가나 이목을 끌어서 바빴다.

[1905년] 7월 31일, 증기선 '만추리아'에서

사랑하는 넬리,

지난번 편지는 천황과 오찬을 하기 직전에 썼지요. 우리는 모두 즉시 참석했지만 평소대로 모니코가 바지를 다림질하지 않고 보내주었기 때문에 하마터면 출발이 늦을 뻔 했소. 바지도 안 입고 천황이 주최하는 만찬에 참석하는 대사건이 벌어질 뻔해서 기분이 유쾌하지는 않았소. 당신이 기억하는 것처럼 우리는 모두 방에 모였는데 파티는 잘 준비되었소. 사람들은 하나같이 잘 보이려고 옷을 말끔하게 차려입고 분위기를 잘 맞추었소. 우리는 팀으로 나누어 천황을 알현하려고 했는데 병환 중이라서 황태자를 대신 알현했소. 만찬이 성대했다는 점 외에는 당신이 참석한 파티와 똑 같았다오. 자리 배열은 편지에 동봉하지요. 만찬이 끝나고 앨리스 루스벨트와 그리스콤 부부와 나는 황태자와 함께 천황을 배알하러 갔다오. 천황은 아주 유머러스해 보였는데 진심어린 마음으로 악수를 나누었소. 그 많은 손님을 마치 서너 명 밖에 안 되는 것처럼 부드럽고 막힘없이 접대하면서 성공적으로 자기 역할을 하였소. 모든 사람들이 만족하였고, 즐겁고 기쁜 마음으로 떠났다오.

오찬이 끝나고 저녁에는 총리가 임페리얼 호텔에서 만찬을 열었소. 총리는 연설을 매우 길게 했고, 내가 답사를 했소. 나는 외교 정책의 성격이나 노선을 러시아와 지나치게 연루되지 않도록 하겠다고 했고, 사람들은 이 정책에 찬사를 보냈소. 당신에게 일본 타임지를 보낼 테니 그때 한 연설과 일본 언론의 쏟아지는 논평을 관심 있게 보구려.

총리가 나와 회담을 하고 싶어 해서 다음날 아침 10시에 하기로 했소. 막상 회담을 시작하니 할 말이 너무 많아서 회담에 열중하느라고 어느덧 12시가 되었고, 이 때문에 푸시미 왕자가 초대한 오찬에 늦었소. 왕자는 작년에 영국에서 돌아왔다고 합니다. 나는 장문의 전보로 회담 결과를 워싱턴의 루스벨트 대통령께 보고했소. 총리가 그렇게 전보를 치라고 했고, 나도 달리 방법이 없었지만 요금이 너무 비쌌다오. 급송으로 전보를 보내니까 2,100엔이나 들었어요. 세 가지 중요한 점을 말하자면 첫째는 일본과 필리핀과의 관계, 둘째는 동북아에서 평화를 유지하기 위한 미국과 일본의 정보 교류 협조, 셋째는 일본의 대한제국 지배권에 대한 문제요. 내가 이일에 간섭하고 있는지는 모르겠지만 사람들이 너무 걱정하는 듯해서 아무래도 전보를 쳐야겠다는 생각을 했다오. 푸시미 왕자가 열어준 오찬은 훌륭했소. 공주라고 할까, 뭐 조카딸 정도 되는 사람을 보았는데 돌아가신 쇼군의 딸이라고 하오. 공주의 남편은 여기 있는 푸시미 왕자의 아들이랍니다. 저녁에 나가사키 씨가 동반하고 온 사람들을 만났소. 나가사키 씨가 얼마나 우리를 배려하고 관심을 쏟던지 절대 그 고마움을 갚지 못할 거요. 나가사키 씨는 나를, 부인은 앨리스를 안내해서 테라시마 백작 부부를 만났소. 테라시마 백작은 펜실베이니아에서 공부해서 영어를 유창하게 한다오. 백작 부인은 영어를 못하오. 부인은 교토 은행가의 딸이며, 결혼한지 수개월 지났는데도 서양식 드레스를 처음 입었다오. 우리는 궁에서 격조 높은 식사를 했는데 미리 약속한 것은 아니었소. 식단이 어땠는지는 견본을 보내줄 게요. 3일째 되는 날 저녁에 메이플 클럽에 가서 일본식 식사를 하면서 게이샤 춤을 관람했소. 다음날 육군 장관은 병기고에서 우리에게 야외 파티를 열어주었소. 솔직히 말하면 메이플 클럽에서 상공인연합회 의장 연설에 우리가 답사를 해야 됐소. 그래서 나와 워렌 상원의원, 그로스베너 하원의원이 연설했소. 육군 장관의 야외 파티는 대성공이었지만 우리는 모두 치렁치렁한 예복에다 중산모까지 써야 했기 때문에 더워서 고생이 이만저만이 아니었다오. 파티에 많은 공을 들였고, 이토 같은 일본의 거물들이 모두 참가했다오. 장관이 연설을 한 다음 내가 역시 연설을 하고, 이토 후작은 시를 지어서 마음을 보여 주었소. 그리스콤도 역시 연설을 했소. 그 후에 우리는 스모를 관람했소. 사람들이 스모 선수들 몸무게가 나보다 45킬로그램은 더 나간다고 하지만 설마 그렇겠소? 어쨌든 스모는 대단히 재미있었고, 그렇게 즐거웠던 적이 없었소.

결국 장관의 집에까지 갔고 제1, 제2, 제3 장관에게도 갔소. 러플린 제2장관은 루시의 처남인데 일본식으로 집을 짓고 일본 사람들처럼 아주 우아하고 안락하게 산다오. 그날 밤 9시 30분에 교토로 출발했소. 우리가 역에 도착했을 때 광장에는 마중 나온 군중들이 가득 모여 만세를 소리치고 있었어요. 그렇게 열광적인 집회는 처음입니다. 우리는 역사 안에 준비된 방으로 들어가서 운집한 군중들을 볼 수 있었지요. 우리는 군중들의 환호성에 흥이 돋았는데, 특히 앨리스가 더 그랬다오. 군중들 중에서 우리를 따라 기차를 타러 온 사람을 비롯해 많은 사람들이 모여서 만세 삼창을 불렀소. 이토 후작도 같이 있었는데, 가장 감격적인 대중 환영회였다오. 도쿄에서 요코하마로 가는 기차 길은 우리를 환영하는 인파로 가득했고, 요코하마에서는 또 한 번 작별인사를 하려고 지방 관리들이 모여 있었는데, 그 사이에서 우리 친구들도 모여 있는 것을 알았소. 밤 11시가 되었는데도 그때까지 기차가 정거할 때마다 앨리스 루스벨트나 나는 선물을 받았고, 다음날 아침에 교토에 도착했소.

그날 아침도 정거장마다 환영 인파가 들끓었고, 교토에 도착했을 때는 또 다른 인파가 열렬하게 우리를 맞이했소. 우리는 길 가에 모인 환영 인파를 지나 호텔에 도착했소. 기차는 '환영 급행열차'로 불렸는데 기차가 멈추는 시간을 전국 곳곳에 알려 우리가 도착하는 시간에 사람들이 모일 수 있도록 했다오. 일본 정부는 우리를 위해 만반의 준비를 했소. 기차가 멈추고, 호텔에 도착한 후 앨리스와 참모들, 보드맨 양과 맥밀란 양은 정부의 초대를 받았소.

우리는 나가사키 씨의 호위를 받고 가면서 교토에 있는 궁전을 자세히 살펴보았소. 유도와 레슬링을 합쳐 놓은 듯한 주지쓰 경기와 펜싱 경기가 열리는 경기장에 갔더니 선수 후원 클럽에서 앨리스와 나를 명예 회원으로 받아들였다오. 저녁에는 교토의 관리들과 시장, 경찰국장, 왕실 관리 등 각양각층 사람들이 참석하는 만찬에 갔다오. 그 뒤에 도쿄보다 더 낫다는 교토의 게이샤 춤을 보고, 벚꽃 춤도 구경했소. 나는 얼마나 지쳤는지 잠이 와서 혼났소.

다음날 아침에는 사원에 갔는데 교토의 상인들은 우리에게 보여주려고 세상의 진귀한 물건을 모두 모아다가 펼쳐 놓았소. 우리는 그 사이를 지나서 사원으로 갔소. 비단 공장 몇 군데도 갔다오. 오후에는 고베로 출발해 교토를 떠날 때와 비슷하게 만세 삼창을 하는 군중들의 환대를 받았소. 고베에서도 똑같은 환영 인파가 있었다오. 우리는 영사관 앞에 멈추어 서서 지방 관리와 애국 여성 단체의 영접을 받았소. 나가사키 일행과 데라시마 일행이 우리와 같이 선상 만찬을 했다오. 그 사람들은 모두 피곤한 데도 불구하고 기꺼운 마음으로 우리를 배로 무사히 데려다 주었지요. 행사가 다 끝난 다음에 지칠 대로 지쳤기 때문에 내가 잠이 들면 아무도 중요한 일은 벌이려고 하지 않았지요. 내륙 해안을 도는 일정은 나에게 새로울 것도 없었지만 그래도 즐거웠어요.

시모노세키와 모지에서 대여섯 차례의 정식 만찬이 있어서 끊임없이 입을 움직여야 했다오. 내일 아침에는 나가사키로 갈 예정인데, 내 생각에 야외 파티 환영회가 있을 것 같고, 그 다음에는 기쁘게도 마닐라로 가는 길에 올라야 한다오.

여기서는 앨리스를 마음 놓고 놓아둘 수가 없소. 앨리스가 닉과 깊이 교제하고 있기 때문이오. 닉에게 빠져서 다른 사람들에게는 관심도 두지 않고 있소. 그러나 설득을 하면 순순히 따라오고 주의를 기울여야 할 때는 아주 잘하고 있소. 일본 사람들이 앨리스를 매우 아름답고 우아하다고 생각하고 있는 것 같소. 사람들이 보통 약혼을 하기는 하지만 결혼할 때까지는 변함이 없을 거라고 믿지 않고 있소. 마벨 보드맨과 에이미 맥밀란이 앨리스를 잘 보살펴 주고 있지만 필리핀 왕이 앨리스를 어떻게 생각할지는 전혀 알 수 없어요.

고베의 공사관에서 쉬겠다는 상, 하원 의원들의 취지가 잘못 알려져서 의원들이 교토에서 받은 대접에 대해 몇 마디 날카로운 말들이 오갔소. 일본이 우리들에게 숙박을 제공하기 위해 감수하는 고통이 매우 크다고 걱정하는데 터무니없소. 내 생각에는 파티에서 앨리스와 나에게 쏟아지는 관심이 점점 커져 가니까 질투심이 조금 생겨서 그런 불평을 한 것 같소. 그렇지만 오늘은 그런 분위기가 사라지고 있어요. 고베에서 노블이 우리에게 마닐라에 가면 할 일에 대해 몇 가지 말을 해주었소. 이제 더 할 말이 있으면 내가 직접 덧붙이리다.

헬렌 태프트가
윌리엄 하워드 태프트에게

[1905년] 8월 2일, 브래드모어 6번가

사랑하는 윌,

신문에서 당신의 일본 방문에 관한 기사를 모두 읽고 매우 잘 지낸다는 것을 알았어요. 파티에서 있었던 일을 들으니 걱정이 많이 되네요. 오늘 아침에 엘리너 대븐포트가 보낸 편지를 받았는데, 그 안에 샌프란시스코 신문 기사를 스크랩한 것도 있었어요. 편지는 한 은행 지점에 열흘 동안 있었는데, 내가 주소를 은행에 두고 왔던가 봐요. 생각은 잘 안 나지만 아무래도 좋아요. 당신이 주소를 못 받았다니 미안하지만 은행에서는 믿지 못하는 것 같아요. 이제 일본을 떠났으니 신문에서 당신을 많이 보지는 못하게 되겠군요. 우리가 같이 갔던 여행에서 마지막에 있었던 일을 이야기했는지 모르겠네요. 영국의 엑서터에 갔을 때 시간이 짧아서 생각보다 훨씬 빨리 일요일에 돌아왔잖아요. 아이들은 모두 잘 지내고 있고, 더할 나위 없이 만족스러워 하는 것처럼 보여요. 그래도 조금씩 변하고 있지요. 우슬러는 화요일에 우리를 데리고 화가인 애비 씨 집에 가서 크리켓 경기를 했어요. 화가 집은 페어포드에 있는데 여기에서 기차로 한 시간 남짓 걸리죠. 아주 재미있게 하루를 보냈어요. 의사 선생님 두 분이 애비 부부와 같은 팀을 하고, 하버드 대학 교수인 스코필드 씨가 우리 팀이었어요. 우리는 불Bull 호텔에서 정말 맛있는 점심을 먹고 영국 교회를 보러 갔지요. 그 교회는 영국에서 가장 훌륭하고 오래된 스테인드글라스 창문이 있었는데 이상하게 생긴 늙은 거지가 낚싯대로 그 창문을 재미있게 설명하고 있었어요. 애비 씨는 아름다운 별장을 가지고 있는데 그곳에서 일 년에 한번 크리켓을 즐기는 화가들과 함께 파티를 연다고 해요. 일주일을 같이 지내면서 모두 팀을 이루어 경기를 한다는군요. 애비 씨 부인은 멋져요. 오번 산에 갔을 때는 당신 가족이 생각났어요. 우리는 해리스버그 의회 건물로 쓰도록 설계된 스튜디오에서 재미있는 일을 몇 가지 보았어요. 그곳 사람들이 모두 좋지만, 평소 하던 대로 우리는 두세 명만 만났지요. 마이클 힉스비치 선생의 부인과 딸 정도예요. 우리가 돌아왔을 때 브리지 게임에 초대받은 것을 알았죠. 프레더릭 선생과 또 다른 젊은이가 함께 하는 카드놀이는 특히 재미있었어요. 보모는 근처 동네에 살고 있는데 매우 점잖으신 분이세요. 캐나다 사람인데 책임감이 철철 넘쳐요. 다른 대륙 출신 사람들도 매우 교양이 있다고 주저 없이 말할 수 있을 정도로 좋은 사람이에요. 나는 영국인이 정말 싫고, 더구나 여자들은 어쩔 도리가 없어요. 비교적 상류층인 사람들은 조금 다를지도 모르지요. 어제 사이프리언 브리지 해군 대장이 아주 공손한 편지를 보내 자신이 영국을 떠나게 돼서 유감이라고 하더군요. 편지를 쓸 생각을 했다니 정말 멋있어요. 우슬러 가족은 며칠 후에 떠나요. 호들리 가족은 이제 도착해서 숙소를 잡았어요. 어젯밤에 브리지 게임을 하러 왔었는데, 호들리 아들이 후두염을 앓고 있어요. 오늘 아침에는 비가 내리고 있는데, 영국에 온 후로 처음 맞는 비예요. 그동안 세상이 온통 말라 있었어요. 우리 모두가 사랑과 입맞춤을 당신에게 보내요.

　당신의 영원한 헬렌

| 추신 | 밥Bob은 가끔 편지를 쓰는데, 아주 행복해 보여요.

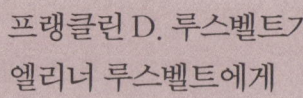 

프랭클린 D. 루스벨트가
엘리너 루스벨트에게

프랭클린 루스벨트 대통령은 파나마 운하 지역을 시찰하면서 부인에게 이렇게 특이하게 '친구 같은' 편지를 썼다.

사랑하는 밥스,

우리는 잘 지내고 있고, 마지막 출발하는 항공 우편이 내일 일찍 갈 거요. 아로세메나 대통령과 내각 관리, 운하 관리 공무원, 육군과 해군 장교들에게 마실 차를 보냈소. 아리아스 전 대통령 부부가 와서 당신에게 따뜻한 안부 인사를 전했소.

나는 내일 아로세메나 대통령과 함께 서쪽 운하 지역을 시찰하고 리들리 장관과 점심을 먹을 거요. 그 후에 기차를 타고 파나마 지협을 건너가서 크리스토발을 시찰한 다음 오후 6시 경에 개턴 록스에서 배를 타겠소. 여정이 길지만 지금은 그렇게 덥지 않고, 내일은 바람이 불어주기를 바라고 있소.

토요일에는 니카라과 해안에서 조금 떨어진 프로비던스 섬을 탐험할 예정이오. 해리 모건 두목과 해적들이 드나들던 곳 말이오. 그런 다음 곧바로 떠나 화요일 오후에는 펜서콜라에 도착하오.

당신이 18일에 캐나다에 오는 계획에 대해 말하고 싶어서 오늘 전보를 쳤소. 당신이 올 수 있기 바라오.

일은 다 잘 되어가고 있어요. 어제는 100킬로그램이 넘는 상어를 1시간하고도 35분이나 걸려 잡았소. 그렇게 큰 고기를 집어넣을 수족관을 만들어야 하오! 당신에게 헌신적인 F.

해리 S. 트루먼이
베스 트루먼에게

제2차 세계대전 직후, 트루먼 대통령은 남아메리카 '친선' 방문에 나섰다. 미국 대통령으로서는 최초로 멕시코를 방문하던 중에 멕시코시티에서 부인에게 이 편지를 썼다.

1947년 3월 4일

사랑하는 베스,

우리는 3시 4분에 캔자스시티를 떠나 오전 10시에 목적지에 도착했는데 비행 속도를 늦추어야 했기 때문에 그렇게 빠르지는 않았을 것이오. 나는 조종사와 함께 비행기를 타고 멕시코시티 계곡에서 해발 3천 미터 높이로 날았소. 계곡에서 100마일 떨어진 포포카테페틀 산을 눈앞에서 보았지만, 안개 때문에 멕시코에서 가장 높은 오리사바 산은 볼 수 없었소. 오리사바 산은 베라크루스의 바로 서쪽에 해발 5,700미터 높이로 솟아 있소.

공항에는 사람들이 줄지어 서 있었는데, 멕시코 국민들은 나를 진심으로 환영해 주었소. 시장이며 연방 주지사는 나를 영광스러운 손님으로 환대했소. 한쪽에는 도시의 문장紋章이 새겨있고 다른 한편으로는 아즈텍 족의 바위 달력이 복제된 반 파운드짜리 순금 메달을 선물로 주었소. 멕시코 대통령과도 즐겁게 보냈소. 대통령은 아름다운 저택에서 아들과 딸을 두고 화목하게 지내고 있었다오. 영부인도 만났는데 아주 아름다웠소. 대통령은 연회장에서 당

▲베스 트루먼은 해리 트루먼이 "세련되고 기품 있는" 남편이 되도록 뒷받침
하였다.

신이 보내준 선물을 받고 부인이 무척 기뻐했다고 전해주었소.

어젯밤 파티는 다채로웠소. 대사관부터 궁전까지 가는 거리에는 군중들이 꽉 메워졌고, 궁전 앞 광장에는 최소한 10,000명이 모였소. 멕시코 대통령과 나는 발코니에서 군중들에게 답례를 해야 했소. 나는 그런 환대를 이때까지 받아본 적이 없었소.

모든 일이 잘 되기를 바라오. 마지에게 착하게 잘 지내라고 전해주시오. 사랑하오. 해리

chapter 10

만남과 이별

조지 워싱턴 대통령과 영부인은 많은 대통령 부부들이 따라야 할 정치적, 사회적인 행동 방식의 전례를 세웠다.

"주변에서 벌어지는 세상일들이 모두
당신이 여기에 없다는 것을 생각나게 하오."
—제임스 매디슨이 돌리 매디슨에게,
1809년 8월 7일

"그러면 같이, 될 수 있으면 빨리 오시오."
— 에이브러햄 링컨이 메리 링컨에게,
1848년 6월 12일

"달콤한 시간까지, 오직 '사랑 만들기!'"
— 우드로 윌슨이 엘렌 윌슨에게,
1886년 6월 4일

"나는 어젯밤 당신과 같이 집에 가기를 간절히 원했소."
—해리 S. 트루먼이 베스 트루먼에게,
1923년 7월 27일

마흔 살이 되도록 집에 앉아 쟁기질만 하는 사람은 대통령이 되지 못한다. 대통령은 일찌감치 종종 여행에 나섰고, 부인이 가족을 돌보고 가족 사업을 운영했다. 여기 있는 편지는 이별의 고통과 재회의 기쁨을 보여주고 있다.

마사 워싱턴이
조지 워싱턴에게

애정이 넘치는 이 편지는 마사 워싱턴이 남편에게 쓴 유일한 편지로
알려져 있다. 대통령은 윌리엄스버그에서 하원의원으로 있으면서 무역
거래를 위해 디스멀 습지로 예정에 없는 짧은 여행을 했다.

1767년 3월 30일

　사랑하는 여보,

　당신이 안전하게 도착했다는 편지를 받고 무척 기뻤어요. 우리
는 모두 잘 지내고 있고, 여기는 여전히 비가 내려서 습해요. 내가
기대하는 만큼 당신이 빨리 돌아오지 않을 것 같아 서운하네요. 5

▲마사 워싱턴

월이 되어 여동생이 오면
4월보다 훨씬 즐거운 시간
이 되리라고 생각했는데,
오지 못하겠다니 오히려 4
월이 낫겠어요. 지난번에
마지막으로 보낸 편지 말
고는 당신에게 전할 새로
운 소식이 없어서 여기서
마무리해야 되겠어요. 당
신에게 가장 다정한 마사
워싱턴이.

사라 포크 부인이 어쩌다 가끔 백악관을 떠나 여행에 나서면 남편은 혼자 있는 생활을 편지로 써서 보냈다.

1847년 7월 12일, 워싱턴시티에서

사랑하는 부인,

어제 당신에게 편지를 쓰고 나서, 오늘 밤에 일을 다 끝내고 다시 편지를 쓰고 있소. 특별히 관심을 끌 만한 일이 벌어져 할 말이 있

▲제임스 K. 포크는 주지사와 대통령이 되기 전에 대농장주와 사업가로 번창하고 있었다. 그는 1846－1848년에 벌어진 멕시코 전쟁을 승리로 이끌었다.

는 것이 아니라, 스스로 한 약속을 지키고 백악관에 있으면서 내가 얼마나 당신을 보고 싶어 하는지 알려주고 싶었을 뿐이오. 오늘 아침 식사를 하러 내려갔는데 가족들이 아무도 보이지 않았소. '윌리엄 포크의 아내' 가 일찍 일어났을 뿐 모두 단잠을 자고 있었소. 나는 '헨리' 를 불러서 식구들에게 알리라고 했지요. 헨리는 '네, 각하, 사라 부인이 계실 때에는 무척 엄격했지요' 라고 대답했는데, 나도 그렇게 생각했어요. 오늘 '윌리엄의 아내' 에게 조촐한 저녁 파티를 열라고 했어요. '부캐넌 씨, 메이슨 부부, 머시 부부, 그래햄 부부, 루이지애나의 다운즈 상원의원' 과 두 명의 어린 숙녀, 뉴욕의 '워즈워드 판사' 와 그 외에 한두 명의 신사들이 참석했소. 만찬은 잘 끝났다오. 당신도 알겠지만 '바우먼' 이 만찬에서 시중을 들었소.

날씨가 정말 따뜻하군. 당신이 여행을 흠뻑 즐기지 못하고 돌아올까 봐 걱정이 되오.

당신을 사랑하는 남편, 제임스 K. 포크

에이브러햄 링컨이 메리 링컨에게

에이브러햄 링컨은 일리노이를 떠나 연방 하원의원으로 있으면서 마지못해 뒤에 남아있는 메리 부인에게 격려하는 편지를 썼다.

사랑하는 부인에게,

필라델피아에서 돌아온 어제, 걱정을 하며 휘그당에 이끌려서 회의에 참석하고 돌아와서 당신이 보낸 편지를 받았소. 밤새 말을 타고 오느라고 너무 피곤하고 졸려서 오늘까지 답장을 할 수 없었소. 그래서 지금 하원에서 편지를 써야겠소. 당신 편지에서 중요한 일이란 산을 넘어 이곳으로 돌아오고 싶어 하는 당신 소원이지요. 내가 찬성한다면 당신은 무슨 일이든지 하는 '착한 여자'가 되겠소? 그러면 따라 오구려, 될 수 있으면 '빨리'. 나는 머릿속에 당신이 온다는 생각을 떠올리면서, 우리가 만날 때까지 참아야겠소. 가진 돈이 많지 않겠지만 아저씨가 도와주시면 내가 나중에 갚겠소. 어쨌든 당신은 내가 보내준 50달러를 받았는지 안 받았는지 말해주지 않았구려. 당신이 받았다면 크게 걱정하지 않겠소. 돈이 부족했다면 부족했다고 뭔가 할 말이 있을 텐데 하는 말이오. 당신 아저씨가 렉싱턴에 계시면, 7월 1일 이전에 출발하라고 설득해야 할 거요. 왜냐하면 오는 길에 켄터키에서 더 오래 지체할 수 있고, 그렇게 되면 시간이 많이 지나가버리기 때문이오. 이 편지를 쓸 때, 의원들이 안건을 7월 17일로 연기하도록 결정하였으니 아마 상원에서도 가결될 것 같소. 이 편지가 당신 마음을 불편하게 하지 않았으면 좋겠소. 더불어 내가 지금 있는 상황을 감안해서 편지를 더 쓰지 못한 점을 용서하기 바라오. 될 수 있으면 빨리 오시오. 당신과 '사랑스러운' 아이들이 무척 보고 싶소. 여기 있는 사람들이 모두 귀여운 우리 바비를 보고 싶어 한다오.

사랑하는 A. 링컨이

시어도어 루스벨트가
앨리스 리에게

앨리스 리는 하버드대 학생이었던 시어도어 루스벨트를 알게 된 지 2
주일 밖에 안 되서 이 편지를 받지만, 루스벨트는 그때 이미 앨리스와
결혼하기로 마음먹었다.

1878년 12월 6일, 캠브리지에서

사랑하는 앨리스,

지난 2, 3일 동안 가슴 졸이며 당신과 로즈에게서 편지가 오기를
기다리고 있었습니다. 그러나 아무것도 오지 않더군요. 우리가 즐
겁게 찍은 사진을 잊으면 '안 돼요.' 나는 토요일에는 무슨 약속이
든지 요리조리 솜씨 좋게 피하고 있습니다. 이 편지는 미노트 웰드
편에 보낼 게요. 미노트가 무슨 말을 할지 모르겠지만 편지 내용은
모르고 있습니다. 로즈에게 그 집에서 보낸 추수감사절이 세상에
서 제일 즐거웠다고 전해주세요.

내가 들은 이야기로 판단해보건대 뉴베드포드 파티에서 입은 새
옷은 아주 흠잡을 데 없었을 거예요.

'당신의 친구—공모자' 보냄

시어도어 루스벨트가
앨리스 리 루스벨트에게

시어도어는 뉴욕 하원의원 때 부인에게 긴 편지를 썼다. 앨리스라고 불리는 딸을 난산하다 사망하기 바로 8일 전에 쓴 편지이다.

1884년 2월 6일, 올버니에서

사랑하는 부인에게,

어제 오후에는 반짝반짝 빛나는 귀염둥이를 얼마나 보내기 싫었는지! 언제나 당신을 사랑하고 그리워하고 있어요. 이 세상 무엇과도 바꿀 수 없어요, 그 두 배를 준다 해도. 어여쁘고 귀여운 당신을. 당신과 다시 같이 있게 될 금요일을 고대하고 있어요. 오늘도 여느 때처럼 권투 연습을 했어요. 우리 사범은 조그만 남자인데 서로 치고 박고 하다가 나한테 올려치기를 당해 코피가 터지더니 나가떨어졌지요.

하원에서 내가 발의한 개헌 헌장에 대해 열띤 토론을 벌였는데 이겨서, 최종안을 심사하고 결의하는 3독회까지 그것을 정리해야 돼요. 내일 저녁 7시 반에 러스본즈 집에서 저녁 식사를 하기로 했어요. 초대해주어서 고맙기는 하지만 그렇게 재미있을 것 같지는 않아요.

안녕, 여보. 당신의 영원한 사랑 그대가

우드로 윌슨이
엘렌 윌슨에게

엘렌은 조지아주 게인즈빌에서 첫 아이 마가렛 우드로 윌슨을 출산하고 산후 조리를 하고 있었다. 이 편지는 우드로가 펜실베이니아에 있는 브린 마워 대학에서 교편을 잡고 있을 때 썼다. 가족을 브린 마워로 데려오기 직전이었다.

1886년 6월 4일, 브린 마워에서

나만의 당신,

지금 막 마지막 수업을 하고 돌아왔소. 생각해봐요! 내가 당신을 볼 날이 얼마나 가까워 졌는지! 다음 주에 하루에 한 시간은 밴크로프트 양과 함께 있어야 하오. 그러나 밖에 있는 한 시간 동안 아무 일도 안 한다는 뜻이 아니오. 해야 돼요. 아무리 해도 '당신에게 갈 수 없는 날' 인데, 속수무책으로 시간만 보내는 것 같아 조급해지는데 그러지 말아야겠어요. 앞으로 짐을 싸야 해요. 짐을 싸는데 또 며칠이 걸릴 거예요. 짐을 싸자마자 당신에게 갈 수 있으면 그렇게 오래 시간을 끌지 않을 텐데! '오늘' 은 쉴 수 있는데! 오늘 밤부터 일주일 동안 '쉴 거요.' 너무 좋아서 믿어지지가 않아요!

오늘 아침에는 제시 편지를 받아서 정말 즐거웠소. 줄무늬에다 예쁘게 수를 놓고 향기가 나는 아기 담요도 같이 받았소. 담요는 당신에게 보내겠어요. 제시는 당신 주소를 모르거든. 편지에는 이렇게 적혀 있었소. "우드로, 엘리 루가 너무 무리하지 말아야 해요. 그렇지 않으면 앞으로 두 사람을 비참하게 만드는 병이 씨앗을 뿌리게 될 거예요. 내가 로마에 있을 때 엘리가 이미 산후 조리를 끝내고 일어났다는 말을 듣고 몹시 걱정됐어요. 다른 젊은 엄마들처럼 이런 것을 잘 모르고 나중에 마음 아파하게 될까 봐 걱정스러워 편지를 썼어요." 특별히 눈에 띄는 '젊은 엄마들처럼 아파할까 봐'라는 말에 빙그레 웃음이 나오면서 베스 생각이 나더군요. 그러나 내가 편지에서 보여준 것처럼 당신에게 도움을 주려 해도 '아멘'밖에는 달리 할 수가 없어요. 제시는 '우리처럼 가족이 빨리 생겼어!'라고 했소. 내가 가면 당신이 이 편지를 전부 다 읽게 될 거요. '내가 가면!' 그 달콤한 시간이 오기를 기다리면서 미루고 있는 일들이 얼마나 많은지, 가장 먼저 할 일은 '사랑 고백하기!' 당신은 편지를 받을 때 편지 내용에 뭔가 미루고 하지 않은 말이 있다고 생각하고 있었지요? 하지만 그 말은 내 입으로 직접 말하지 않는다면, 그리고 내 눈으로 그 뜻을 해석해 주지 않으면 효과가 없어져요. 물론 달콤한 사랑을 속삭이고 싶소. 어쨌든 '가겠소.' 그러면 어느 쪽이 더 나쁜지, 좋은지 알게 될 거요. 소중한 우리 아기에게 아빠가 수도 없이 뽀뽀하고 싶소. 작은 누나와 에디, 루, 모두에게 사랑한다고 전해줘요. 당신은 나의 따뜻한 가슴이고, 보물이고, 여왕이고, 인생이라오. 나는 '모두' 당신만의 우드로가 되겠소.

|추신| 어젯밤 개러트의 집에서 열린 파티는 무척 즐거웠소. 다음에 16번째 편지를 쓰도록 할 게요!

그로버 클리블랜드는 두 번째 대통령직을 맡기 전에 뉴욕에서 변호사를 하였다. 그동안 부인은 가끔 친구와 함께 지내거나 메사추세츠에 있는 여름 별장에서 지냈다.

1891년 5월 26일

여보,

오늘밤에는 한 마디만 하겠소. 어쨌든 다음 금요일에 집에 갈 수 있도록 빨리 일을 끝내려고 열심히 일하고 있다오. 그렇게 되도록 하고는 있는데… 일이 잘 되든 안 되든 토요일에는 당신과 함께 있도록 하겠소. 저녁에 데모크래틱 클럽에 갔다가 호텔에 돌아오니 브라이언츠 박사가 명함을 두고 갔더군. 직접 만나지 못해서 섭섭했다오. 라몬트 대령도 역시 이 호텔에 있었다고 하오. 나는 여기서 이틀 동안 있으려고 했는데…당신과 같이 있도록 가야 되겠소. 매일 아침 8시에는 식사를 했는데 오늘은 옛날 습관대로 8시 15분까지 잠을 잤소.

내가 당신을 얼마나 사랑하는지 이제 알게 될 거예요. 당신이 말한 10달러를 편지와 같이 보내겠소.

세상의 모든 사랑과 가장 따뜻한 추억이 제퍼슨 일가와 함께 하길. 당신을 사랑하는 남편 G. C.

▲그로버 클리블랜드는 1886년 6월 2일, 죽은 친구이자 변호사 동업자의 딸인 프랜시스 폴솜이 21세 때 그녀와 결혼했다. 이것은 현직 대통령이 백악관에서 올린 최초의 결혼식이다.

아이다 매킨리가
윌리엄 매킨리에게

아이다는 오하이오 주지사를 지내면서 공화당 대통령 후보를 준비하고 있는 윌리엄 매킨리에게 편지를 보냈다.

1895년 10월 8일, 오하이오주 콜럼버스에서

매킨리 주지사에게,

당신이 도착한다니까 향수병이 훨씬 나아졌어요. 잘 있나요.

아내 매킨리가

1895년 [10월 18일] 오후 11시, 오하이오주 콜럼버스에서

매킨리 주지사에게,

당신 전보 받았어요. 건강하다니 다행이네요. 나도 잘 있기는 한데 아직도 향수병에 걸렸어요.

아내 매킨리가

윌리엄 매킨리가
아이다 매킨리에게

윌리엄 매킨리 대통령은 암살당하기 바로 몇 달 전에, 부인에게 일상적인 전보를 보냈다. 부인에게 보낸 서신 중에 이것만이 유일하게 남아있다.

윌리엄 매킨리 부인에게,

우리는 금방 인디애나폴리스를 떠났소. 기분은 좋소. 내일 아침 7시에 도착하겠소. 윌리엄 매킨리.

워싱턴 D.C. 집무실의 대통령 개인 계좌를 채워주세요.

워렌 G. 하딩이
플로렌스 M. 하딩에게

워렌 하딩이 부인에게 쓴 편지는 모두 플로리다 여행과 지나치게 빠져 있었던 장시간의 카드 게임에 대한 이야기뿐이다.

사랑하는 플로렌스,

우리는 한 시간 후에 잭슨빌에 도착할 거요. 오는 동안에 카드 게임을 많이 했더니 별로 긴 여행인 줄 모르고 지나갔어요. 그런데 돈은 못 벌었소. 모두 여섯 명이 나갔다 들어갔다 했는데 위크스 부인이 거의 휩쓸다시피 했소. 부인은 새 옷을 살 수 있을 정도요. 어제 저녁에 커민스는 운이 안 따르니까 더 화가 나서 여행을 그만두겠다고까지 했소. 그래서 우리는 1점에 1센트 거는 놀이를 했소. 커민

▲플로렌스 하딩 영부인이 백악관 정원에서 워렌 하딩 대통령의 양복 깃에 꽃을 달아주고 있다.

스는 오늘 아침 다시 시작해서 지금 21/2 센트까지 되었소. 그는 지기 싫어하는 사람이오. 나도 역시 그렇기는 하지만 될 수 있는 한 그렇게 겉으로 드러내지는 않겠소.

플로리다는 여행하기에 그렇게 매력적이지도 재미있지도 않아요. 지대가 너무 낮아서 어디에 가나 물이 흘러요. 그렇게 많은 물은 처음 보았소. 복숭아꽃이 아름답게 활짝 피었더군요. 나뭇가지 여기저기에서 새 잎이 돋아나 무성하지만, 아직까지 이 고장 모습은 마음에 끌리지 않고 있소.

기차는 혼잡하지 않소. 빈자리가 많아요. 어느 방향이든지 갈 수 있어요. 사람들은 플로리다가 풍성한 고장이라고 한다오.

당신과 같이 있지 못해서 섭섭하오. 파티에 온 모든 사람들도 그렇게 생각한다오. 당신이 왔으면 얼마든지 '기분 좋은' 여행을 할 수 있었을 텐데 말이오.

위크스 부인은 몇 번씩이나 섭섭한 모습이었소. 할도 역시 실망스럽다고 자주 이야기했소. 그는 당신이 게임도 잘 한다고 합니다. 브리지 게임을 좋아했겠지만, 했으면 졌을지도 모르지요. 내가 지금 40달러를 걸었는데 당신보다 운이 따라주겠지요.

오늘은 더 할 이야기가 없소. 잠시 밖에 나와 있는 동안 몇 자 적은 거요. 당신과 스텔라가 잘 지내기를 바라오. 당신에게 사랑을 전하며, 당신과 같이 있지 못해서 다시 한 번 미안하오. W. G.

해리 S. 트루먼이 베스 트루먼에게

베스 트루먼은 리븐워스 요새에서 군사 훈련 중인 남편을 떠난 직후 이 편지를 받았다. 베스는 딸 메리 마가렛을 임신하고 나서 치아에 문제가 있다는 것을 알았다.

1923년 7월 27일, 캔자스주 리븐워스 요새에서

사랑하는 베스,

어젯밤에는 당신과 함께 고향으로 돌아가고 싶은 마음이 간절해서 참을 수가 없었다오. 당신은 고개를 어깨까지 푹 떨어뜨리고 있었고, 나는 항상 그랬던 것처럼 무심하게 굴었지요. 당신 기분이 조금도 좋아지지 않았다니 마음이 아프구려. 이를 딱딱 부딪쳐도 더 나아질 리 없소. 그래, 며칠이 지나도 낫지 않을 것 같소. 치료를 잘 받아야만 좋아질 거라고 장담하오.

어제는 당신도 알다시피 무를 심는 날이어서, 씨가 젖었든 말랐든 명령대로 뿌려야 했소. 씨를 뿌렸으니 내일은 싹이 올라오겠지요.

어젯밤에 12시 30분까지 쓰레기를 치우고, 아침에 일어나서 텐트를 걷을 때 그로브스와 블리스의 도움을 받아 밧줄을 푼 다음 쐐기를 뽑았소. 우리가 있는 A가에서는 평소보다 더 소란스럽게 병사들이 이리저리 쫓아다녔소. 아침에 길 건너편에서 목마타기를 했는데 아주 구경할 만하였소. 다리가 짧은 병사들은 부딪치고 쓰러지고 거의 난리법석이었다오. 그리고 나서 자두와 오트밀, 달걀부침, 우유, 오렌지로 간단하게 식사를 했지만 시간은 두 배나 걸렸다오. 오늘은 더 말하기가 힘들어요.

당신의 기분이 좋아지기를 빌며. 사랑하오, 당신의 해리

캘빈 쿨리지가
그레이스 쿨리지에게

그레이스가 메사추세츠주 노스햄턴에서 투병 중인 어머니 레미라 굿휴를 간호하고 있을 때, 쿨리지 대통령은 부인이 보고 싶어 하는 마음을 알고 이 편지를 썼다.

사랑하는 그레이스,

당신이 편지 한 통도 보내지 않은 것 같은데, 무소식이 희소식이려니 하면서 내일이나 모래쯤 답장이 오기를 기다리고 있다오.

오늘 오찬에서 파이어스톤 부부와 아들, 딸을 모두 만났소. 파이어스톤 부인은 당신이 그 자리에 없어서 얼마나 서운했는지 전해 달라고 했소. 그 집에서는 개를 여러 마리 키우고 있는데, 결국에는 캘러미티 제인이 테이블로 기어 올라와서 아들이 그렇게 좋아하는 아이스크림을 먹어 치우고는 초콜릿을 얹은 컵케이크 과자까지 통째로 가로채 갔다오. 당신은 그 아들을 예뻐하잖아요. 나는 주머니쥐를 동물원에 보내고 텍사스 주에서 칠면조를 한 마리 받았소. 당신에게는 대단하지 않겠지요. 사람들은 신문을 보고 당신이 집에 없다는 것을 알고 있는 것 같소. 노스햄턴이 당신에게 너무 춥지 않기 바라오. 사랑하오.

프랭클린 D. 루스벨트가
엘리너 루스벨트에게

프랭클린 루스벨트 대통령과 영부인은 둘 다 여행을 하고 있었는데, 영부인은 특히 여행을 좋아하였다. 이 편지에서 프랭클린은 미국이 아이티를 철수하기 직전에 여행에 나서 낚시에서 있었던 모험담을 이야기하고 있다.

사랑하는 밥스,

이 편지가 도깨비불 요정 같은 당신을 언제 따라잡을지는 오직 하느님만이 아실 거요. 어쨌든 나는 일정에 따라 가고 있고, 아직까지는 여행이 훌륭하게 잘 되어 가고 있소. 어제는 바하마 남동부에서 9시간 동안 낚시를 하며 재미있게 보냈는데 F와 J 그리고 내가 물고기를 잡았소. 다른 배에 탔던 사람도 고기를 잡았소. '유쾌한 삼총사'인 루돌프와 딕 저비스, 구스는 한동안 낚싯대를 쳐다보기만 했소. 삼총사는 배 위에서 후들거려 걱정했지만 에디 래던의 다리는 정말 튼튼해보였소.

오늘 카프아이시앵에서 열린 환영식은 화려하고 재미있었소. 호화롭게 꾸며진 유람선은 특별히 빈센트 대통령과 전 내각이 서 있는 자리에 트랩을 연결하여 하선할 수 있게 만들었소. 훈련된 아이티 사람들이 뒤에 정렬되어 있었고 방파제와 지붕에는 수많은 군중들이 모여 환호하고 있었소. 빈센트 대통령과 나는 스페인과 프랑스의 훌륭한 옛 건물들이 들어서 있는 거리를 지나 환영회가 열리는 클럽에 갔소. 빈센트 대통령이 먼저 연설과 건배를 한 다음, 나 역시 연설을 마치고 건배를 했소. 처음에는 불어로 했지만 내 차례가 되었을 때는 영어로 바뀌었소.

처음으로 배가 정박을 하자 F와 J는 바로 해변으로 갔고, 크리스토퍼 산스 소우시 궁전에서 산꼭대기에 있는 '요새'를 보았소. F와 J는 다시 클럽에서 나와 만나 휴스턴 함으로 돌아온 다음, 답방차

온 빈센트 대통령과 내각을 맞이했다오. 하루 종일 축포 소리를 듣고 뜨거운 환영을 받았지만, 8월 15일에 마지막으로 우리 해군을 철수시키자마자 폭동을 일으키는 일이 없길 바라고, 아이티의 번영을 기원하오. 아마 아이티 국민들은 18년 동안 우리가 그들에게 얼마나 막대한 이익을 주었는지 잘 알고 있겠지요. '국민' 들은 그렇게 생각하겠지만, 흑백 혼혈 상류층은 그렇지 않을까봐 걱정이오.

내일 아침 7시 30분에는 마야게즈에 도착한다오. 하루 종일 더울 텐데 걱정이군. 토요일에 세인트토머스 섬에서 편지를 쓰고, 다음에는 파나마에 있게 될 거요. 포틀랜드 부두로 가기 전까지는 당신을 보기 힘들겠지요.

병사들은 아주 재미있어 하며 더할 나위 없이 잘 지내고 있다오. 우리 장교와 선원들은 매일 갑판 위에 둘러앉아 영화를 본다오. 오늘밤에는 천둥이 무섭게 치는 바람에 영화를 보다가 그만두었소. 정신이 없어서 깜빡 잊어버렸는데 우리 다섯 명 중에는 브라운 대장과 매킨타이어 박사도 있고, 바보 같은 '세쿼이아' 병사들이 우리를 지켜주고 있다오.

영원히 사랑하오. 그리고 몸조심 하시오.

당신의 헌신적인 F.

레이디 버드 테일러가
린든 B 존슨에게

린든 존슨은 워싱턴 D. C.에서 입법부 부관으로 있으면서 사법학교에 다니고, 레이디 버드는 텍사스 대학을 졸업한 후 앞날을 심사숙고하고 있었을 때, 이 편지를 주고받았다.

[1934년 9월 24일] 월요일 밤에

사랑하는 당신에게,

도대체 당신은 1호실에서 무엇을 하고 있어요? 나는 사람들이 호텔에 왜 그렇게 번호를 붙이는지 모르겠어요!

당신에게서 편지를 받은 지 얼마나 오래 되었는지! 그래도 야단치지는 않겠어요. 사랑하는 사람에게 안달을 하는 것이 정말로 어리석다고 생각해서요. 짐작으로만 이런 이야기를 하는 게 아니에요. 오늘 아침에 내려가면 나를 기다리는 편지가 꼭 있을 거라는 생각이 들었어요.

어제는 아침 일찍부터 숲 건너편에 있는 폭스 부인 집에 갔어요. 숲 속에는 자그마하고 아름답게 생긴 습지와 웅덩이가 있었어요. 그리고 '검푸른' 빛이 감도는 눈부신 아침이 옥수수 밭에 가득 찼어요. 폭스 부인은 부잣집 노인인데 훌륭하고 오래된 남부 가문의 손녀딸이자 사업을 하는 '옛날 남부 사람'이에요. 부인은 주위 사람들을 싫어하지만 나에게만은 호의를 갖고 있어요. 그리고 내가 여기서 같이 즐겁게 지내고 있는 사람들 중 한 분이에요.

부인은 골드 콜리라는 개를 기르고 있는데, 몸무게가 1톤은 되겠더라고요. 내가 갈 때마다 그 개가 갑자기 잡아먹을 듯이 달려들어요. 그래도 나는 그 개가 좋아요.

린든, 내가 워싱턴에 가면 머릿속이 바보가 되지 않을까요? 예닐곱 살짜리 어린 아이 같지 않겠어요? 정원 벤치와 의자를 덮기에 좋은 천 같은 것을 구하는데 원하는 것이 없어서 한계에 부딪쳤어요. 경제나 행정, 혹은 세상 돌아가는 이야기가 있는 책을 몇 권 사러 가야겠어요. 러시아에 대한 책이 한 권 있는데, 매우 흥미가 있지만 아무 것도 모르겠어요. 이런 책 읽어본 적 있나요? 어떤 의견이라도 좋으니 이야기해주세요.

오, 사랑하는 당신. 지금은 '정말' 당신이 보고 싶지만 다시 만날 시간을 기다릴 수 있으니 그렇게 나쁘지는 않아요! 이번 추수감사절에 어떻게 할지 좀 더 이야기해주세요. 진지하게 생각해보았나요?

오늘 오후에 사진을 찍어서 현상하려고 해요. 사진이 잘 나오면 몇 장 보내드리지요. 그리고 내가 12월 12일에 석유협회 일 때문에 댈러스에 가서 당신에게 크고 '멋진' 사진을 만들어 드리겠어요, 당신이 원한다면! '결코' 여기에 있지 않을 거예요. 마셜 사진사는 사람들을 도깨비 같이 보이게 해요. 여기 내가 사랑하는 오스틴의 매혹적인 4월의 풍경 사진이 두 장 있어요. 잘 자요, 나의 연인, 꼭 편지해주세요. 당신을 사랑해요, 버드

[1934년 9월 25일] 화요일, 워싱턴 D. C. 연방 하원에서

사랑하는 당신에게,

일요일에는 하루 종일 빨리 월요일이 되어 당신 편지가 오기를 기다리고 있었어요. 월요일이 되어 실망하면 다시 화요일이 오기를, 그래서 당신에게 한 마디 말이라도 듣기를 기다리지요. 편지를 지금 막 받았으면서도, 내일 사랑하는 당신이 들려줄 한 마디 말을 기다리고 있답니다.

꿈속에서나 볼 수 있게 사진도 찍을 수 없고, 당신을 보는 꿈, 당신을 위한 계획은 마음조차 먹을 수 없어요.

내가 도착하고 나서는 어머니가 보내신 편지뿐이군요. 어머니는 당신에 관한 말씀을 하셨어요. 여느 때와는 다르게 말씀하셨지만. 하지만 어머니 생전에 가장 만족한 표현입니다. 당신이 원한다면 어머니 편지 이야기는 하지 않겠어요. 나의 모든 사랑. 린든

제2차 세계대전 당시 리처드 닉슨은 해군 장교로 복무하면서 사랑과

외로움이 깃들어 있는 편지를 부인과 주고받았다.

[1942년]

사랑하는 당신,

내가 알 수 있게 항상 당신 편지에 날짜를 써주세요. 그런데 또 혼란스러울 수도 있겠어요. 나는 매일 편지를 쓰는데 어떻게 당신은 한꺼번에 3통을 같이 받는지 모르겠어요.

[1942년]

2시가 되었지만 '내가 얼마나 당신을 사랑하는지' 말하겠어요! 전화로 당신에게 말했다면 다시 한 번 분명하게 말하겠어요. 또 걱정하지 말라고 하고 싶어요! 당신이 그렇게 많이 걱정을 하면 무거운 짐을 더 얹게 해주는 것 같아 두려워요. 오늘밤 당신과 이야기를 하면서 당신을 이렇게 느끼기는 처음이에요.

리처드 닉슨이 패트리샤 닉슨에게

[1943년 8월 17일]

꼭 1년 전에 당신 곁을 떠나 유니온 스테이션에서 퀸셋 해군기지로 왔소. 그 날은 결코 잊을 수 없는 날이었소. 제이크가 우리를 역까지 데려다 주고 나서 당신에게 작별인사를 한 다음 프로비던스로 향하는 기차에 쓸쓸하게 올랐소. 언제 어디서나 당신과 함께 있었던 시간이 떠올랐소. 막사에서 첫날밤에 님스를 만나고, 애써 잠을 청했지요. 첫 주에는 총이 무엇인지, 행진을 어떻게 해야 하는지, 공부는 어떤지 많은 것을 배우느라 가장 긴 일주일을 보냈소. 당신 생각이 너무 많이 나요.

드와이트 D. 아이젠하워가 마미 아이젠하워에게

아이젠하워 장군은 전시에 가족과 오래 떨어져 있어서 사적인 생활에 제한을 받자 부인과 '직접' 나누는 대화가 부족하지 않도록 했다.

1944년 8월 9일 [노르망디에서]

내가 부관과 비서에게 편지를 전달하도록 해서 당신이 화가 치밀어 올라 폭발할 정도라니 조금 당황했소.

당연히 마음은 있으나 내가 직접 전보를 치러 갈 수가 없소. 가끔 거리가 멀어서 전보 사정이 나쁘면 즉시 텔레타이프에 있는 지시대로 당신에게 간단한 편지를 보내도록 하고 있소. 자연스럽게 기계적인 업무는 부관이나 비서가 하도록 되어 있소. 내 수고를 덜어 주어 잘 되었지요. 그렇게 끝나면 단지 나는 본부로 돌아올 때 편지를 보내고, 자주 이렇게 한다오.

로이 형이 살아 있다면 오늘 52살이 되었을 텐데. 에드나에게 편지를 보내고 싶지만 불가능하군.

조니는 아직까지 나에게 편지가 없소. '일상적' 인 편지라도 보낼 법한데 없는 것을 보니, 아이가 정말 바쁘고 정신이 없어서 편지 쓰기가 무척 힘든가 보오.

지금 나는 멋진 막사에 있어요. 지난번에 있던 막사보다 훨씬 훌륭해요. 그러나 지금은 자리가 안 잡혔고, 다음 본부를 구축할 때까지도 그럴 거요. 우리 부대 정도의 규모로 참모를 이동시키려면, 공동으로 협력하면서 신호로 통신을 하기 때문에 길고도 지루한 일이라오. 특히 통신 신호가 중요하오.

지금 막 전화가 울리고 있는데, 우리 비행기가 야전에 있다오. 그래서 본부로 출발하겠소. 내일 정도에 정찰을 하게 되면, 그 다음에 돌아오겠소.

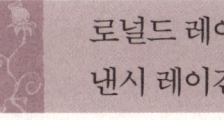 

로널드 레이건이 낸시 레이건에게

로널드는 낸시 레이건과 결혼한 지 3년 만에 제너럴 일렉트릭 회사 일로 여행하면서 조지아 주의 애틀랜타에서 부인에게 편지를 썼다.

[1955년 3월 20일] 일요일, 조지아주 애틀랜타 빌트모어에서

사랑하는 당신에게,

여기 있어요, 우리가 함께 보내는 시간이. 우리가 집에 같이 있었다면 정열적이고 '재미있는' 시간을 보내면서, 누가 불러내거나 찾아오는 사람을 미워했을 거요.

그러나 사실 나는 지금 여기 6층에 불도 없는 벽난로 옆에 앉아서 회색빛 젖은 하늘을 쳐다보며, 쓸쓸하게 혼자 있는 사람이나 들을 법한 음악이 흘러나오는 라디오를 듣고 있소.

그렇지만 역시 나는 이런 감정을 색다른 세계에 와 있는 듯한 외로움과는 바꾸지 않겠소. 내가 얼마나 오래 멀리 떨어져 있는지는 중요하지 않소. 항상 '당신을 그리워하고' 있으면 환하고 따뜻한 방을 기다리고 있는 것 같이 외로움 속에서도 여전히 열정이 남아 있어 뜨거워진다오. 지금은 얼마나 어두운지, 얼마나 추운지가 중요하지 않아요. 따뜻한 방이 그곳에서 기다리고 있다는 것을 알고 있기 때문에.

물론 내가 지금 '당신'이라고 말할 때는 전체를 다 한 번에 묶어서 이야기하는 것이오. 2년 반을 같이 산 당신을. 시간이 너무 천천히 가서 당신이 눈에 안 보일까 봐 겁이 난다오. 내가 정성스럽게 당신을 돌보아야 하는데도 눈에 보이지 않으면 혹시 무슨 일이 잘못될까 봐 너무 걱정스럽소.

지금 다른 지역으로 이동할 시간인데 이동할 때마다 집과 당신을 향해서 한 걸음씩 가까워지고 있어요. 당신을 정말 사랑해요. 시

간이 당신을 만나는데 그렇게 오랫동안 기다리게 만들어도 전혀 상관없어요. 기다림이 있어야 더 달콤한 만남이라오.

당신이 이 편지를 받을 때는 계속되는 외로움이 반은 지나갈 거예요.

당신을 사랑해요, 로니.

조지 워싱턴(George Washington 1732-1799) 버지니아 주의 웨스트모어랜드에서 아우구스틴 워싱턴과 메리 볼 사이에 태어났다. 워싱턴은 프랑스, 인디언들과의 전쟁에서 버지니아 군사령관으로 특별한 경력을 쌓은 후, 페어팩스카운티에 있는 마운트버넌 농원에 정착하여 농장을 경영하면서 정치를 했다. 또 두 자녀를 거느린 부유한 미망인인 마사 커스티스와 결혼했다. 워싱턴은 버지니아에서 영국 정부에 대항하는 개혁 운동에 앞장섰고, 1775년 미 독립군을 지휘하였다. 독립군이 승리를 거둔 후, 새롭게 채택된 연방법 하에서 1789년에 만장일치로 대통령에 취임했다. 미국의 초대와 2대 대통령까지 두 번의 임기를 마친 후, 고향인 마운트버넌으로 은퇴했다. 그 후에 다시 1798년부터 1799년까지 프랑스 침략에 대항하여 결성된 연합군을 이끌었다.

마사 댄드리지 커스티스 워싱턴(Martha Dandridge Custis Washington 1731-1802) 버지니아 주의 뉴켄트에서 농장을 경영하는 존 댄드리지와 프랜시스 존스의 딸로 태어났다. 1750년에 부유한 농장주인 다니엘 파크 커스티스와 결혼해서 네 명의 자녀를 두었으나 파크와 마사만이 살아남았다. 1757년에 남편 다니엘이 사망한 후에는 버지니아에서 제일가는 부호 중의 한 사람이 되었다. 그녀는 워싱턴의 구애를 받고 1759년 1월 6일에 미래의 백악관이 될 자신의 농장에서 결혼했다. 마사는 남편이 300명 이상의 노예를 부릴 수 있을 만큼 농장을 성공적으로 운영하는데 커다란 도움을 주었다. 조지 워싱턴과의 사이에 아이는 없었지만 전 남편 소생의 두 아이를 키우고 네 명의 손자를 두었다. 마사는 독립전쟁 당시 매년 겨울마다 4분의 1을 남편과 함께 지냈는데, 그 후에는 이런 생활이 영부인들 사이에 전례로 굳어졌다. 마사는 '둘이서 고독하고 조용하게 노후를 보내는 것이 소원'이었지만 결코 그 소망을 이룰 수 없었다. 또, 조지 워싱턴이 사망하면서 소원한 대로 남편이 데리고 있던 노예는 모두 해방시켜주었지만, 마사 자신이 데리고 있던 수십 명의 노예는 풀어주지 않았다.

존 애덤스(John Adams 1735-1826)는 메사추세츠 주의 브래인트리에서 존 애덤스와 수잔나 보일스톤의 아들로 태어났다. 하버드 대학을 졸업하고 개혁 정치에 빠져들기 전에는 변호사 사무실을 개업했다. 그와 결혼한 애비게일 스미스는 남편의 절대적인 신뢰자이자 정치적인 조언자, 사업가였다. 애덤스는 프랑스, 네덜란드, 영국에서 미국의 사절로 활동했으며, 대륙회의 의원으로 독립선언서 작성에 참여했다. 워싱턴 대통령 때 8년 동안 부통령으로 지내다가 1796년 대통령에 당선되었다. 재임 기간 중에는 특히 프랑스와 비선전포고 전쟁 등 수많은 정치 전쟁을 치렀다. 존과 애비게일은 처음으로 현재 워싱턴 D.C.에 있는 백악관을 대통령 관저로 썼다.

애비게일 스미스 애덤스(Abigail Smith Adams 1744-1818) 메사추세츠 주의 웨이마우스에서 목사인 윌리엄 스미스와 엘레자베스 퀸시 사이에 태어났다. 애비게일은 후에 여성의 정치와 교육, 결혼에 대한 권리 옹호에 앞장섰는데, 가정에서 부모에게 교육을 받을 때부터 남다른 지능과 문학적인 재능을 보였다. 1764년 10월 25일 존 애덤스와 결혼한 후 여섯 명의 자녀를 두었으며, 최초로 대통령의 영부인이자 어머니가 된 여성으로 유명하다. 그렇지만 남편이 대통령에 재임하는 동안에는 정치와 외교 활동에 전념하도록 최고의 지원과 조언을 한 배우자로서 더 잘 알려져 있다. 애비게일은 대통령이 정치와 행정을 결정할 때 깊이 관여했으며, 언론에 호의적인 이야깃거리를 흘리기도 했다. 전문가들의 충고가 있으면 모두 남편에게 들려주었으며, 새로운 법이 제정될 때 '영부인을 기억하라'고 써넣기를 요구했다. 애비게일은 당시의 유명 인사들과 폭 넓게 교류했는데, 그 중에는 벤저민 루시와 토머스 제퍼슨이 있다. 성공한 남편을 둔 여느 부인들과 마찬가지로, 애비게일도 가족 농장을 관리하고 부동산 등 다른 여러 가지 사업에도 관여했다.

토머스 제퍼슨(Thomas Jefferson 1743-1826) 버지니아 주의 앨버마를 카운티 출신으로 피터 제퍼슨과 제인 랜돌프 사이에 태어났다. 윌리엄 앤 메리 대학에서 교육을 받은 후 당대의 유명한 법률가였던 조지 위드George Wythe 밑에서 법률 공부를 했다. 제퍼슨은 많은 노예와 감독을 부리는 대형 농장을 운영했을 뿐만 아니라 변호사 일도 했다. 마사 웨일즈 스켈톤과 결혼한 후 여섯 명의 자녀를 두었다. 개혁적인 버지니아에서 정치적 지도 자였던 제퍼슨은 대륙회의 의원을 지내는 동안 독립선언서를 기초했으며, 독립전쟁 때 버지니아 주지사와 프랑스 특사를 지냈다. 1789년에 미국으로 돌아온 후 국무장관을, 1797년에는 부통령을 지냈으며, 1800년에 대통령에 당선되었다. 두 번의 대통령 임기 동안 루이지애나 영토 확보, 루이스와 클라크의 탐험, 바바리 해적에 대한 비선전포고 전쟁, 국경과 해상권 분쟁으로 악화된 영국과 프랑스 관계에 주력했다.

마사 웨일즈 스켈톤 제퍼슨(Martha Wayles Skelton Jefferson 1748-1782) 버지니아 주의 찰스시티 카운티에서 존 웨일즈와 마사 에페스 사이에 출생했다. 첫 번째 남편인 배더스트 스켈톤이 1768년에 사망한 후 1772년 1월에 토머스 제퍼슨과 결혼했다. 마사 부부는 여섯 명의 자녀를 두었지만 마사 2세와 마리아라는 두 딸만 살아남았다. 마사는 초상화도, 편지도 전혀 남기지 않았다. 그러므로 이 책에 실린 발췌문과 가계부, 영수증만이 대통령의 사저인 몬티첼로를 어떻게 운영하였으며 대통령의 정치적 어려움에 어떤 도움을 주었는지 보여주고 있다. 마사는 난산 끝에 산욕열로 미국의 독립을 눈앞에 두고 사망했다.

제임스 매디슨, JR.(James Madison, JR. 1751-1836) 버지니아 주의 포트콘웨이에서 제임스 매디슨과 엘리너 로스 콘웨이의 아들로 태어났다. 대농장주의 아들로 자라면서 사립학교에서 교육을 받은 후 프린스턴 대학의 전신인 뉴저지 대학을 다녔다. 졸업 후에는 가족이 경영하는 몬트필리오 농장으로 돌아와서 법을 공부하면서 매우 영향력 있는 혁명가가 되었다.

'미국 헌법의 아버지'로 잘 알려진 매디슨은 1787-1789년 사이에 연방 정부 설립에 공헌했으며, 1794년에는 돌리 페인 토드와 결혼했다. 매디슨은 미 의회 지도자로서 미국의 권리장전 채택에 박차를 가했고, 토머스 제퍼슨 대통령 밑에서 국무장관을 지낸 후 1808년에 대통령으로 선출되어 연임했다. 특히 1812년에는 해상권 분쟁 때문에 2차 독립전쟁이라 일컫는 미·영 전쟁을 겪었다. 은퇴 후에는 정치 고문 역할을 계속했지만, 노예해방기구인 미국식민협회 지도자임에도 불구하고 자신의 노예를 해방시키라는 탄원은 무시했다.

도로시아(돌리) 페인 토드 매디슨(Dorothea(Dolley) Payne Todd Madison 1768-1849) 노스캐롤라이나 주의 뉴가든에서 태어나 버지니아 주의 구치랜드와 필라델피아에서 성장했다. 돌리의 부모인 존 페인과 메리 콜스는 모두 퀘이커 교도였다. 1790년 존 토드와 결혼하여 두 아들을 낳았지만 존 페인만 생존했다. 1793년에 열대병으로 첫 번째 남편이 사망한 후에 한창 출세 가도를 달리고 있는 정치 지도자인 제임스 매디슨 Jr을 만나 결혼했다. 돌리 매디슨은 제퍼슨에게 많은 도움을 주었으며, 대통령 관저를 사회활동 중심지로 삼아 8년 동안 영부인 역할을 활발히 했다. 영국이 워싱턴 D.C.를 공격할 때는 막후에서 대통령 관저에 남은 물품을 구하는데 용감하게 나섰다. 돌리는 전통적인 방법으로 남편을 돕고 이후 몇 년간은 남편의 개인비서로 일했다. 남편이 사망한 후에는 워싱턴으로 돌아와서 남편의 논문을 출간하여 경제적인 도움을 받았으며, 노예와 몬트필리어 토지를 팔아서 생계를 유지했다.

제임스 먼로(James Monroe 1758-1831) 스펜스 먼로와 엘리자베스 존스의 장남으로, 1776년에 윌리엄 앤 메리 대학을 졸업했다. 미 혁명군에 복무하다가 뉴저지의 트렌턴 전쟁에서 부상당한 후에는 버지니아에서 토머스 제퍼슨의 후원 아래 제임스 매디슨과 경쟁하며 변호사를 했다. 대륙회의에 참여하였고, 상원의원으로 있을 때는 프랑스, 스페인, 영국에서 특사활동을 하였으며, 제임스 매디슨 정부 시절에는 국무장관을 역임했다. 1816년에 대통령으로 선출되어 두 번 연임을 하였고, 특별히 우호적인 국제 관계를 유지하여 평화로운 시대를 지냈다. 대통령과 먼로 부인은 1812년 미·영 전쟁으로 소실된 대통령 관저를 복구하여 신망을 얻었다.

엘리자베스 코트라이트 먼로(Elizabeth Kortright Monroe 1768-1830) 한때 서인도제도의 거상이었던 로렌스 코트라이트와 엘리자베스 아스핀월의 딸로 태어나, 1786년에 당시 대륙회의 의원이었던 제임스 먼로와 결혼했다. 엘리자베스와 먼로 사이에는 세 명의 자녀가 있었지만 딸 둘만이 살아남았다. 엘리자베스는 세련된 도시생활에 익숙했으므로 파리든 워싱턴이든, 버지니아의 플루바나 카운티든 어디에 있으나 주변을 활기차게 만들려고 힘썼다. 대통령 부부는 영국과의 전쟁 때문에 파괴된 관저를 프랑스와 중국 가구로 재단장하고, 공식적인 대통령 사회활동을 확립했으며, 워싱턴 사교계를 프랑스 풍으로 만들었다.

존 퀸시 애덤스(John Quincy Adams 1767-1848) 제2대 대통령인 존 애덤스와 애비게일 스미스 사이에 태어났다. 존 퀸시는 아버지가 해외 사절로 외국에 나가는 동안 같이 따라다니면서 사립학교에 다녔고, 하버드 대학을 졸업했다. 아버지의 도움으로 네덜란드, 프로이센 왕국, 러시아에 미국 공사로 근무했으며, 1812년 미·영 전쟁을 끝내는 겐트 조약이 맺어질 때 대표로 활약했다. 애덤스는 하버드 대학에서 교편을 잡으면서, 1803-1808년까지 상원의원을 역임했고, 먼로 대통령 정부에서 국무장관을 지내면서 먼로 선언을 하는데 도움을 주었다. 1825년 하원의원의 반발을 불러일으키면서 대통령에 당선된 후, 공공사업과 높은 세금 정책을 실시했다. 두 번째 대통령 선거에서 앤드루 잭슨에게 패배했으나 다시 의회로 돌아와 노예 반대에 앞장섰다. 하원의원을 지낼 때는 치명적인 타격을 받고 고통을 겪었다.

루이자 캐서린 존슨 애덤스(Louisa Catherine Johnson Adams 1775-1852) 유일하게 외국에서 출생한 영부인이다. 부모는 조슈아 존슨과 캐서린 너스로 미국인이었지만 영국의 런던과 프랑스 낭트에서 성장하였다. 루이자는 존 퀸시가 런던에 사절로 왔을 때 첫눈에 그를 사로잡았다. 지적인 시어머니 애비게일 애덤스와 비슷해서 남편의 중요한 동반자가 되어 전통적으로 남자를 성공시키는데 필요한 역할을 분별할 줄 알았다. 그러나 거듭되는 유산과 아이의 죽음으로 고통을 겪었으며, 자녀는 세 명만이 살아남았다. 시와 산문을 즐겨 쓰고, 대통령이 주최하는 연회에 춤을 소개했다. 글재주가 좋아서 남편과 가족, 친구에게 보낸 편지가 많이 남아 있다.

앤드루 잭슨(Andrew Jackson 1767-1845) 앤드루 잭슨과 엘레자베스 허친슨의 아들로 캐롤라이나 남쪽과 북쪽 경계지역에 있는 웩스호 지방에서 태어나고 자랐다. 독립전쟁 때는 부상을 입고 잠시 영국군 감옥에 투옥되기도 했다. 생계가 어려워 고향에서 독학을 하고, 노스캐롤라이나 주에 있는 솔즈베리에서 법률을 공부한 후 1787년 법조계에 발을 들여놓았다. 테네시주 내슈빌로 와서 변호사 개업을 하고 농장을 운영했으며, 상원과 하원의원을 지냈다. 레이첼 도널슨 로바즈와 결혼하였는데, 레이첼은 재혼이었다. 잭슨은 국경 개척자이자 민병대 장군으로서, 크리크 족을 비롯한 많은 인디언 부족들과 전쟁을 하였으며, 뉴올리언스에서는 영국군과 대치했다. 1825년 대통령 경선 때 존 퀸시 애덤스에게 근소하게 밀린 후 '더러운 흥정'이라고 끊임없이 저주를 하다가, 마침내 1828년 선거에서 애덤스를 이겼다. 잭슨은 두 번의 임기 동안 미합중국은행 분해, 인디언을 토벌한 블랙호크 전쟁, 연방법을 반대하는 서부연합과의 정치 전쟁, 미시시피 강 동부지역의 체로키 인디언 족 추방 등을 이루었다.

레이첼 도널슨 로바즈 잭슨(Rachel Donelson Robards Jackson 1767-1828) 버지니아 주의 할리팍스 스토클레이 출신으로 존 도널슨과 레이첼 스토클리 사이에 태어나, 켄터키와 테네시에서 자랐다. 소문에 의하면 루이스 로바즈와 결혼한 지 얼마 지나지 않아, 이혼 수속이 끝나지 않은 상태에서 다시 1791년에 앤드루 잭슨과 결혼하였다. 1794년 정식으로 결혼을 하였지만 아이가 없어서 레이첼의 조카를 입양했다. 그들의 결혼은 잭슨의 임기 내내 정치적 공격 대상이었다. 레이첼은 비공식적인 교육만을 받았으며, 잭슨이 자주 집을 비우는 동안에는 대농장을 경영했다. 1828년 남편이 대통령 선거에서 승리한 직후 사망했다.

존 타일러(John Tyler 1790-1862) 존 타일러와 메리 알미스테드의 아들로, 찰스리버 카운티에 있는 그린웨이 가족농장에서 태어났으며, 오랫동안 공공사업을 운영하는 버지니아 가문으로 와서 자랐다. 윌리엄 앤 메리 대학을 졸업한 후, 첫 부인인 레티샤 크리스티안이 사망하자 바로 줄리아 가드너와 재혼했으며, 역대 대통령 중에서 가장 많은 14명의 자녀를 두었다.

양원 의원을 지낸 후 부통령을 거쳐 윌리엄 헨리 해리슨 대통령이 사망한 1841년 4월 5일, 대통령이 되었다. 북부 국경지대를 안정시키고, 1845년에 텍사스를 합병했으며, 중국과 무역을 증대하고 최초의 통상조약인 망하望厦 조약을 체결했다. 타일러는 특히 유일하게 남부군 정부에 참여한 경험이 있는 대통령이다.

레티샤 크리스티안 타일러(Letitia Christian Tyler 1790-1842) 버지니아 주의 뉴 켄트 카운티에 있는 세다 그로브에서 로버트 크리스티안과 메리 브라운의 딸로 태어나, 1813년 3월 29일 타일러와 결혼했다. 레티샤는 타일러가 리치몬드와 워싱턴으로 자주 여행할 때 주로 고향에 남아 저택과 일곱 명의 자녀를 돌보았다. 1839년부터 몸이 허약하게 되어 힘들어지자, 1842년 딸 메리의 결혼식에 다녀온 것 외에는 남편의 재임기간 동안 백악관을 벗어나지 않았다.

줄리아 가드너 타일러(Julia Gardiner Tyler 1820-1889) 뉴욕의 데이비드 가드너와 줄리아나 맥라클란 사이에서 출생했다. 사립학교를 다닌 후 의류 광고 모델을 했으며, 1843년에 부인을 잃은 지 얼마 안 된 타일러 대통령을 만나 결혼했다. 타일러의 자녀들은 자신보다 어린 줄리아를 어머니로 맞이하기가 어려웠지만, 대통령은 새 영부인과의 사이에 일곱 명의 자녀를 더 두어 가장 자손이 많은 대통령이 되었다. 줄리아는 순수한 뉴욕 출신임에도 불구하고 노예들의 주권을 적극적으로 옹호했다. 남편이 죽은 후에 고향인 롱아일랜드에서 남북 전쟁을 겪고, 후에 버지니아 가문의 토지를 받는데 성공했다.

제임스 녹스 포크(James Knox Polk 1795-1849) 노스캐롤라이나 주의 메클

런버그 카운티에서 사무엘 포크와 제인 녹스의 아들로 태어났다. 장로교 사립학교와 노스캐롤라이나 대학을 졸업한 후, 테네시 주의 내슈빌에서 법을 공부했다. 포크는 변호사인 동시에 농장주였으며, 주지사를 지낸 후 1844년 남서부와 북서부 영토 합병을 공약으로 내걸어 대통령에 당선되었다. 멕시코 전쟁(1846-1848)에서 승리했고, 1846년에는 영국과 오리건 협정을 맺어 캐나다 국경을 확정하고 광대한 땅을 확보했다. 대통령에서 물러난 후 얼마 안 되어 뉴올리언스로 여행하던 중 콜레라로 사망했다.

사라 차일드리스 포크(Sarah Childress Polk 1803-1891) 테네시 주의 머프리스버러에서 태어났으며, 부모는 조엘 차일드리스와 엘리자베스 위트짓이다. 공립학교를 다니며 가정교사에게 교육을 받고 노스캐롤라이나에 있는 모라비안 여학교에 다녔고, 1824년 1월 1일에 제임스 포크와 결혼했다. 사라 차일드리스는 제임스 포크의 가장 가까운 정치적 지원자로서 남편 옆에서 선거에 승리할 때는 격려를, 패배할 때는 위로를 아끼지 않았다. 그녀가 쓴 편지는 예리한 정치 평론가, 비서, 조력자로서 뿐만 아니라 가족의 재산을 운영하는 역할까지 보여주고 있다. 백악관에서 카드 게임과 춤, 음주를 금했지만 정성을 다하여 방문객을 접대했다.

프랭클린 피어스(Franklin Pierce 1804-1869) 뉴햄프셔 주의 힐즈버러에서 벤저민 피어스와 애너 켄드릭 사이에 태어났다. 보든 대학에서 법을 공부하고 힐즈버러에서 개업했다. 1834년 제인 민스 애플턴과 결혼하고, 뉴햄프셔 입법부에서 오랜 경력을 쌓은 후, 양원 의원을 지냈고, 1852년 대통령이 되었다. 재임 중에는 격렬한 지역 분쟁을 불러일으킨 캔자스 네브레스카 법을 통과시키고 쿠바 합병에 실패하였다. 퇴임 후에 계속해서 미국의 무력 사용 정책에 반대하였다. 개인적으로는 일찍 세상을 떠난 세 아들과 정신적, 육체적으로 병약한 부인 때문에 많은 고통을 겪었다.

제인 민스 애플턴 피어스(Jane Means Appleton Pierce 1806-1863) 뉴햄프셔 주의 햄톤에서 보든 대학 총장인 제시 애플턴 목사와 엘리자베스 민스 사이에 태어나, 가정에서 개인교사로부터 교육을 받았다. 프랭클린 피어스에게 8년 동안 구애를 받고 가족들의 반대에도 불구하고 결혼하였으나, 연약한 몸으로 낳은 아들 셋이 일찍 죽어서 정신적으로 황폐해지고 의기소침해졌다. 신앙심이 매우 깊어서 교회 다니는 일 외에는 거의 외출하지 않았지만, 백악관에서 열린 연회는 공식적이든 비공식적이든 모두 참석했다.

에이브러햄 링컨(Abraham Lincoln 1809-1865) 켄터키 주의 하딘 카운티에서 토머스 링컨과 낸시 행크스 사이에 태어나, 아버지의 일을 돕고 동네일을 하면서 학교에 다녔다. 시골 잡화점에서 일을 하다 법을 공부하고 난 후 일리노이 주의 스프링필드에서 개업했다. 1842년 메리 토드와 결혼했다. 주 의회와 연방 의회에서 일한 후, 1858년 상원에 입후보했으나 윌리엄 더글러스에게 패했다. 1860년 대통령이 된 후, 남부에서 폭동이 일어나고 7개 주가 이탈하여 남북 전쟁이 일어날 위기에 직면했다. 링컨 대통령은 남부 연합군에 대항하여 전쟁을 승리로 이끌었고, 노예 해방 선언을 함으로써 남부의 노예제도를 붕괴시켰으나, 모든 남부군의 완전한 항복을 받아내기 직전에 존 윌크스 부스에게 암살당했다.

메리 앤 토드 링컨(Mary Ann Todd Lincoln 1818-1882) 켄터키 주의 렉싱턴에서 로버트 스미스 토드와 엘리자 파커 사이에 출생하여 쉘비 여학교와 젊은 여성을 위한 샬롯 멘텔 학교를 졸업한 후, 1839년에 일리노이 주의 스프링필드로 이사했다. 3년 후, 에이브러햄 링컨과 결혼하여 세 자녀를 낳았지만 아들인 로버트만 남았다. 메리는 결혼하고 나서 계속하여 정신적인 허약함과 편집증을 겪었다. 그럼에도 불구하고 메리가 남긴 편지를 보면 남편에게 장군 해임까지 거론하고, 과거 노예였던 난민들에게도 관심을 가지는 등 자신의 뜻을 명확히 밝혔다. 대통령이 암살당한 후에는 정신적으로나 재정적으로 어려움을 겪었고, 마침내 1870년 이후에는 국가 연금을 받았다. 아들 로버트가 남성 배심원들에게 영부인이 '정신질환자'라고 판결하도록 유도하자, 최초의 여성 변호사 미라 블랙웰에게 사건을 의뢰하여 아들에게서 다시 생활의 자유를 찾았다. 그 후 메리는 유럽과 미국을 순회하면서 살았다.

앤드루 존슨(Andrew Johnson 1808-1875) 노스캐롤라이나 주의 롤리에서 제이콥 존슨과 메리 맥도너 사이에 태어나, 재봉사 훈련을 받으며, 아내가 된 엘리자 매카들의 도움을 받아 독학했다. 열다섯 살 때 재단사 도제살이를 그만두고 사우스캐롤라니아, 앨라배마, 테네시로 돌아다니다 마침내 그린빌에 정착했고, 양복점을 운영하여 사업이 번창하자 부동산에도 투자했다. 그린빌에서 정계에 입문하여 시의원과 하원의원, 테네시 주지사, 상원의원을 지냈다. 테네시가 북부 연합군에 남는데 활약한 공로로 테네시 군통수권자로 임명된 후, 1864년에 에이브러햄 링컨의 공천을 받아 부통령으로 지명되었다.

약 100년 뒤에, 2차 세계대전 막바지에 갑자기 대통령 자리를 이어 받은 해리 트루먼 대통령같이 존슨은 남북 전쟁이 종식될 즈음 부통령이 된

지 한 달 만에 대통령이 되었다. 재임 기간에 남북 전쟁이 끝났으며, 의회에 많은 적을 두었다. 결국 의회는 존슨 대통령을 면직시키고자 탄핵 투표까지 갔으나 한 표 차이로 부결되었다. 1869년 임기 말기에 상원의원 선거에 나서 실패했지만, 1875년에 재도전하여 승리해서 최초로 대통령 출신 의원이 되었다. 탄핵 공판에서 자신에게 '찬성' 표를 던졌던 12명의 의원들과 5개월 동안 같이 일했다.

엘리자 매카들 존슨(Eliza McCardle Johnson 1820-1876) 테네시 주의 리스버그에서 존 매카들과 사라 필립 사이에 태어나, 워렌버그에 있는 레아 학교를 다녔다. 열여섯 살 때 앤드루 존슨과 결혼하여 쓰는 방법을 가르쳐 주었다. 엘리자 가족은 앤드루가 성공할 것이라고 전폭적으로 믿고 있었으며, 부부 사이에는 다섯 명의 자녀를 두었다. 엘리자는 결핵으로 고통 받으면서도 남편이 일하는 동안에는 집에 남아서 가족과 사업을 돌보았으며, 남북 전쟁 때는 적군에게 포로가 되는 어려움을 겪으면서도 가정과 가족을 지켰다. 영부인이었지만 전면에 나서지 않았고, 딸 마사에게 백악관에서 일어나는 공식 행사를 맡도록 했다.

하이럼 율리시스 S. 그랜트(Hiram Ulysses S. Grant 1822-1885) 제화업과 판매업을 하는 제시 그랜트와 한나 심슨 사이에 태어나, 1843년 웨스트포인트 사관학교를 졸업했다. 1854년까지 군 복무를 하면서 멕시코 전쟁을 겪었으며, 제대 후에는 미주리 주에서 농장을 경영하다가 아버지가 운영하는 일리노이 주의 갤러나로 가서 일했다. 1848년에 줄리아 보그스와 결혼했다. 남북 전쟁 당시 총사령관을 맡아 남부군을 물리치고, 1868년 대통령 선거에 나설 수 있게 되었다. 그랜트는 마지막까지 노예를 소유한 대통령이었지만 1859년에는 이 노예들을 해방시켜 주었다. 대통령 임기를 두 번 거치면서, 특히 남부를 '재건' 하고 정부의 부패 척결에 앞장섰으며, 퇴임 후에는 해외 순방에 나섰다. 1880년 시카고의 공화당 전당대회에서 다시 한 번 대통령 후보로 나섰으나 제임스 가필드에게 패했다. 1884년에 아들이 중개회사를 하다 파산하고, 자신은 후두암에 걸려 치료비 등으로 궁핍하게 되었다. 그러자 마크 트웨인이 그에게 회고록을 쓰도록 재촉하였으며, 이 책은 대단히 성공적이어서 경제적으로 그에게 많은 도움이 되었다.

줄리아 <u>보그스 덴트 그랜트</u>(Julia Boggs Dent Grant 1826-1902) 미주리 주의 세인트루이스에서 농장을 소유한 프리데릭 덴트와 엘렌 렌셀 사이에 태어났다. 세인트루이스에 있는 필립 아우로에서 사립학교를 다닌 후, 율리시스 그랜트와 약혼했으나 4년 동안 양가 부모의 반대로 단 한 차례만 만나고 결혼에 성공했다. 남편이 서부해안에서 군 복무를 해야 되므로 같이 지낼 수 없게 되자, 군인생활이 비참하다는 생각이 들어 남편에게 사임을 권유하고 미주리에서 농장을 운영했다. 부부는 네 명의 자녀를 두고 풍족하게 살았다. 남북 전쟁이 발발하자, 줄리아는 다시 한 번 남편과 오랫동안 떨어져 사는 불편을 겪었지만, 그래도 그랜트 총사령관의 본부에 자주 들르곤 했다. 영부인이 되자 남편 옆에서 지낼 수 있게 되었으며, 사치스럽고 도도하게 손님을 접대하고 사교계를 이끌어 나가는데 큰 즐거움을 느꼈다. 대통령 임기 말에는 여기저기 여행을 하면서 호사스럽게 살았다. 남편이 사망한 후 그동안의 많은 여행 경험을 책으로 남겼다.

러더퍼드 버차드 헤이스(Rutherford Birchard Hayes 1822-1893) 러더퍼드 헤이스와 소피아 버차드의 아들로 오하이오 주의 델라웨어에서 태어나, 어머니와 삼촌인 사디스 버차드의 손에 자랐다. 캐니언 대학과 하버드 대학에서 법을 공부한 후 오하이오 주의 신시내티에서 변호사 개업을 하고, 루시 웨브와 결혼했다. 남북 전쟁 때 연합군 소장으로 참전하고 오하이오 주에서 오랫동안 정치 경험을 쌓은 후, 별도의 선거위원회가 설치될 정도로 역사상 가장 격렬했던 1877년 대통령 선거에 당선되었다. 헤이스는 정부 개혁에 앞장선 점에서는 긍정적인 평판을 받았으나, 대통령 선거 때 남부에서 연합군을 철수시키고 노예의 자유를 보장하는 조건으로 백악관에 입성했다는 의심을 영원히 벗어나지 못하는 오명을 쓰게 되었다. 은퇴 후 오하이오 주의 프리몬트에 있는 스피겔 그로브Spiegel Grove에서 짧지만 행복한 여생을 보냈다.

　　루시 웨브 헤이스(Lucy Webb Hayes 1831-1889) 오하이오 주의 칠리코스에서 내과의사인 제임스 웨브와 마리아 쿡 사이에 태어나, 신시내티 웨슬린 여자대학을 졸업했다. 루시는 최초의 대학 출신 영부인이며, 빈민들을 위한 자선활동을 하다가 1852년 러더퍼드 헤이스를 만나 결혼했다. 슬하에 다섯 자녀를 두었으며, 이들은 잘 자랐다. 노예제도를 강력히 반대했으므로 남편을 공화당에 입당하도록 했고, 남북 전쟁 때는 고향에 남아 가정과 저택을 돌보면서 남편의 안위를 걱정했다. 루시는 남편이 정치적으로 성공하는데 중요한 역할을 했으며, 백악관에서는 손님에게 술을 대접하지 않았다. 백악관에서 매년 부활절 달걀 굴리기 대회를 열기 시작했으며, 이 대회가 도시 운동장에서 열리는 전통을 만들었다. 루시는 여성들이 더 높은 교육을 받아야 하고 인내심을 가져야 한다고 믿고 있었으며, 남편의 정치생활을 존중했기 때문에 자신의 활동은 공개되지 않도록 했다.

제임스 에이브럼 가필드(James Abram Garfield 1831-1881) 오하이오 주의 클리블랜드 근처 오렌지에서 에이브럼 가필드와 엘리자 발로우 사이에 태어났다. 윌리엄스 대학을 졸업한 후 하이럼에 있는 이클레틱 아카데미Eclectic Academy에서 학생들을 가르치다 법을 공부하게 되었다. 남북 전쟁에서 소장까지 지낸 후 하원에서 정치활동(1863-80)에 전념하였다. 1880년에 율리시스 그랜트를 제치고 공화당 대통령 후보에 오른 후 정권을 잡은 첫해에, 워싱턴 D.C.의 볼티모어 앤 포토맥 기차역에서 저격당하여 두 달 만에 사망했다. 1858년, 루크레시아 루돌프와 결혼하여 낳은 다섯 명의 자녀는 모두 장성하였다. 가필드는 청혼을 하고 결혼을 하는 과정에서 우여곡절을 겪었지만, 부부가 대단히 지적인 한 쌍이었다는 사실이 편지로 증명되고 있다.

루크레시아 루돌프 가필드(Lucretia Rudolph Garfield 1832-1918) 오하이오 주의 가레츠빌에서 제블론 루돌프와 아라벨라 메이슨의 딸로 태어났다. 루크레시아의 아버지는 하이럼에서 이클레틱 아카데미를 설립하였다. 루크레시아는 체스터에 있는 신학교와 이클레틱 아카데미를 가필드와 같이 다녔으며, 하이럼과 클리블랜드에서 교사를 지내다 결혼하였다. 루크레시아는 가필드가 무신론자임에도 불구하고 남편의 정치적 야망을 지지했고, 워싱턴과 오하이오에서 집안을 관리하며 아이들을 키웠다. 가필드가 암살당한 후에는 오하이오와 캘리포니아를 오가며 문학을 가르치고, 적십자 활동을 했다.

체스터 앨런 아서(Chester Alan Arthur 1829-1886) 버몬트 주의 노스페어필드 출신으로 윌리엄 아서와 말비나 스톤 사이에 태어나 유니온 대학을 졸업했다. 뉴욕에서 법을 공부한 후 개업을 하고, 1859년에 엘렌 루이스 헌든과 결혼했다. 공화당에서 정치 생활을 하다 남북 전쟁에 참전한 후, 1871년에 뉴욕항의 세관을 맡았다. 1880년에 제임스 가필드의 공천을 받아 부통령에 선출되었으며, 가필드가 암살된 1881년 대통령 자리를 이어받았다. 1883년에 연방 공무원법인 펜들턴 법을 지지하여 현대 공무원법의 토대를 다지는 업적을 남겼다. 대통령 퇴임 후에는 뉴욕에서 변호사로 일했다.

엘렌 루이스 헌든 아서(Ellen Lewis Herndon Arthur 1837-1880) 버지니아 주의 컬페퍼 청사에서 윌리엄 헌든과 프랜시스 핸즈브로의 딸로 태어났다. 엘렌은 소프라노에 재능이 있어 개인교습을 받고 뉴욕의 멘델스존 글리 클럽에서 노래했다. 남편이 군에 복무하는 동안 남부에서 일어난 폭동에 동정을 보냈다. 체스터와 엘렌은 장성한 두 자녀를 두었다. 1880년 1월 10일, 남편이 사업과 정치 때문에 멀리 여행을 떠난 사이에 폐렴으로 사망했다.

스티븐 그로버 클리블랜드(Stephen Grover Cleveland 1837-1908) 뉴저지에서 장로교 목사인 리처드 클리블랜드와 앤 닐 사이에 태어나, 최초로 유일하게 연임이 아니면서 두 번 대통령(1885-89, 1893-97)을 지냈다. 뉴욕의 페이티빌 사립학교를 다녔고, 버펄로에서 변호사를 지냈다. 남북 전쟁 때 자신이 출전하는 대신 합법적으로 용병을 샀지만 1883년에 뉴욕 주지사로, 1885년에는 대통령으로 선출되었다. 클리블랜드는 자기가 도와주고 있던 '친구 딸' 프랜시스 폴솜과 결혼하였는데, 이 결혼은 백악관에서 올린 최초의 결혼식이었다. 클리블랜드 행정부는 무역 거래 조정, 높은 교육과 노동, 1893년의 경제 공황으로 주목받았다.

프랜시스 폴솜 클리블랜드(Frances Folsom Cleveland 1864-1947) 뉴욕의 버펄

로에서 오스카 폴솜과 엠마 하몬 사이에 태어났으며, 아버지는 그로버 클리블랜드와 막역한 친구 사이였다. 웨일즈 대학을 졸업하였으며, 1886년 6월 2일에 자신의 어머니에게 재정적 후원을 해준 '클리브 아저씨'와 최초의 백악관 결혼식을 올렸다. 슬하에 다섯 명의 자녀를 두었으며, 첫 임기 동안에는 가족들이 주로 워싱턴에 있는 자기 집에서 살았다. 프랜시스 클리블랜드는 50년 동안 웨일즈 대학 위원회에서 봉사했으며, 대학 여성 클럽 창립에 일조했다. 또, 여성 기독교 절제 연합에 재정적인 지원을 했다. 1913년에 대학교수인 토머스 프레스턴 Jr.과 재혼하고 1차 세계대전을 지지하는 대중 연설에 나섰으며, 1928년에는 알프레드 스미스의 대통령 선거운동을 도왔다.

윌리엄 매킨리, Jr.(William McKinley, Jr. 1843-1901) 오하이오 주의 나일스에서 제철업을 하는 윌리엄 매킨리와 낸시 앨리슨 사이에 태어났다. 앨러게니 대학을 졸업한 후 법을 공부하여 캔톤에서 개업하고, 아이다 색스턴과 결혼했다. 역대 대통령 중 마지막으로 남북 전쟁 때 군 복무를 했으며, 하원의원과 오하이오 주지사를 지낸 후, 1896년에 대통령이 되었다. 1900년 선거에서 스페인-미국 전쟁의 영웅인 시어도어 루스벨트를 부통령으로 지명하여 재선되었으나, 1901년에 버펄로에서 암살당했다. 첫 임기 동안에 겪은 스페인-미국 전쟁과 하와이 합병, 필리핀 영토 획득, 중국의 외세 배척 운동인 의화단 사건이 잘 알려져 있다.

아이다 색스턴 매킨리(Ida Saxton McKinley 1847-1907) 은행가인 제임스 색스턴과 캐서린 드왈트의 딸로 펜실베이니아 주의 메디나에 있는 부르크 홀 학교를 졸업했다. 1871년에 수많은 하객들 앞에서 결혼식을 올리고,

두 명의 자녀를 두었으나 어릴 때 사망했다. 아이다는 둘째 아이가 사망했을 때의 충격으로 반은 병자가 되었지만, 그럼에도 불구하고 백악관에서 손님을 맞이했다. 남편과 자주 병원을 드나들다가 마침내 1901년에 불운한 버펄로 여행까지 하게 되었다. 공교롭게도 여행 중에 남편이 버펄로에서 자칭 무정부주의자에게 저격당하고 사망하여, 아이다가 남편에게 느꼈던 걱정은 현실이 되어 버렸다.

시어도어 루스벨트(Theodore Roosevelt 1858-1919) 시어도어 루스벨트와 마사 불로치의 아들로 뉴욕에서 태어나 하버드 대학을 졸업하고, 1882년에 공직 생활을 시작했다. 첫 부인은 앨리스 해서웨이, 두 번째 부인은 에디스 커밋 캐로이다. 처음에는 뉴욕의 주의원이 되어 다양한 의정활동을 펼치다가 스페인-미국 전쟁에서 기병대를 승리로 이끈 후 1898년에 주지사에 당선되었다. 윌리엄 매킨리 대통령이 암살당하자 부통령을 맡은 지 6개월 만에 최연소 미국 대통령이 되었다. 루스벨트는 러-일 전쟁을 종식시키는 협상을 했고, 전 세계에 미 해군 함대를 배치하고, 파나마 운하를 건설했다. 그의 좌우명은 '말은 부드럽게, 일은 강경하게'였다. 1912년에 제3당에서 다시 재선에 도전했으나 성공하지 못했다. 은퇴 후에는 각국의 모험거리를 찾아 여행했다.

앨리스 리 루스벨트(Alice Lee Roosevelt 1861-1884) 메사추세츠 주의 체스넛 힐에서 은행가인 조지 카보트 리와 캐롤라인 해스켈의 딸로 태어나 사립학교를 다니면서 상류사회에서 성장했다. 부모의 소원을 저버리고 1880년 10월 27일에 시어도어 루스벨트와 결혼했다. 기록에 따르면 앨리스는 짧지만 열정적인 결혼생활을 한 것으로 보이나, 난산과 신장염으로 딸 앨리스를 출산한 후 사망했다.

에디스 커밋 캐로 루스벨트(Edith Kermit Carow Roosevelt 1861-1948) 코네디컷 주의 노르위치에서 사업가인 찰스 캐로와 거트루드 엘리자베스 타일러 사이에 태어나, 콤스톡 학교를 다녔다. 두 사람은 오랫동안 교제를 하며 지내다 1886년 12월 2일 런던에서 결혼식을 올리고 슬하에 네 자녀를 두었다. 에디스는 가정을 돌보느라 시어도어보다 훨씬 힘들었다. 지칠 줄 모르고 손님을 맞이했고, 어렵게 백악관 보수를 감독하기도 했으며, 남편과 여러 곳을 돌아다녔다. 시어도어가 죽은 후에도 계속 여행을 하고 방문객을 맞이하였을 뿐만 아니라, 공화당 선거운동을 돕고, 예술품 바자회에 헌금을 내기도 했다.

윌리엄 하워드 태프트(William Howard Taft 1857-1930) 오하이오 주의 신시내티에서 알폰소 태프트와 그의 두 번째 부인인 루이자 마리아 토레이의 아들로 태어나 예일 대학과 신시내티 사법학교를 다녔다. 아버지는 그랜트 대통령의 법무장관과 육군장관을 지낸 경력이 있다. 그는 오랫동안 연방판사로 일하다가 검찰총장, 필리핀 총독을 거쳤다. 시어도어 루스벨트 정부에서 육군장관을 지내다 1909년에는 후계자로 선택되었다. 공화당 후보로 재선에 도전했으나, 자신이 추종하던 시어도어 루스벨트가 제3당에서 출마하는 바람에 민주당 우드로 윌슨에게 패했다. 그 후 1921년부터 1930년까지 유일하게 대통령을 지낸 대법원장이 되었다.

헬렌 헤론 태프트(Helen Herron Taft 1861-1943) 오하이오 주의 신시내티에서 법률가이자 전 대통령 헤이스의 친구인 윌리엄슨 헤론과 해리엇 콜린즈의 딸로 태어나 간호학교와 마이매미 대학, 신시내티 음악대학을 다녔다. 월넛 힐즈에 있는 학교에서 교편을 잡다가 1886년 6월 19일에 윌리엄 하워드 태프트와 결혼했다. 세 자녀를 둔 엄마로서 가정을 돌보는 동안에도 백악관에서 태프트를 보살피며 많은 손님들을 접대했다. 남편과 많은 곳을 여행했고, 남편이 공사다망하게 떠나면 자신도 자주 아이들과 함께 해외여행을 했다.

토머스 우드로 윌슨(Thomas Woodrow Wilson 1856-1924) 버지니아 주의 스톤턴에서 장로교 목사인 조지프 윌슨과 제시 자넷 우드로 사이에 태어났다. 데이빗슨 대학과 프린스턴 대학, 버지니아 법률대학을 다녔으며, 1886년 존스 홉킨스 대학에서 박사학위를 받았다. 처음에는 엘렌 루이스 액슨과, 뒤이어 에디스 볼링 골트와 결혼했다. 프린스턴 대학 총장을 거쳐 1911년 뉴저지 주지사가 되었고, 1912년에 처음이자 마지막으로 박사 학위를 가진 대통령이 되었다. 두 번 연임을 하면서 제1차 세계대전을 치르고, 베르사유 조약 체결에 이어 국제연맹 창설을 주도했다. 또 중요한 헌법개정을 세 차례 단행했다. 특히 17차 수정 헌법은 직접 선거에 의한 상원의원 선출 개정안이었으며, 19차 수정 헌법에서는 여성에게 투표권을 부여했다.

엘렌 루이스 액슨 윌슨(Ellen Louise Axson Wilson 1860-1914) 사무엘 액슨 목사와 마가렛 자넷 호이트의 딸로 태어나 지역 학교와 뉴욕에서 미술을 공부했다. 결혼 전에는 교편을 잡으면서 생계를 꾸리기 위하여 크레용으로 초상화를 그렸다. 1885년 6월 24일, 우드로와 결혼한 후에는 '사랑의 봉사'에 헌신했다. 자신이 직접 세 명의 자녀를 가르치면서 윌슨의 학문적, 정치적 활동을 도왔다. 영부인이 되자 공무원의 환경과 강제 아동 노동,

학교 출석법 개선 운동을 하다가 신장병과 신장 결핵으로 사망했다.

　에디스 볼링 골트 윌슨(Edith Bolling Galt Wilson 1872-1961) 변호사인 윌리엄 볼링과 샬리 화이트의 딸로, 가정교사의 지도를 받고 버지니아에 있는 애빙던에서 마사 워싱턴 대학을, 리치몬드에서는 포웰 여학교를 다녔다. 워싱턴 D.C.의 보석상인 노르만 골트의 미망인으로 있다가 우드로 윌슨과 재혼했다. 1915년 12월 18일 결혼식에서, 에디스는 남편의 딸이 보내는 감동적이고 전폭적인 지지를 받았다. 제1차 세계대전이 벌어지자 적십자 자원봉사자로 적극 참여했는데, 적십자의 재정을 돕기 위해 백악관 잔디밭에 양을 방목한 다음 털을 깎아서 판매했다. 윌슨이 대통령 임기 말년에 일련의 치명적인 사건으로 고통 받다가 혼수상태로 몸져눕자 직접 남편의 명예회복을 위해 맞서 싸웠으며, 내각을 소집하고 대통령의 직무능력에 의심을 품고 있는 로버트 랜싱 국무장관의 사임을 강요했다.

　워렌 개맬리얼 하딩(Warren Gamaliel Harding 1865-1923) 오하이오 주의 코르시카에서 타이런 하딩과 엘리자베스 디커슨의 아들로 태어났으며, 부모는 모두 내과의사였다. 오하이오 센트럴 대학을 다녔으며, 스포츠 중에서도 특히 골프와 카드에 빠졌다. 1891년 이혼녀인 플로렌스 클링 드월프와 결혼했다. 그는 〈마리온스타〉의 출판업자이자 공동 소유주였다. 공화당원으로 주 상원의원을 지냈고, 오하이오 주지사와 연방 상원의원을 지낸 후, 1920년 대통령에 당선되었다. 워렌 정부는 국제연맹 축소와 공직자의 부패가 드러난 '티팟 돔 스캔들'을 비롯하여 여러 스캔들이 두드러진다. 하딩은 전국적으로 국민을 만나는 '이해의 항해Voyage of Understanding'를 하던 중 사망했다.

플로렌스 클링 드월프 하딩(Florence Kling DeWolfe Harding 1860-1924) 오하이오 마리온에서 은행가인 아모스 클링과 루이자 보우톤 사이에 태어나 신시내티 음악학교를 다녔다. 19살 때 헨리 드월프와 결혼했으나 6년 후에 이혼하고, 피아노 레슨을 하면서 살았다. 워렌 하딩과 재혼했지만 전 남편의 아들인 마셜 외에는 슬하에 아이가 없었다. 산더미 같은 일에도 불구하고 남편에게 정치적인 지원을 아끼지 않았고, 시카고의 공화당 선거전에 같이 다녔다. 여성의 권리를 강력히 주장하고, 동물보호운동 기구도 지원했다. 또한 관광객에게 백악관을 재공개하는데 힘을 썼으며, 많은 방문객을 맞이하였다.

존 캘빈 쿨리지(John Calvin Coolidge 1872-1933) 버몬트의 플리머스에서 농장과 상점을 운영하는 존 캘빈 쿨리지와 빅토리아 무어의 아들로, 애머스트 대학을 졸업했다. 노샘프턴에서 법을 공부하고 개업했다. 1905년 메사추세츠 주 입법부에서 근무하는 그레이스 굿휴와 결혼한 후 주지사를 거쳐 1921년에 부통령에 당선되었다. 워렌 하딩 대통령이 사망한 후, 지방 치안 판사로도 활동하던 아버지 앞에서 대통령 선서를 했다. 1924년 대통령에 당선되었으며, 재임 기간 중에는 이민 제한, 감세제도를 시행하고, 1928년에는 프랑스와 전쟁을 포기하는 켈로그-브리앙 조약을 체결했다. 캘빈 쿨리지가 말과 돈을 아끼는 사람이라는 평판은 영부인과 주고받은 편지에서 느낄 수 있다.

그레이스 애너 굿휴 쿨리지(Grace Anna Goodhue Coolidge 1879-1957) 버몬트 주의 벌링턴에서 기술자인 앤드루 굿휴와 레미라 배럿의 외동딸로 태어났다. 공립학교와 버몬트 대학을 졸업하고 노샘프턴에 있는 클라크 학교에서 농아들을 가르치다가 캘빈 쿨리지를 만나 1905년에 결혼했다. 두 아들이 있었지만 캘빈 2세는 1924년 재선거 중에 사망했다. 그레이스는 각 양각층의 사람들을 초대하고, 동물원을 관리하는 영부인 역할을 했다. 1933년 남편이 갑자기 사망하고 나서 그동안 저축한 돈으로 살면서 클라크 학교와 농아들을 위하여 평생을 바쳤다. 또 공화당 후보를 지지하고, 스미스 대학에서 훈련하는 여군을 위한 자원봉사를 했다.

허버트 클라크 후버(Herbert Clark Hoover 1874-1964) 아이오와 주의 웨스트 브랜치에서 판매원인 제스 클라크 후버와 홀다 민손 사이에 태어났지만, 외삼촌인 존 민손 박사 손에 자랐다. 스탠퍼드 대학을 졸업하고 세계를 여행하며 탄광 기술자와 지질학자로 일하여 부자가 되었다. 제1차 세계대전 때는 추방된 난민을 구조하는데 앞장섰으며, 워렌 하딩 대통령의 상무부 장관을 지낸 후, 1928년 대통령으로 선출되었다. 재임하는 동안 주식시장 붕괴, 참전 군인들이 보너스를 요구하는 워싱턴 행진, 경제 대공황을 겪었다. 은퇴 후에는 오랫동안 캘리포니아와 뉴욕에서 제2차 세계대전 동안 추방된 난민을 위한 구조 활동을 하였으며, 전쟁 후에는 연방 정부의 능률화를 위하여 두 가지 중요한 직책을 수행하였다.

루 헨리 후버(Lou Henry Hoover 1874-1944) 은행가인 찰스 델러노 헨리와 플로렌스 위드의 딸로 아이오와 주의 워털루에서 태어나 캘리포니아에서 자랐다. 캘리포니아 사범학교를 다닌 후 스탠퍼드 대학에서 여자로서는 유일하게 지질학을 공부했다. 1899년, 대학에서 만난 허버트 후버와 결혼하여 두 아들을 두었다. 루 후버는 광산 기술자로 일하는 남편을 도와 아내이자 동업자 노릇을 하며 주로 중국과 런던에 살면서 세계를 돌아다녔다. 제1차 세계대전 당시에는 미국으로 돌아와 걸스카우트 운동의 선두에 섰다. 루 후버는 범세계적인 영부인이라는 말을 듣기도 했지만, 대공황이 일어나 남편이 비난받자 큰 충격을 받았다.

프랭클린 델러노 루스벨트(Franklin Delano Roosevelt 1882-1945) 뉴욕의 하이드파크에서 법률가이자 금융가인 제임스 루스벨트와 새라 델러노의 외아들로 태어났다. 하버드 대학, 콜롬비아 법대를 나온 후 뉴욕에서 변호사로 일하다 민주당원으로 입당하면서 정치에 입문했다. 사촌인 시어도어 루스벨트는 공화당이었다. 프랭클린은 먼 사촌인 애너 엘리너 루스벨트와 1905년에 결혼했다. 뉴욕 상원의원(1911-1913)과 해군 사령관을 지내고 (1913-1920), 1921년에 근육수축이 오는 소아마비가 되었음에도 불구하고 뉴욕 주지사(1929-1932)를 거쳐 1932년, 대공황이 닥친 가운데 대통령이 되었다. 루스벨트는 3선 연임을 했다(대통령직을 두 번으로 제한하는 헌법은 1951년이 되어서야 개정되었다). 뉴딜 정책과 사회보장법, 성공적인 2차 세계대전이 미국 역사에 오랫동안 남아있는 업적이다.

애너 엘리너 루스벨트(Anna Eleanor Roosevelt 1884-1962) 뉴욕 출신으로 시어도어 루스벨트의 남동생인 엘리엇 루스벨트와 애너 홀의 딸이다. 런던에 있는 알렌우드 학교를 졸업하고 사촌인 프랭클린 루스벨트와 결혼하기 전에는 소비자연맹과 지역 정착민 주택 자원봉사자로 일했다. 다섯 명의 자녀는 모두 성공했다. 1차 세계대전이 벌어지는 동안에는 매일 적십자 활동을 했다. 엄마로서, 야심만만한 정치가의 아내로서 두 가지 역할을 해야 했던 애너는 여성의 권리를 주장했으며, 가난하고 차별 받는 사람을 위하여 많은 시간을 보냈다. 영부인으로 있는 동안에는 여기자들과 기자

회견을 자주 열고 연설을 했으며 라디오 방송에 출연했다. 엘리너는 가장 오랫동안 영부인 자리에 있었으며, 남편 사후에는 트루먼 대통령의 요청으로 유엔 기구 창설 때 미국 대표를 맡아 활동했다.

해리 S. 트루먼(Harry S. Truman 1884-1972) 미주리 주의 러마 출신으로 농부인 존 A. 트루먼과 마사 엘렌 영 사이에 태어났다. 미주리 주의 인디펜던스에서 자라 공립학교를 다닌 후 이것저것 닥치는 대로 일을 하다가 고향의 농장으로 귀환했다. 1차 세계대전에는 프랑스에서 미군 포병으로 복무했고, 캔자스시티 법대를 나왔다. 1919년 엘리자베스 버지니아 월리스와 결혼한 후에, 1922년 잭슨 카운티에서 판사로 정치적 경력을 쌓았다. 1935년 연방 상원의원에 당선되어 1945년 부통령이 될 때까지 의원직을 지켰다. 부통령이 된 지 한 달 만인 1945년 4월 12일에 루스벨트의 죽음으로 대통령이 될 기회를 잡았다. 선거는 1948년에 단 한 번 치렀지만, 루스벨트 대통령과 마찬가지로 두 번의 임기를 모두 채우고 1952년 선거에서 물러났다. 임기 중에는 특별히 2차 세계대전 말 원자폭탄 투여와 유럽 재건, 냉전 체제 시작이 주목받을 만하다. 트루먼은 대통령 임기를 두 번으로 제한하는 헌법 개정안을 적극 지지했다.

엘리자베스 버지니아 월리스 트루먼(Elizabeth Virginia Wallace Truman 1885-1982) 미주리 주의 인디펜던스에서 태어났으며, 데이비드 월리스와 마가렛 게이츠의 딸이다. 캔자스시티의 바스토우 학교를 나왔다. 해리 트루먼과는 오랜 약혼기간을 거쳐 결혼했고, 딸 하나를 두었다. 엘리자베스 트루먼은 정치인의 아내이면서도 대중 앞에 나서는 것을 부끄러워했으나, 남편이 상원의원이 되자 의원 일을 돕고 직원들을 관리했다. 영부인이 된 후에는 남편을 위하여 선거연설을 하고 백악관 재건(1949-1952)을 감독했다.

드와이트 데이비드 아이젠하워(Dwight David Eisenhower 1890-1969) 텍사스 주의 데니슨에서 데이비드 아이젠하워와 아이다 스토버의 아들로 태어나, 웨스트포인트 사관학교를 졸업했다. 2차 세계대전 때에는 유럽 연합군의 최고사령관이 되었다. 정치적인 경험은 전혀 없었지만 1952년 대통령에 당선되었다. 두 번의 임기를 지내면서, 한국전쟁이 종식되고 냉전시대가 지속되었으며, 베트남 전쟁에 연루되었고, 각 주를 연결하는 고속도로를 건설하여 전쟁 후 찾아온 번영을 지켜보았다. 은퇴 후에는 펜실베이니아 주의 게티즈버그 농장에서 여생을 보냈다.

마리(마미) 도우드 아이젠하워(Marie(Mamie) Doud Eisenhower 1896-1979) 초대 영부인의 고향인 아이오와 주의 분Boone에서 태어났다. 고기 포장업을 하는 존 도우드와 엘리베라 칼손 사이에 태어나, 콜로라도 주의 덴버와 텍사스 주의 샌안토니오에서 자랐다. 공립학교와 '품위 있는 여성'을 교육하는 미스 월코트 학교를 다녔다. 1916년 드와이트 아이젠하워와 결혼해 아들 한 명을 낳았고, 전 세계 전쟁터를 돌아다녔다. 마리는 백악관 생활에 잘 적응하고 많은 사람들을 초대했으나 대중 앞에서 하는 정치 연설은 피했다. 모범적인 공무원의 부인이 되려고 가족의 거처를 혁신시켰다. 은퇴 후에는 게티즈버그 농장에서 평생의 꿈을 이루었다.

존 피츠제럴드 케네디(John Fitzgerald Kennedy 1917-1963) 메사추세츠 주의 브루클린에서 조지프 케네디와 로즈 피츠제럴드의 아들로 태어나, 프린스턴 대학과 하버드 대학을 다녔다. 2차 세계대전 때 해군으로 복무한 후

1947년 미 의회에 진출했다. 상원과 하원의원을 지낸 후 1960년 대통령에 당선되었으나 1963년 암살당했다. 케네디 정부는 쿠바의 피그스 만을 공격하였으나 실패하였고, 서남아시아 군사 문제에 깊이 관여했다. 1962년에는 쿠바에 미사일을 발사할 위기를 맞았으며 시민권리 운동, 베를린 장벽 사건이 생겼다.

재클린 리 부비에 케네디(Jacqueline Lee Bouvier Kennedy 1929-1994) 뉴욕의 사우샘프턴에서 존 부비에와 자넷 리의 딸로 태어나 미스 포터 학교, 바사르 대학, 조지 워싱턴 대학을 다녔다. 신문사에서 사진기자로 일하다가 1953년 9월 12일 케네디와 결혼하고 슬하에 네 명의 자녀를 두었다. 남편의 대통령 경선 방송에 나와 직접 선거운동을 했다. 재키는 젊고 우아하고 품위 있는 영부인이었으며, 세계 곳곳을 여행했다. 특히 예술가에게 관심을 가졌고, 역사 복원과 여권 신장에 힘썼으며, 1968년에 그리스의 선박왕 오나시스와 재혼했다.

린든 베인스 존슨(Lyndon Baines Johnson 1908-1973) 샘 존슨 Jr.와 레베카 베인스의 아들로, 텍사스의 사우스웨스트 주립대학을 다녔다. 교사 생활을 잠깐 한 다음 워싱턴으로 가서 의회 사무원으로 일했다. 1937년 하원의원으로 활동하다 1948년 상원의원을 거쳐 상원 의장이 된 후, 1960년 부통령에 당선되었다. 케네디 대통령이 암살된 1963년 11월 22일 대통령이 되었고, 1964년 재선에 성공했다. 재임기간에는 강력한 시민 권리 장전을 통과시키고, 베트남 전쟁을 확대시켰다.

클라우디아 앨타(레이디 버드) 테일러 존슨(Claudia Alta (Lady Bird) Taylor Johnson) 1912-) 텍사스 주의 카낙크에서 토머스 제퍼슨 테일러와 미니 리 파틸로의 딸로 태어났다. 다섯 살 때 모친을 잃고, 사랑이 지나친 아버지와 친척들 손에 자라 텍사스 대학을 다녔다. 린든 존슨과는 1934년에 결혼하여 두 딸을 낳았고, 남편의 정치활동을 도왔다. 1943년에 유산의 일부로 오스틴에 있는 방송국을 인수하여 직접 운영해서 최고의 라디오 텔레비전 방송국으로 발전시켰다. 정치적 동반자 역할도 계속하면서 환경미화 작업과 대화나누기 운동을 했는데, 이 운동은 존슨이 대통령직을 떠난 후에도 계속이끌어나갔다. 1982년 은퇴한 후 LBJ(Lyndon Baines Johnson)사 회장을 맡고 있다.

리처드 밀하우스 닉슨(Richard Milhous Nixon 1913-1994) 캘리포니아 주의 요버린더에서 프랭크 닉슨과 한나 밀하우스의 아들로 태어났다. 1934년 휘티어 대학을 졸업한 후 1937년 듀크 법대에서 학위를 받았다. 1940년에 델마 패트리샤 라이언과 결혼하고, 1942년부터 1946년까지 해군에 복무했다. 1946년에 하원의원을 시작으로 1953년까지 하원과 상원의원을 지냈다. 1952년 드와이트 아이젠하워의 부통령으로 당선되었지만, 1960년에는 케네디와 경합한 대통령선거에서 근소한 차이로 패했다. 그러나 정치적 재기에 성공하여 1968년 대통령에 당선되었으며, 워터게이트 사건으로 1974년 8월 9일에 사임함으로써 가까스로 탄핵을 면했다. 후에 제럴드 포드 대통령의 사면을 받았으며, 임기 중에 베트남 전쟁 종식과 중국과의 외교재개 등 업적을 이루었다.

델마(패트리샤) 캐서린 라이언 닉슨(Thelma (Patricia) Catherine Ryan Nixon 1912-1993) 네바다 주의 엘리에서 광부이자 농부인 윌리엄 라이언과 케이트 벤더의 딸로 태어나, 서던 캘리포니아 대학을 다녔다. 뉴욕에서 2년 동안 속기사와 엑스레이 기사로 일했다. 대학 졸업 후에는 휘티어 고등학교에서 교편을 잡았으며, 1940년 리처드 닉슨과 결혼하여 두 딸을 두었다. 2차 세계대전에는 남편을 따라 작전기지를 옮겨 다녔고, 물가관리국(OPA)에서 가격 분석을 했으며, 전쟁이 끝나자 남편의 정치활동을 도왔다. 패트리샤 닉슨은 1946년 첫 번째 선거운동에서 참모이자 정치가의 아내 역할을 했다. 정치 후보와 그 가족을 속박하는 대중들의 시선을 싫어했지만 닉슨의 후보 활동은 적극적으로 도왔다. 닉슨 대통령이 사임한 뒤 캘리포니아 주의 새크라멘토에서 조용히 살았다.

제럴드 루돌프 포드, Jr.(Gerald Rudolph Ford, Jr. 1913-2006) 레슬리 린치 킹과 도로시 가드너 사이에 태어나 원래 이름은 레슬리 린치 킹 Jr.이었다. 포드라는 이름은 어머니가 킹과 이혼하고 제럴드 루돌프 포드와 재혼해서 다시 지었다. 미시간 대학을 졸업하고, 예일 대학에서 미식축구 코치로 활동하며, 1941년 예일대 법대를 졸업했다. 2차 세계대전 때에는 해군에서 복무하였고, 미시간 주의 그랜드 래피즈에서 변호사를 했다. 1948년 의원이 되었고, 같은 해에 엘리자베스 '베티' 블루머 워렌과 결혼해서 네 명의 자녀를 두었다. 포드는 1973년까지 의원을 지내다가 스피로 애그뉴가 뇌물사건으로 물러나자 그를 대신하여 부통령이 되었으며, 1974년 8월 9일 닉슨 대통령이 사임하면서 대통령이 되었다. 재임 시에 국가의 신뢰를 회복하였으며, 닉슨 전 대통령의 사면, 베트남에서의 미군 철수, 미국 독립 200주년 기념축제가 주목할 만하다.

엘리자베스 앤(베티) 블루머 워렌 포드(Elizabeth Ann(Betty) Bloomer Warren Ford 1918-) 일리노이 주의 시카고에서 윌리엄 블루머와 호텐스 니어의 딸로 태어났다. 직업 모델과 무용을 했던 베티는 1942년 윌리엄 워렌과 결혼했으나 1947년 이혼했다. 제럴드 포드와 약혼하고 나서 처음으로 의원 선거를 도왔다. 1948년 10월 15일에 결혼했지만 신혼여행을 선거운동으로 보냈다. 베티는 선거에 뛰어들어 임신 중절과 남녀평등권 개정을 비롯하여 여성의 권리를 신장하는 지지자 역할을 했으며, 여성의 마약과 알코올 중독을 반대하는 대중 연설에 탁월했다.

제임스 얼(지미) 카터, Jr.(James Earl(Jimmy) Carter, Jr. 1924-) 조지아 주의 플레인스에서 제임스 얼 카터와 릴리언 고디의 아들로 태어나, 해군사관학교를 다녔다. 해군 복무 후에 플레인스로 돌아와 가족이 운영하는 땅콩 농장에서 일했으며, 1946년 엘리너 로잘린 카터와 결혼했다. 조지아주 상원의원과 주지사(1971-1975)를 지낸 후, 1976년 대통령에 당선되었다. 재임기간에는 드리마일 원전 사고, 이란 인질 사건, 1977년의 파나마 운하 조약, 1978년 이집트와 이스라엘의 캠프 데이비드 평화협정이 있다. 1980년 로널드 레이건에게 패배한 후에는 평화의 사도가 되어 사랑의 집짓기운동과 환경보호운동, 저술가로 활발한 활동을 하고 있다.

엘리너 로잘린 카터(Eleanor Rosalynn Carter 1927-) 조지아 주의 플레인스에서 프랜시스 엘레시아 머레이와 윌리엄 스미스 사이에 태어나, 조지아 사우스웨스턴 대학을 졸업했다. 제임스 카터와 결혼하여 네 명의 자녀를 두었으며, 1976년 남편이 대통령에 당선되도록 도왔다. 평생 자신을 남편의 '정치적 동반자'로 생각하며, 또한 정신 질환자를 위한 활동에 힘을 쏟았다. 백악관을 떠난 후에는 자신의 자서전인 『플레인스 출신의 영부인(First Lady from Plains)』을 비롯하여 많은 책을 썼다.

로널드 윌슨 레이건(Ronald Wilson Reagan 1911-2004) 일리노이 주의 탐피코에서 존 레이건과 넬리 윌슨의 아들로 태어났다. 일리노이 주의 딕슨에서 어린 시절을 보내고, 유레카 대학을 졸업한 후 영화배우를 시작했다. 1940년에 제인 와이먼과, 1952년에는 낸시 데이비스와 결혼했다. 1967년부터 1975년까지 캘리포니아 주지사를 지낸 후, 1980년 대통령에 당선된 후 연임했다. 1981년에 암살 위기를 넘겼으며, 재임기간에는 이란 인질 석방과 이란-콘트라 사건, 그레나다 침공, 세금 개혁, 소련의 붕괴를 불러온 무기 경쟁, 냉전 와해와 종식이 주목할 만하다.

　　앤 프랜시스(낸시) 로빈스 데이비스 레이건(Anne Francis(Nancy) Robbins Davis Reagan 1921-) 뉴욕에서 자동차 판매를 하는 케네스 로빈스와 배우인 에디스 루켓의 딸로 태어나 계부인 로열 데이비스에게 입양되었다. 시카고 여학교와 스미스 대학을 졸업했고, 레이건과 결혼하기 전에는 유명한 연극, 영화배우였다. 슬하에 두 자녀를 두었으며, 레이건의 전처 아이들 두 명도 같이 양육했다. 낸시 레이건은 남편이 배우활동을 할 때와 대통령으로 정치적 출세를 이루는데 도움을 주었다. 막후에서 적극적으로 영부인 활동을 했으며, 공직자 선출과 정책 채택에 영향을 끼쳤다.

　　조지 허버트 워커 부시(George Herbert Walker Bush 1924-) 메사추세츠 주의 밀턴에서 프레스콧 부시와 도로시 워커의 아들로 태어났다. 2차 세계대전 때 해군으로 해외 복무를 한 뒤, 예일 대학을 졸업했다. 석유개발회사를 세워 경영했으며, 1966년 하원의원으로 선출되었다. 유엔 미국 대사를 거쳐 공화당 의장, 중국 주재 미 연락대표, CIA 국장을 지낸 후, 1980년부터 레이건 행정부의 부통령을 연임하고, 1988년 대통령에 선출되었다. 재임

기간 중에 소련이 붕괴되었으며, 1차 걸프전에서 이라크에 승리했다. 1992년 재선에 실패한 후 저술활동과 여행을 하며, 아들 조지 W. 부시가 2000년과 2004년 선거에서 승리하도록 도와주었다.

바버라 피어스 부시(Barbara Pierce Bush 1925-) 뉴욕에서 기술자인 마빈 피어스와 폴린 로빈슨의 딸로 태어났다. 사우스캐롤라이나에 있는 애슐리홀 학교를 졸업하고 스미스 대학을 다녔다. 1945년에 조지 부시와 결혼하여 다섯 명의 자녀를 두었다. 남편의 사업과 정치활동을 도왔으며, 믿을 만한 조언자로 활동했다. 1992년 남편이 선거에서 패한 후에는 텍사스 주의 휴스턴과 메인 주의 케네번크포트로 은퇴하여 자선활동과 비영리 단체를 위하여 봉사하고 있다.

윌리엄 제퍼슨(빌) 클린턴(William Jefferson(Bill) Clinton 1946-) 아칸소 주의 호프에서 윌리엄 제퍼슨 블라이드와 버지니아 캐시디의 아들로 태어나 조지타운 대학, 옥스퍼드 대학, 예일대 로스쿨을 다녔다. 변호사 출신으로 아칸소 주의 법무장관과 주지사를 지낸 후, 1992년 대통령에 선출되었다. 재임기간에는 의료보험 개혁을 이루었으며, IT산업을 중심으로 한 미국 경제 호황을 바탕으로 북아메리카 자유무역협정(NAFTA)이 체결됐고, 세계화를 확산시켰다. 2004년 자서전 『마이 라이프(My life)』를 쓰고, 각지를 돌아다니며 강연하고 있다.

힐러리 로댐 클린턴(Hillary Rodham Clinton 1947-) 일리노이 주의 시카고에서 휴 로댐과 도로시 호웰의 딸로 태어나, 웨슬리 대학과 예일대 로스쿨을 다녔다. 아칸소 법대에서 법을 가르치면서 변호사로 일했으며, 윌리엄 클린턴의 선거전에 도움을 주었다. 1975년 클린턴과 결혼한 후 첼시를 낳았다. 클린턴이 아칸소 법무장관과 주지사로 일하는 동안 로즈 법률 회사에서 변호사로 일했고, 어린이 변호를 담당했다. 클린턴이 대통령 선거활동을 할 때와 두 번의 대통령직을 수행할 때는 책임 고문을 맡았고, 복지개혁위원회에서 일했다. 남편의 임기 말년에 영부인으로서는 유일하게 뉴욕 주 상원의원에 당선됐으며, 2003년 자서전 〈살아있는 역사(Living History)〉를 출간했다.

대통령의 연애편지

지은이 | 제라드 가월트
옮긴이 | 황세정
펴낸이 | 박영발
펴낸곳 | W미디어

등록 | 제2005-000030호
2판 1쇄 발행 | 2009년 6월 30일

주소 | 서울 양천구 목동 907 현대월드타워 1905호
전화 | 6678-0708   팩스 | 6678-0309
E-mail : wmedia@naver.com

ISBN 978-89-91761-27-8   03300
값 13,000원